GREGOR GYSI:
NICHT NUR FRECHE SPRÜCHE

GREGOR GYSI: NICHT NUR FRECHE SPRÜCHE

HERAUSGEGEBEN VON
JÜRGEN REENTS UND HANNO HARNISCH

Schwarzkopf & Schwarzkopf

Abbildungen: Titelfoto: Ute Mahler - OSTKREUZ; S. 4: Andreas Schoelzel; S.11: Andreas Prüstel (Collage); S.27: Andreas Prüstel (Collage); S.53: dpa; S.87: Thomas Sandberg – OSTKREUZ; S.110: Mutter Irene Gysi, Foto Thomas Sandberg – OSTKREUZ; S.111: Vater Klaus Gysi, FotoThomas Sandberg – OSTKREUZ; S.112: Schwester Gabriele, Foto Thomas Sandberg – OSTKREUZ; S.113: Sohn George, Foto Thomas Sandberg - OSTKREUZ; S.114/115: Mit Frau Andrea und Tochter Anna, Fotos privat; S.131: Frank Ossenbrink; 145: Ute Mahler – OSTKREUZ; S.161: Thomas Neumann; S.170: Graffitto in der Füßgängerzone Zeitz, August 1995: Rudolf Denner; S.175: Fritz Reiss; S.189: Roger Melis; S.195: Rudolf Denner; S.221: Rainer Weisflog; S.231: Thomas Sandberg – OSTKREUZ; S.253: Comicfigur aus dem Computerspiel »Captain Gysi und das Raumschiff Bonn; S.271: Andreas Prüstel (Collage)

Gregor Gysi: Nicht nur freche Sprüche. Herausgegeben von Jürgen Reents und Hanno Harnisch.
ISBN 3-89602-141-9.

INHALT

ellschaft
dern.
Magdeburger
Parteitag
PDS
27. und 28. Januar 1996

INFORMATION IST ÜBERRASCHUNG

VORWORT VON LOTHAR BISKY

Dieses Buch dokumentiert – wiewohl in Auszügen – die Breite öffentlicher kommunikativer Aktionen – Reden, Interviews, Briefe usw. – von Gregor Gysi, sowie einen Teil der öffentlichen Reaktionen anderer auf sie. Insofern zeigt es insgesamt einen wichtigen Ausschnitt politischer Kultur der letzten Jahre in seiner Widersprüchlichkeit. Gregor Gysi ist dank der Art und Weise seiner öffentlichen kommunikativen Handlungen inhaltlich wie als Persönlichkeit ein für die zahlreichen Fans wie auch für die Gegner, die er sich redlich verdient hat, schwer zu kalkulierendes Ereignis. Damit mir meine diesem Buch vorangestellten Worte nicht zu einer medienwissenschaftlichen Abhandlung geraten, will ich nur einige Notizen festhalten. Und die ranken sich um eine Diskussion zwischen uns, die von einem seiner Briefe an mich ausgelöst wurden.

Er vertrat in einem Brief im Mai '97 die Auffassung, es gehe vor allem um die Inhalte der Politik der PDS, nicht um »bestimmte Personen«. Darüber gerieten wir in eine stets ernste wie zugleich heitere Diskussion. Die kann man so nicht mit allen führen, wohl aber mit Gysi. Mit großem Vergnügen sucht er die seriösen wie die überraschenden Argumente für seine Auffassung zusammen und freut sich ganz besonders, wenn es gelingt, die ernsten Argumente vergnüglich und verblüffend vorzutragen. Wenn es denn richtig ist, daß Informationen mit Überraschung zu tun haben, dann ist er der Meister der Mediengesellschaft: Er informiert über inhaltliche politische Positionen – und das sind bei ihm linke, sozialistische – so überraschend, daß sie auch Information sind. Was das dröge Kommuniqué verabsäumt, gestaltet er – intelligent und schlagfertig – zur Überraschung, auch durch die Art und Weise der verbalen und visuellen Repräsentation, die durch ihn zur Markenqualität wurde. Das ist sicher nur einer, aber gewiß doch wichtiger Ursachenkomplex für Gregor Gysi, den Medienstar.

Ein zweiter gehört dazu: der Komplex »Anwalt«. Er wurde – wie man so sagt, in historisch kürzester Frist – zum politischen Anwalt ostdeutscher Interessen, von DDR-Biografien, von AsylbewerberInnen, der sozialistischen Idee. Wer hätte das während der Wende- und der krisenhaften Vereinigungsjahre besser gekonnt als diese bestimmte Person Gregor Gysi?

Den »Anwalt«, der orginell Informationen – Überraschungen – vorbringt, sehen weit über das Spektrum der PDS hinausgehende Kreise gerne in audiovisuellen Medien, in überfüllten Vortragssälen, auf Massenkundgebungen, in kleineren Gesprächsrunden, aber sie lesen auch seine Interviews in Zeitungen und Zeitschriften, wie in Büchern und auf Flugblättern. Er erregt Aufmerksamkeit in Ost und West.

Die mit ihm verbundene, man kann sagen *gestaltete Überraschung* – Information – wird durchaus unterschiedlich aufgenommen: in der PDS und ihrem Umfeld, bei politischen Konkurrenten und bei politischen Gegnern, aber eins bleibt: er fesselt ihre Aufmerksamkeit, obwohl die Schärfe seiner Formulierungen eigentlich polarisieren müßte. Das leistet sie auch, aber man widmet ihm Aufmerksamkeit, weil er überrascht. Und für den nicht übertragbaren, ganz individuellen Stil, in dem er das tut.

Mit seinen linken, sozialistischen Positionen ist Gregor Gysi eben nicht »everybodies darling«. Er hat sich seine zahlreichen Fans ebenso redlich erarbeitet wie seine politischen Gegner. Ob der Oberbürgermeister in Lissabon, der Langzeitarbeitslose in Cottbus, Betriebsräte in Ost und West, sozial Ausgegrenzte und Wohlsituierte: man kennt Gysi und nimmt Bezug auf ihn, wenn auch aus unterschiedlichen Gründen und mit verschiedenen Resultaten. Noch kann man sich standhaft weigern, von einem »Phänomen« Gysi zu sprechen. Die Mediengesellschaft kann nicht an ihm vorbei, auch wenn nicht wenige ihrer selbsternannten Bestimmer dies wünschen.

Warum noch keine Soziologie der Zwischenrufe im Deutschen Bundestag erarbeitet wurde, weiß ich nicht. In den Zwischenrufen bei Gysi-Reden feiert die Leiche des Kalten Krieges stets ihre Wiederbelebung. Penetrante Arroganz, Intoleranz und wirkliche Siegermentalität lassen erschrecken, zumal bei Leuten, die wie ich erlebt haben, wie auch physische Gewalt gegen Gysi manifest wurde, wie von Neonazis geworfene Steine flogen und jüngst eine abgesägte Schrotflinte dem Buchhändler Baltruschat im Hause von Gysis Abgeordnetenbüro den Arm wegschoß. Die echten Hasser sind wohl eher in der Minderheit. Die zynischen Mainstream-Opportunisten stellen die Mehrheit und rüsten verbal auf gegen Gysi. Gestaltete Kultur der Ellenbogengesellschaft im Deutschen Bundestag. Das muß für den produktiven Denker mit ständig neuen Ideen die Hölle sein!

Wie ein Mensch dies aushält, immer wieder und dennoch fähig ist, auch ironisch neben sich selbst zu treten, sich nicht über Gebühr wichtig zu nehmen in der Runde der im Bundestag versammelten Wichtigkeiten der Nation – das ist die Frage. Vielleicht finden Sie beim Lesen die Antwort, die ich noch nicht habe. Vielleicht aber bereitet Gregor Gysi schon die nächst Information – Überraschung – für Sie und mich vor. Er hat etwas von dieser unbändigen Energie, die David gegen Goliath getrieben haben muß. Und er wird sie – da bin ich sicher – versuchen, überraschend heiter einsetzen, mit Geist und Witz.

Der kanadische Medienwissenschaftler McLuhan stellte vor gut drei Jahrzehnten die These auf: Das Medium ist die Botschaft! Vor drei Jahrzehnten habe ich das nicht verstanden. Heute weiß ich: Gregor Gysi ist in dieser Mediengesellschaft ein überraschender Botschafter der erneuerten sozialistischen Idee.

Lesen Sie die Text, die nicht nur frechen Sprüche. Vergnügen muß ich Ihnen nicht wünschen, Sie werden es haben!

Berlin, im Januar 1998 Lothar Bisky

1.

AUSGEWÄHLT

Seit Ende 1990 hat Gregor Gysi über 170 mal am Redepult im Bundestag gestanden.

Viele Sünden

Vizepräsidentin Dr. Antje Vollmer: Das Wort zur Geschäftsordnung erhält nun der Kollege Gysi.

(Unruhe bei der CDU/CSU – Zuruf von der CDU/CSU: Wo war er denn den ganzen Tag?)

Dr. Gregor Gysi (PDS): Sie müssen sich nicht darüber aufregen, wo ich war. Sie haben ja noch andere Sünden begangen: Ich war die ganze Zeit im Plutoniumausschuß.

(Bundestag, 21.9.95)

Bäume

Ein Ausfluß der Tatsache, daß man als Kanzler jeden grünen Baum als sein eigenes Werk erklärt, ist natürlich, daß man dann auch für jeden verwelkten zur Verantwortung gezogen wird.

(Bundestag, 12.10.95)

Gemeinsamer Untergang

Wenn wir schon über die NVA sprechen – über die ich viel Kritisches sagen könnte –, muß ich Ihnen eines vorhalten: Es ist eine historische Leistung, daß eine Armee, die für einen Staat da ist, bei der Auflösung dieses Staates genau nicht zur Waffe greift, und daß es auch keinen solchen Befehl gab, sondern daß sie sich friedlich auflöst und mit dem Staat zusammen untergeht. Das hat es in der Geschichte noch nie gegeben.

(Bundestag, 27.10.95)

Der Wahrheit näher

Herr Eppelmann hat erklärt, daß er umdenken mußte, daß er Pazifist war, daß er den Wehrdienst verweigert hat, daß er Abrüstungsminister werden wollte und auch wurde, daß er heute ein tiefes Bekenntnis zur Bundeswehr, zur NATO und zu internationalen Einsätzen der Bundeswehr ablegt und daß das eben daran liegt, daß die Armeen nicht gleich sind, die Bündnisse nicht gleich sind und auch offensichtlich die Kriege nicht gleich sind. Ich denke, Sie, Herr Eppelmann, hätten nur noch hinzufügen müssen, daß dieses Ihr Bekenntnis auch damit zu tun hat, daß Sie natürlich andernfalls nicht hätten CDU-Abgeordneter im Bundestag werden können und auch nicht Mitglied im Präsidium der CDU. Dann wären wir der Wahrheit schon etwas näher gekommen.

(Bundestag, 27.10.95 –
Debatte »40 Jahre Bundeswehr,
5 Jahre Armee der Einheit«)

Gotteslästerung

Ich freue mich, daß bei der Beratung des Etats des Bundeskanzleramtes der Bundeskanzler wieder erschienen ist.

(Bundeskanzler Dr. Helmut Kohl: Fünf Minuten aus dem Saal!)

Ich freue mich einfach. Ich darf doch meine Freude zum Ausdruck bringen, Herr Bundeskanzler. Ich vergleiche Sie auch nicht mit Buddha wie die anderen, weil ich das für Gotteslästerung halte.

(Bundestag, 8.11.95)

Viel Erfolg

Jetzt kämpfen plötzlich alle um PDS-Wählerinnen und PDS-Wähler. Selbst der große Run auf die ehemaligen SED-Mitglieder ist plötzlich gestartet worden. Ich wünschen Ihnen allen viel Erfolg damit.

(Bundestag, 8.11.95)

Dialektischer Zusammenhang

Vizepräsidentin Dr. Antje Vollmer: Herr Abgeordneter Gysi, warten Sie bitte einen Moment. – Ich bitte, den Gang da vorne frei zu machen.

Dr. Gregor Gysi (PDS): Frau Präsidentin, der Regierungskoalition ist eigen, daß sie nicht zuhören kann. Deshalb kann sie auch nichts lernen. Da besteht ein enger dialektischer Zusammenhang.

(Bundestag, 8.2.96)

Halbwegs funktionieren

Wer über Armut spricht, der muß auch über Reichtum sprechen.

(Bundeskanzler Dr. Helmut Kohl: Reden wir einmal über die PDS und die geheime Kasse, über die Millionen, die sie herausgeschafft hat!)

Ach Gott, Herr Bundeskanzler, wenn Ihre Geheimdienste halbwegs funktionierten, würden Sie wissen, wie arm die PDS ist. Wenn sie Sie diesbezüglich auch noch falsch informieren, dann schaffen Sie sie gleich ab!

(Bundestag, 8.2.96)

Harmlose Variante

Sie schlagen immer Bürokratieabbau vor. Damit bin ich in hohem Maße einverstanden. Es gibt eine einzige Kritik an der DDR, die ich zurücknehmen muß – alle anderen mußte ich, im Laufe zunehmender Erfahrung und Erkenntnisgewinnung, durchaus verschärfen –: Ich habe zu DDR-Zeiten immer behauptet, die DDR sei das bürokratischste Land der Welt. Da kannte ich aber die Bundesrepublik Deutschland noch nicht. Die DDR war in dieser Hinsicht eine harmlose Variante. Ich habe doch nicht geahnt, daß man hier zwei Hochschulabschlüsse braucht, um in der Lage zu sein, einen Wohngeldantrag auszufüllen.

(Bundestag, 8.2.96)

Verdrückung

Herr Bundeswirtschaftsminister, Sie interessieren sich dafür offensichtlich nicht mehr. Aber Sie werden gelegentlich wiederkommen.

(Zurufe von der FDP: Er ist doch anwesend!)

Er hat sich in die hinteren Reihen verdrückt. Dafür sehe ich gute Gründe.

(Bundestag, 28.2.96, Debatte zur Bremer Vulkan)

Lernfähig

Sie haben vor den Wahlen nicht die Wahrheit gesagt, so wie Sie noch vor keiner Wahl die Wahrheit gesagt haben.

(Beifall bei der PDS)

Das einzige, was man den Wählerinnen und Wählern anlasten kann, ist, daß sie immer wieder darauf hereinfallen, zumindest ein Teil davon. Vielleicht werden es aber auch weniger.

(Hubert Hüppe, CDU/CSU: Jetzt schimpft er auf die Wähler!)

Wissen Sie, ich gehe auch mit der Bevölkerung kritisch um und halte auch nichts davon, daß man sich nicht kritisch zu Leuten äußert.

(Dr. Andreas Schockenhoff, CDU/CSU: Sie sollten mit sich selbst kritisch umgehen!)

Das machen wir doch. Ich muß mich doch auch dafür rechtfertigen, warum 1990 so viele CDU gewählt haben. Das hat auch etwas mit Schuld und Vergangenheit zu tun. Sie müssen aber zugeben, es läßt in den neuen Bundesländern nach. Wir sind lernfähig.

(Bundestag, 26.4.96)

Gewöhnung

Wer die Einheit will, muß sich mit der PDS und auch mit mir abfinden. Billiger ist die Einheit nicht zu haben. Ich mußte mich an Ihren Kanzler gewöhnen, und jetzt müssen Sie sich auch an mich gewöhnen.

(Joseph Fischer: Gregor, wir lieben dich!)

Danke, Joschka. *(Bundestag, 23.5.96)*

Verwechslung 1

Vizepräsident Hans Klein: Mir liegt die Meldung zu einer Kurzintervention der Kollegin Dr. Dagmar Enkelmann vor. Ich erteile ihr das Wort.

(Abg. Dr. Gregor Gysi, PDS steht am Saalmikrophon)

Entschuldigung! Das ist mir dann falsch gemeldet worden.

(Heiterkeit)

Dr. Gregor Gysi (PDS): Diese Verwechslung halte ich aus, Herr Präsident.

(Bundestag, 23.5.96)

Gefährlicher Felsbrocken

Herr Bundeskanzler, ich finde, Sie sollten den Mut haben, die Vertrauensfrage von sich aus zu stellen und nicht darauf warten, daß der Bundestag das entscheidet. Die alten Grundlagen, auf denen Sie Politik gemacht haben, stimmen einfach nicht mehr. Das müssen Sie akzeptieren. Wenn ich in andere europäische Länder gefahren bin, habe ich mich immer darüber geärgert, daß oft sogar Linke von Ihnen geschwärmt oder zumindest Respekt vor Ihnen zum Ausdruck gebracht ...

(Bundeskanzler Dr. Helmut Kohl: Das zeigt, daß sie Verstand haben!)

... und gesagt haben: Das ist ein solcher Felsbrocken, der ist nicht einzunehmen.

(Bundeskanzler Dr. Helmut Kohl: Ja!)

Sie bestätigen das auch noch.

(Dr. Wolfgang Gerhardt, FDP: Das stimmt ja auch!)

Es ist immer gefährlich, wenn man sich selbst so sieht, wie man dargestellt wird – und dann auch noch falsch.

(Bundestag, 4.6.97)

Fragen von Solms

Die Zeit der Gefälligkeitspolitik ist vorbei. – Das sagt eine FDP, die ihre Klientel seit über 30 Jahren permanent bedient und da keine einzige Streichung zuläßt.

(Beifall bei der PDS, der SPD und dem Bündnis 90 / Die Grünen)

Das sagt eine FDP, die zu demselben Zeitpunkt, zu dem die Sozialhilfe eingefroren wird, fordert, die Vermögensteuer abzuschaffen. Sie machen doch Gefälligkeitspolitik für Ihre Klientel, und zwar die ganze Zeit!

(Beifall bei der PDS, der SPD und dem Bündnis 90 / Die Grünen – Dr. Wolfgang Gerhardt, FDP: Das werden Sie nie begreifen! – Dr. Hermann Otto Solms, FDP: Was haben Sie vor 30 Jahren gemacht? Erzählen Sie's doch mal!)

Das kann ich Ihnen genau erzählen. Das ist viel erforschter als das, was Sie gemacht haben. Der Adel ist hier doch nicht schlecht begünstigt, Herr Solms. Auf jeden Fall habe ich keine Sozialhilfe gekürzt.

(Bundestag, 23.5.96)

Herr Solms, Sie haben mich vorhin gefragt, was ich vor 30 Jahren gemacht habe. Ich wollte keine falsche Auskunft geben und mußte erst nachdenken. Im Mai 1966 habe ich mich auf die mündlichen Prüfungen zum Abitur und auf meine Prüfung als Facharbeiter für Rinderzucht vorbereitet. Ich hoffe, das findet auch Ihre Zustimmung oder zumindest Ihre Akzeptanz.

(Bundestag, 23.5.96, in einem zweiten Redebeitrag)

Wenn es so wäre, daß der Abbau von Unternehmenssteuern und der Sozialabbau neue Arbeitsplätze schaffen würden – das ist Ihre Theorie –, dann müßten wir inzwischen um Arbeitskräfte aus dem Ausland betteln; denn diese Politik betreiben Sie seit 15 Jahren, sie hat aber in Wirklichkeit zu über 4 Millionen registrierten und real zu über 6 Millionen Arbeitslosen in dieser Gesellschaft geführt.

(Beifall bei der PDS – Dr. Hermann Otto Solms, FDP: Was haben Sie vor 15 Jahren gemacht?)

Jedesmal fragen Sie nach einer neuen Zahl, Herr Solms. Das letzte Mal haben Sie mich gefragt, was ich vor 30 Jahren gemacht habe. Das konnte ich beantworten, da habe ich gerade Abitur gemacht. Ich nehme an, vor 15 Jahren habe ich in einem Ehescheidungsverfahren dafür gesorgt, daß die Ehefrau nicht ganz ungerecht behandelt aus der Scheidung hervorgeht.

(Bundestag, 14.6.96)

Sinnvoll sparen

Wenn wir schon sparen, dann sollten wir uns am besten diese Regierung sparen.

(Bundestag, 28.6.96)

Edelmut

Ach wissen Sie, Prinz Solms, eines muß ich Ihnen sagen: Adel verpflichtet, zumindest zum Edelmut. Davon war in Ihrer Rede nicht im geringsten etwas zu spüren.

(Bundestag, 28.6.96)

Ideenfülle

Fakt ist doch, daß Deutschland das teuerste und zugleich unfähigste Management weltweit besitzt. Irgendwie gewinnt man den Eindruck, daß der Grad an Ideenlosigkeit eng mit der Höhe des Gehalts verbunden ist. Bei den Reichen und Besserverdienenden in dieser Gesellschaft stellt man Ideenfülle nur noch in Fragen der Kapitalflucht und Steuerhinterziehung fest.

(Bundestag, 11.9.96)

Vollendung der Einheit

Die deutsche Einheit ist an dem Tage vollendet, an dem die juristische Sonderbehandlung der Ostdeutschen aufhört, an dem in Ost und West gleich verdient wird, an dem es auf Sylt so viele ostdeutsche Immobilieneigentümer wie gegenwärtig westdeutsche auf Rügen gibt und an dem die erste Ostdeutsche in einem westlichen Bundesland zur Ministerpräsidentin gewählt wird – und sich über all das niemand in Ost und West wundert. Daran können Sie sehen, wie weit wir noch von diesem Prozeß entfernt sind.

(Bundestag, 11.9.96)

Prächtig nachvollzogen

Diese Koalition ist auch nicht mehr in der Lage, einen soliden Haushalt vorzulegen. Wir müssen uns das einmal überlegen: Wir beschließen in dieser Woche einen Haushalt, von dem alle wissen, daß er nicht stimmt. Ich räume ein, ich komme aus einem Land, in dem immer Pläne beschlossen worden sind, von denen alle wußten, daß sie nicht stimmen. Das ist wahr. Daß die Bundesregierung das aber derart prächtig nachvollzieht, war eigentlich nicht das Versprechen des Jahres 1990.

(Bundestag, 27.11.96)

Naive Vorstellungen

Die Zahl der Einkommensmillionäre ist von 1983 bis 1989 von etwas über 33.000 auf etwas über 56.000 gestiegen. Seit 1989 verweigert das Statistische Bundesamt die Statistik darüber. Inzwischen ist nämlich die Zahl der Einkommensmillionäre noch einmal um 40 Prozent angestiegen. So hatten sie nach der deutschen Einheit zugenommen. Wir sind jetzt nahe bei 100.000. Übrigens verdienen davon über 1000 jährlich mehr als zehn Millionen DM. Können Sie mir einmal erklären, wer so viel leistet, daß er jährlich mehr als zehn Millionen DM verdienen muß? Dafür gibt es keine Rechtfertigung, selbst wenn er den ganzen Tag arbeitet und nie schläft.

(Beifall bei der PDS – Dr. Guido Westerwelle, FDP: Das mit dem Verbieten habt ihr doch ausprobiert! Das habt ihr doch gemacht!)

Die DDR ist an vielem gescheitert, aber nicht an dem Mangel an Millionären.

(Heiterkeit und Beifall bei der PDS)

Da irren Sie sich. Das war nicht ihre Schwäche. Glauben Sie, daß es die DDR, wenn wir tausend Leute gehabt hätten, die über zehn Millionen DM im Jahr verdient hätten, noch geben würde? Sie haben vielleicht naive Vorstellungen.

(Bundestag, 27.11.96)

Billiger Trick

Der Bundeskanzler hat noch einmal einen billigen Trick versucht, als er gesagt hat, daß Sie zwar die Vermögensteuer abgeschafft, dafür aber die Erbschaftsteuer erhöht hätten. Darf ich in dieser Runde noch einmal fragen, für wie dumm Sie die Bevölkerung eigentlich halten? Die weiß auch, daß man Vermögensteuer jährlich bezahlen muß, Erbschaftsteuer aber nur einmal im Leben, nämlich wenn jemand stirbt.

(Bundestag, 31.1.97)

Verwechslung 2

Vizepräsident Dr. Burkhard Hirsch: Ich erteile dem Bundesminister für Finanzen, Dr. Theodor Waigel, das Wort.

(Widerspruch der Abg. Dr. Dagmar Enkelmann, PDS)

Eine Sekunde. Ich bitte um Nachsicht. Ich gebe dem Abgeordneten Dr. Gregor Gysi das Wort.

Dr. Gregor Gysi (PDS): Herr Präsident! Meine Damen und Herren! Noch bin ich nicht Bundesfinanzminister.

(Wolfgang Zöller, CDU/CSU: Gott bewahre!)

(Bundestag, 20.2.97)

Sternstunde

Meine Vorfahren sind aus der Schweiz nach Deutschland ausgewandert. Damit will ich sagen: Im Unterschied zu Flick und anderen gab es auch noch den umgekehrten Weg.

(Zuruf von der CDU/CSU)

Ob das nun eine Sternstunde für die Schweiz oder für Deutschland war, das können wir die Geschichte entscheiden lassen. Ich möchte das einfach als offen betrachten.

(Bundestag, 20.2.97)

Patriarchal

Wir haben in diesem Hause zuerst mehrere Männer gehört. Dann hat die erste Frau von Bündnis 90 / Die Grünen gesprochen. Ich teile weiß Gott nicht alles, was sie gesagt hat, zum Beispiel nicht die Ausführungen zum Euro. Damit müßte man sich lange auseinandersetzen. Aber die Art und Weise, wie in Ihren beiden Fraktionen alle Männer in dem Moment anfingen, Zwiegespräche zu führen und Zeitung zu lesen, finde ich unerträglich, patriarchal und machohaft.

(Bundestag, 20.2.97)

Brieftauben

Es ist ein starkes Stück, daß Sie sich hinstellen und sich über Gebührenerhöhungen aufregen. Dabei gibt es im Augenblick nur einen Eigentümer, nämlich die Bundesrepublik Deutschland. Wer hat denn als Eigentümer etwas damit zu tun, was bei der Post geschieht und was dort nicht geschieht?

(Jürgen Koppelin, FDP: Sie sollten Brieftaube werden!)

Auch wenn Sie das wünschen: Die Verwandlung in Tiere fällt selbst Menschen aus den neuen Bundesländern schwer. Deshalb kann ich auch nicht zur Brieftaube werden. Aber Sie organisieren die Post so, daß wir irgendwann wieder auf die Brieftaube angewiesen sein werden.

(Paul K. Friedhoff, FDP: Aber auf private!)

Das ist das eigentliche Problem Ihrer Politik.

(Bundestag, 20.2.97)

Umgekehrt gemacht

Bei der Einheit haben Sie etwas anderes versprochen, nämlich daß die sozialen und kulturellen Leistungen der DDR übernommen, gefestigt und sogar noch ausgebaut, die Fehlplanungen aber abgeschafft werden. Tatsächlich haben Sie es dann genau umgekehrt gemacht: Die kulturellen und sozialen Leistungen haben Sie abgeschafft, aber Fehlplanungen und Fehlprognosen deutlich ausgeweitet.

(Bundestag, 20.2.97)

Entgegenkommen

Wer Kriminellen erklärt, daß man ihnen schrittweise entgegenkommt, bis sie bereit sind, freiwillig ihre Steuern zu zahlen, der kann die Steuern gleich abschaffen, der wird das nämlich nie erreichen.

(Beifall bei der PDS – Widerspruch bei der CDU/CSU und der FDP)

Aber selbstverständlich. Wenn Sie die Entnahme von Waren im Kaufhaus dulden, dann haben Sie keinen Diebstahl mehr. Das ist eine ganz einfache Variante.

(Bundestag, 25.4.97)

Teure Polemik

Mir ist Polemik, die billig ist, immer noch lieber als Ihre Polemik, die dem Volk inzwischen so teuer gekommen ist, daß man schon deshalb über einen Wechsel sehr gründlich nachdenken müßte.

(Bundestag, 15.5.97)

Abtritt

Angesichts der Steuerschätzung wäre heute der Tag, zu sagen: Entweder legen Sie ein Konzept vor, oder Sie müssen einräumen, am Ende zu sein. Dann müssen wir den Weg freimachen für einen Neuanfang in dieser Gesellschaft, in dieser Bundesrepublik Deutschland.

(Beifall bei der PDS)

Ich habe noch eine Bitte an die SPD. Wenn die Änderung der Tagesordnung nicht durchkommen sollte und eine Zweidrittelmehrheit nicht zu erreichen ist, weil die Regierungsfraktionen kneifen, dann bitte ich eine der Fraktionen im Hause – wir sind ja leider keine –, den Antrag auf Herbeirufung eines Mitglieds der Bundesregierung zu stellen. Dann müssen wir es eben so herum versuchen.

(Joseph Fischer, Bündnis 90 / Die Grünen: Ist schon klar!)

Der Waigel muß hierhier und sagen, was er vorhat, was er verkloppen will und wie er seine Lücken schließen will. Diese Antwort wird er dem Parlament heute und nicht irgendwann geben müssen.

(Beifall bei der PDS sowie bei Abgeordneten der SPD und des Bündnis 90 / Die Grünen.

Die Regierungsmitglieder verlassen die Regierungsbank und nehmen die Abgeordnetenplätze ein.

Beifall bei der SPD, dem Bündnis 90 / Die Grünen und der PDS – Joseph Fischer, Bündnis 90 / Die Grünen: Das war ein Räumungsbefehl für die Regierungsbank! – Ingrid Matthäus-Maier, SPD: Die Bundesregierung tritt ab!)

(Bundestag, 15.5.97)

Zu weit gegangen

Meine Redezeit geht leider zu Ende.

(Dr. Hermann Otto Solms, FDP: Gott sei Dank!)

Was heißt hier Gott sei Dank? Dafür sollten Sie nicht Gott in Anspruch nehmen, nicht einmal für mich. Das geht, so glaube ich, zu weit.

(Bundestag, 26.6.97)

Kneipenwirte

Zur Steuerharmonisierung würde gehören, daß Daimler-Benz endlich einmal Steuern bezahlt. Daimler-Benz bezahlt nämlich 0 Prozent, Siemens bezahlt 7 Prozent. Jeder Kneipenwirt in Deutschland zahlt mehr Steuern als die beiden Konzerne.

(Bundestag, 27.6.97)

Einladung

Diese Sondersitzung des Deutschen Bundestages ist nichts anderes als die Wahlkampferöffnungsveranstaltung von CDU/CSU und FDP. Die Besonderheit besteht allerdings darin, daß ich zu dieser Wahlkampferöffnungsveranstaltung eingeladen bin. Das war bisher nicht der Fall.

(Bundestag, 5.8.97 – während der Sommerpause)

Rührend

Ich finde es ganz rührend, Herr Bundeskanzler, daß Sie sich um meine Redezeit Gedanken machen und darauf hinweisen, daß der Präsident schlafe. Aber der Präsident schläft nicht. Er weiß, wie lang meine Redezeit ist. Darauf wird hier ganz korrekt geachtet. Darum, Herr Bundeskanzler, müssen Sie sich ausnahmsweise nicht kümmern.

(Bundestag, 5.8.97)

Leichter leben

Wir brauchen Veränderungen, um den Problemstau aufzulösen. Ein Regierungswechsel ist nicht alles, aber er kann Signale für solche Veränderungen setzen. Deshalb brauchen wir ganz schnell Neuwahlen. Wenn Sie so sicher sind, daß Sie sie gewinnen werden, dann machen Sie sie doch! Wenn Sie aber in Wirklichkeit wissen, daß Sie sie verlieren werden, dann machen Sie sie auch. Schieben Sie die Niederlage nicht weiter hinaus! Es lebt sich leichter, wenn man dies schnell hinter sich hat. *(Bundestag, 5.8.97)*

Perspektive

Sie kommen immer auf die marode DDR zurück. Wie lange wollen Sie sich denn damit herausreden?

(Karl-Josef Laumann, CDU/CSU: Noch zehn Jahre! Solange ich Sie sehe, immer! – Lachen bei der PDS)

Es ist ganz gut, welche Perspektive Sie mir geben. Immerhin gehen Sie selber davon aus, daß ich noch zehn Jahre hier bin. Darüber können wir schon diskutieren.

(Bundestag, 11.6.97)

Ausland spukt

Sie betrachten die neuen Bundesländer immer noch als exterritorial. Wer hat denn den Begriff Transfer aufgebracht? Wenn Bayern Geld vom Bund bekommt, heißt das Bundeszuschuß. Wenn der Osten etwas bekommt, heißt es Transfer. In Ihnen spukt das Ausland herum, nicht in mir.

(Bundestag, 9.10.97)

Mantel und Milliarden

Dem Obdachlosen zu sagen, er solle stolz auf seinen Mantel sein, und dem Milliardär, er solle stolz auf seine Milliarde sein, und beide sollen sich frei fühlen, ist ein wenig billig. So bekommt man keine gerechte Gesellschaft.

(Bundestag, 9.10.97 – an den FDP-Vorsitzenden Gerhardt gerichtet)

Staatsbürgerschaft

Sie wissen, wie wichtig die Frage der Staatsbürgerschaft für die Frage der Integration ist; denn nur Menschen, die gleichberechtigt sind, sind dann auch in den Augen ihrer Kolleginnen und Kollegen, ihrer Nachbarinnen und Nachbarn gleichwertig, und nur Menschen, die gleiche Rechte haben, nützen sie auch. Daraus entstehen auch Pflichten, und damit entsteht eine andere Form von Integration. ...

Das Problem in der DDR war es, die Staatsangehörigkeit loszuwerden, und nicht, sie zu bekommen, was jetzt aber das Problem in der Bundesrepublik Deutschland ist.

(Bundestag, 30.10.97)

Kenntnisse contra Ahnung

Dr. Wolfgang Freiherr von Stetten, CDU/CSU: Sie haben doch keine Ahnung!

Dr. Gregor Gysi, PDS: Es kann schon sein, daß Sie mehr Ahnung haben, aber hier geht es um Kenntnisse.

(Bundestag, 13.11.97)

Der bessere Wettbewerb

Wir haben keinen europäischen Gesetzgeber. Wir haben keine europäische Verfassung. Wir haben keine europäische Charta sozialer Grundrechte. Wir haben kein europäisches Beschäftigungsprogramm. Das alles haben wir nicht. Aber die Währungsunion wollen Sie pünktlich einführen, und zwar ausschließlich mit fiskalischen Kriterien. Was glauben Sie, was das für ein spannender Wettbewerb in Europa geworden wäre, wenn Sie als Beitrittsbedingung nicht 3,0 Prozent der Nettoverschuldung im Jahr ausgegeben hätten, sondern gesagt hätten: Zur europäischen Währungsunion kann nur beitreten, wer höchstens 3 Prozent Arbeitslosigkeit zu verzeichnen hat, und jeder, der darüber liegt, scheidet aus. Das wäre eine Stimmung in Europa gewesen! In jedem europäischen Land hätte ein Arbeitsbeschaffungsprogramm das andere abgelöst. Das wäre für die Menschen wirklich sinnvoller gewesen als diese fiskalische Fixierung.

(Bundestag, 26.11.97)

2.

PROTOKOLLIERT

ANTIRASSISMUS-GESETZ

Rede im Bundestag am 23.6.95

Herr Präsident! Meine Damen und Herren! Seit 1990 beschäftigen wir uns – seitdem erlebe ich das im Bundestag – auch mit Problemen des Rassismus und seiner Überwindung, mit Problemen der Ausländerfeindlichkeit – überhaupt und generell mit Diskriminierungsproblemen. Der Gesetzentwurf, den wir hier vorgelegt haben, greift nicht in alle Diskriminierungsmöglichkeiten ein, die es in einer Gesellschaft gibt. Dabei denke ich an Diskriminierungen auf Grund des Geschlechts, der sexuellen Orientierung oder an viele andere Bereiche, wo es zum Teil auch rechtliche Diskriminierungen gibt. Das war von uns zumindest noch nicht zu leisten.

Wir haben deshalb, wie schon in der letzten Legislaturperiode, als erstes einen Gesetzesentwurf vorgelegt, der sich mit der Frage von Diskriminierung von Menschen aus rassistischen Gründen beschäftigt, also im weitesten Sinne mit Fragen über die Diskriminierung von Ausländerinnen und Ausländern in unserer Gesellschaft.

Wenn ich heute lese, daß das Europäische Parlament beschlossen hat, eine Forschungskommission gegen Rassismus zu gründen und zu ermitteln, wie und auf welche Art und Weise in den Ländern der Europäischen Union solche Diskriminierungen stattfinden, dann glaube ich, sagt uns das Europäische Parlament auch, daß die Bundesrepublik Deutschland diesbezüglich aktiv zu werden hat.

An sich verlangt das das Grundgesetz. Denn es legt in Artikel 3 fest, aus welchen Gründen Menschen nicht diskriminiert werden dürfen. Wir wissen, daß täglich Gegenteiliges geschieht. Bislang ist daraus noch nie eine gesetzliche Konsequenz gezogen worden. Ich meine, es ist höchste Zeit, vor allem, wenn man darüber nachdenkt, daß die USA und die Schweiz solche Gesetze haben. Die Bundesrepublik Deutschland ist davon noch immer weit entfernt.

Unser Gesetz würde, wenn Sie ihm zustimmen, ermöglichen, daß Bürgerinnen und Bürger, die aus rassistischen Gründen diskriminiert werden, erstmalig einen zivilrechtlichen Schadenersatzanspruch hätten, z. B. wenn ihnen aus diesem Grunde ein Arbeitsplatz verwehrt wird, wenn ihnen eine Wohnung verwehrt wird oder wenn in anderer Art und Weise Diskriminierung stattfindet. Auch in dem Wissen darum, daß das Gesetz nicht häufig zu Gerichtsurteilen führen wird, auch was die damit verbundenen Geldbußen etc., die wir vorschlagen, betrifft, denke ich, daß schon die Schaffung eines solchen Rechtsinstituts ein wichtiges Signal in einer Gesellschaft ist, nämlich daß der Gesetzgeber nicht duldet, daß Menschen aus rassistischen Gründen diskreditiert werden, egal, auf welchen Gebieten und durch welche Institutionen.

(Beifall bei der PDS)

Ich denke, daß es auch höchste Zeit ist, die Gesetze der Bundesrepublik Deutschland danach zu durchforsten, ob und in welchem Umfang Diskriminierungen dieser Art gesetzlich verankert sind. Wir haben in unserem Artikelgesetz ein Gesetz enthalten, das sich Erstes Gesetz zur antirassistischen Normenbereinigung nennt, in dem wir auf verschiedenen Gebieten Änderungen vorschlagen, weil dort Normen geregelt sind, die zweifellos Ausländerinnen und Ausländer diskriminieren. Ich nenne als Beispiel nur das Versicherungsvertragsgesetz und andere Gesetze, in denen Ausländerinnen und Ausländer ganz erheblich benachteiligt werden, und zwar ohne irgendeinen nachvollziehbaren Grund, d.h. letztlich aus ausländerfeindlichen oder rassistischen Gründen.

Es ist schon schlimm genug, wenn sich solche Dinge im Laufe der Geschichte in die Gesetzgebung des Bundestages eingeschlichen haben. Aber noch schlimmer wäre es, wenn der Bundestag nicht bereit ist, diese zu korrigieren und ernsthaft alle Gesetze auf solche Diskriminierungen hin zu durchforsten.

Damit hängt unser zweiter Antrag zusammen. Wir haben die Bundesregierung in einer Kleinen Anfrage gefragt, ob und in welchem Umfang sie uns Regelungen nennen kann, in denen Ausländerinnen und Ausländer, die hier ihren legalen Wohnsitz haben, anders behandelt werden als Deutsche. Die Bundesregierung hat uns mitgeteilt, dazu sei sie nicht in der Lage; das Material sei zu umfangreich. Das heißt, sie räumt damit ein, daß wir so viele gesetzliche Bestimmungen haben, die Ausländerinnen und Ausländer diskriminieren, daß sie nicht einmal in der Lage ist, uns diese mitzuteilen. Wenn das so ist, dann ist eine Kommission, die jedes Gesetz daraufhin überprüft, dringend geboten. Damit beschäftigt sich unser Antrag hinsichtlich der Expertenkommission.

(Beifall bei der PDS)

Ich bin natürlich traurig, daß ein so wichtiges gesetzliches Anliegen in der letzten Legislaturperiode keine Chance hatte, durchzukommen. Auch bin ich traurig, daß wir das als einen winzigen Tagesordnungspunkt am Freitagnachmittag ganz am Schluß in einer halben Stunde behandeln, was schon etwas über die Einstellung des Bundestages zu einem solchen Problem aussagt.

(Widerspruch)

Doch, doch.

(Joseph Fischer, Bündnis 90 / Die Grünen: Wir sind doch alle hier!)

Ich habe Sie auch nicht gemeint, Herr Fischer.

(Dr. Cornelie Sonntag-Wolgast, SPD: Eben! Man trifft immer die Falschen!)

Wir haben auch einen Vorschlag zur Stellung der Ausländerbeauftragten der Bundesregierung gemacht. Wir haben dabei – ich will nicht sagen: akribisch – sehr intensiv das aufgenommen, was die Ausländerbeauftragte selber vorgeschlagen hat und was in dieser Regierungskoalition leider keine Chance hatte. Man kann nicht eine solche Funktion schaffen und dann keine Kompetenzen damit verbinden. Dann bekommt sie eine reine Alibifunktion. Das wird Ihnen fast jede und jeder Ausländerbeauftragte bestätigen.

Wir haben hier ganz andere rechtliche Grundlagen geschaffen, damit eine solche Beauftragte oder ein solcher Beauftragter auch in der Lage ist, wirksam gegen Rassismus und Ausländerfeindlichkeit vorzugehen.

(Beifall bei der PDS)

Vizepräsident Hans-Ulrich Klose: Herr Kollege Gysi, die Zeit.

Gregor Gysi (PDS): Deshalb bitte ich Sie, das Gesetz in den Ausschüssen wohlwollend zu behandeln. Ich weiß, daß es nicht wenige Abgeordnete gibt, die das ähnlich sehen. Lassen Sie uns dann aber auch den Mut haben, hier parteiübergreifend zusammenzuarbeiten. Denn es geht hier nicht um uns, es geht nicht um die politische Bewertung der einen oder anderen Partei, sondern es geht um Millionen Menschen, die in dieser Bundesrepublik Deutschland leben und die diesbezüglich auf uns warten.

Quelle: Deutscher Bundestag, 23.6.95, Plenarprotokoll 13/45

ENTBÜROKRATISIERUNG

Rede im Bundestag am 14.3.96

Frau Präsidentin! Meine Damen und Herren! »Schlanker Staat« – das klingt natürlich ungeheuer populär, damit läßt sich auch sehr gut Wahlkampf machen; denn das Wort »Staat« ist nicht besonders positiv besetzt, wohingegen das Wort »schlank« sehr positiv besetzt ist.

(Beifall des Abg. Dr. Guido Westerwelle, FDP – Joseph Fischer, Bündnis 90 / Die Grünen: Nein! Es kann ja nicht jeder wie Westerwelle aussehen!)

– Aber, Herr Fischer, zweifellos, im Patriarchat im Bündnis mit Modezeitschriften ist das Wort »schlank« natürlich positiv besetzt, insbesondere wenn es um den Umgang mit Frauen geht. Bei Männern ist das anders. Sie nehmen dann für sich in Anspruch, gemütlich und interessant zu sein. Das ist eine der Ungerechtigkeiten, obwohl der Kanzler das lebende Gegenbeispiel dafür ist.

(Beifall bei der PDS)

Davon ganz abgesehen, ist meine Sorge eine andere: Geht es Ihnen wirklich um den schlanken Staat, oder geht es Ihnen nicht vielmehr um dünnes Recht? Ich glaube, daß Sie letzteres anstreben. Das bedeutet dann eine Beeinträchtigung der Rechte der Bürgerinnen und Bürger, und zwar gerade, was die Rechtswegegarantie, den ökologischen und den sozialen Bereich betrifft.

Sie wollen eine Reduzierung der Aufgaben des Staates – aber welcher Aufgaben? Der Aufgabe, für den sozialen, den ökologischen und den kulturellen Ausgleich zu sorgen! Das ist eine Aufgabe, von der wir meinen, daß der Staat sie sogar umfassender wahrnehmen muß, als es gegenwärtig der Fall ist.

(Beifall bei der PDS sowie beim Bündnis 90 / Die Grünen)

Wir würden uns natürlich immer treffen, wenn es um Entbürokratisierung geht. Dazu werde ich noch etwas sagen. Aber meine Hauptsorge ist – das hat auch mit dem Ost-West-Konflikt etwas zu tun –: Seit der Einheit, seit dem 3. Oktober 1990, betreiben Sie drei Dinge auf einmal: Erstens setzen Sie die Bundeswehr international ein und militarisieren die Gesellschaft – etwas, was vor der Einheit in dieser Form völlig undenkbar war. Zweitens betreiben Sie den Sozialabbau und kündigen den Sozialstaatskompromiß, der seit 1949 galt, weil Sie glauben, den sozialen Wettbewerb mit dem Ostblock nicht mehr führen zu müssen.

(Ulrich Heinrich, FDP: Davon verstehen Sie wirklich nichts!)

Drittens betreiben Sie jetzt auch noch Demokratie- und Rechtsabbau – das ganze unter dem Motto des »schlanken Staates« –, was in Wirklichkeit Einschränkungen von Bürgerinnen- und Bürgerrechten bedeutet, wogegen wir uns ganz entschieden wehren.

(Beifall bei der PDS – Siegfried Hornung, CDU/CSU: Das sagt ein Diktator!)

Wenn Sie zum Beispiel in der Verwaltungsgerichtsordnung das einzige Rechtsmittel, das es in bestimmten Fällen gibt, die Berufung, an ganz hohe Zulassungskriterien knüpfen wollen, wollen Sie praktisch das Rechtsmittel abschaffen, was übrigens ein Verstoß gegen den Internationalen Pakt über bürgerliche und politische Rechte ist, wonach jede Gerichtsentscheidung durch ein einfaches, umfassendes, zulässiges Rechtsmittel überprüft werden können muß. Genau das wollen Sie abschaffen.

(Ernst Hinsken, CDU/CSU: In keinem Land der Erde werden die Rechtsmittel größer geschrieben als bei uns!)

– Nein, das stimmt nicht. Das ist ein Irrtum. Das bilden Sie sich nur ein. Schon die Revision ist kein wirkliches Rechtsmittel. Darüber könnten wir gerne einen langen juristischen Streit führen. Das hat jetzt keinen Sinn. Aber ich behaupte, daß Sie Schritt für Schritt die Rechtswegegarantie einschränken.

(Siegfried Hornung, CDU/CSU: Bei Ihnen war das alles besser!)

Das hat Methode.

(Beifall bei der PDS)

In Wirklichkeit könnten viele Probleme dann besser gelöst werden, wenn zum Beispiel bestimmte Behörden, insbesondere die Finanzbehörden, besser ausgestattet wären. Das Problem ist dort ein ganz anderes. Die 850 Millionen DM, die an die Vulkan AG für den Osten gingen und die im Osten nie angekommen sind – wie viele Beamte haben das geprüft? Offensichtlich kein einziger. Vergleichen Sie das einmal mit der Zahl der Beamten, die einen Antrag einer Sozialhilfeempfängerin auf einen Zuschuß von 200 DM prüfen. Damit sind mindestens fünf Leute beschäftigt, und die kontrollieren das auch noch.

(Beifall bei der PDS)

Das ist die Realität in unserer Gesellschaft. Vielleicht müßte man das umstellen.

Entbürokratisierung – damit bin ich doch einverstanden. Ich will Ihnen einmal ein Beispiel erzählen. Ich habe mich mit einer Funkstreifenbesatzung unterhalten, die in der Nähe von Schönefeld bei Berlin wirkt. Die Polizisten haben mir im Ernst erklärt, daß sie zwischen 50 und 70 Prozent ihrer Arbeitszeit damit zubringen, Formulare auszufüllen –

(Joseph Fischer, Bündnis 90 / Die Grünen: Wegen Bagatelldelikten! Das diskutieren wir morgen! – Siegfried Hornung, CDU/CSU: Darüber reden wir noch!)

das Ganze auch noch wegen wirklicher Bagatelldelikte. Da gibt es Anklagen vom Staatsanwalt – ich habe sie gelesen; damit wird die Justiz beschäftigt –, weil jemand auf der Autobahn von rechts überholt hat, was natürlich nicht richtig ist. Aber da genügt nicht ein kleiner Bescheid; da muß eine richtige Anklage her. Es ist kein Unfall, es ist nichts passiert! Da wird ein Richter beschäftigt. Da wird ein Staatsanwalt beschäftigt. Das sind die Realitäten.

Schaffen Sie die Bagatelldelikte im Strafgesetzbuch ab! Das wäre ein Akt der Entbürokratisierung.

(Beifall bei der PDS)

Entlasten Sie die Polizei von bürokratischen Aufgaben und sorgen Sie dafür, daß sie der Kriminalität vorbeugen kann und die Kriminalität bekämpfen kann!

(Siegfried Hornung, CDU/CSU: Sie meinen doch etwas ganz anderes! Sie meinen doch gar nicht das Beispiel, das Sie genannt haben!)

Wie kommt es denn, daß wir bei Mord und Totschlag keine Polizisten haben? Aber wenn sich irgendwo 30 Linke zur Demo treffen, dann sind immer 500 Polizisten anwesend. Da haben Sie noch nie einen Mangel an Beamten gehabt. Das sind die Realitäten in dieser Gesellschaft.

(Beifall bei der PDS und dem Bündnis 90 / Die Grünen sowie bei Abgeordneten der SPD)

Auch wenn Sie soziale Sicherung einführen, können Sie entbürokratisieren. Wenn wir zum Beispiel ernsthaft über eine soziale Grundsicherung nachdenken würden, wenn wir das als Anspruch regeln würden, dann würden wir uns natürlich sehr viel Verwaltungsarbeit schenken können. Es gäbe kaum noch Sozialhilfe. Wir müßten da nichts überprüfen. Wir könnten das Kindergeld ganz anders regeln. Es gäbe hier Möglichkeiten, ganz entscheidend zu entbürokratisieren, wenn man soziale Ansprüche festschriebe und nicht gerade dort so viel Kontrolle einführte, wie wir es gegenwärtig erleben.

Im übrigen: Wo steht denn geschrieben, daß alles so kompliziert sein muß – da stimme ich Ihnen ja zu –, ob das soziale Anträge sind, ob das Anträge bei Existenzgründungen sind?

Im Osten hatten wir ja schon ein vereinfachtes Recht, und dennoch war jede und jeder überfordert. Im Osten haben wir im Vergleich zu den alten Bundesländern eine Weile gewisse Erleichterungen gelten lassen, und dennoch war jeder Existenzgründer restlos überfordert, wenn er ein Unternehmen gründen wollte, und war sechs, sieben Monate allein mit den Anträgen beschäftigt, bevor er dazu kam, überhaupt etwas zu unternehmen. Eigentlich heißen aber Unternehmer so, weil sie etwas unternehmen sollen, aber dazu kommen sie ja heute überhaupt nicht mehr. Die Bedingungen in den alten Bundesländern sind noch katastrophaler. Hier können Sie entbürokratisieren.

Übrigens könnten Sie auch das Bankwesen wesentlich verändern, damit die Kreditvergabe anders erfolgt, was auch viele Existenzgründungen erleichtern würde. Auf der Strecke muß man verändern, nicht auf der, auf der Sie das vorhaben.

(Beifall bei der PDS)

Dann müßte man dezentralisieren. Denn die meisten Aufgaben liegen doch heute beim Bund und viele beim Land. Das Problem besteht doch darin, daß nicht dort entschieden wird, wo die höchste Sachkenntnis liegt, nämlich in der Kommune. Dezentralisieren Sie doch endlich einmal staatliche Befugnisse! Dann würde vieles auch sehr viel schneller gehen, als das heute der Fall ist.

Dann haben Sie gesagt, wir müßten Stellen abbauen. Nein, wir müssen die Beschäftigten im öffentlichen Dienst mit anderen Aufgaben beschäftigen. Es ist doch nicht so, daß es im sozialen Bereich, im Bildungsbereich, im Kulturbereich und im ökologischen Bereich nicht genügend Arbeiten gibt. Ich bin sogar der Meinung: Wir brauchen zusätzlich einen öffentlichen Beschäftigungssektor.

(Beifall bei Abgeordneten der PDS)

Den könnten wir finanzieren, wenn wir auf der einen Seite entbürokratisieren und auf der anderen Seite Steuergerechtigkeit herstellen,

(Beifall bei der PDS)

wenn wir endlich dafür sorgen, daß diejenigen Steuern zahlen, die die entsprechenden Einkommen und Vermögen besitzen, und nicht immer bei jenen kürzen, die sowieso schon die sozial Schwächsten in unserer Gesellschaft sind.

Deshalb sage ich Ihnen, daß es allein mit der Frage des schlanken Staates, wie Sie das darstellen, nicht zu machen sein wird. Sie werden den versprochenen Effekt nicht erreichen; Sie werden lediglich erreichen, daß wir zum Beispiel keine Sicherheit im Umweltbereich mehr haben werden, daß es höchst gefährliche Anlagen geben wird, bei denen wir die Gefahr erst dann feststellen, wenn sie schon in Betrieb genommen worden sind. Das ist Ihr Ziel.

Sie werden erreichen, daß die Rechte von Bürgerinnen und Bürgern zu Einsprüchen, wenn sie durch bestimmte Dinge unmittelbar beeinträchtigt sind, immer weiter zurückgehen. Das heißt, Sie werden Politikverdrossenheit und Demokratieverdrossenheit erhöhen, und Sie werden erreichen, daß die Bürgerinnen und Bürger das Gefühl haben, ohnmächtig dem Staat gegenüberzustehen.

(Beifall bei der PDS)

Genau das ist Ihr Ziel, und ich sage Ihnen: Damit sägen Sie an den Grundlagen dieser Bundesrepublik Deutschland.

Jetzt einmal zu den unangenehmen Seiten.

(Zuruf von der CDU/CSU: Ja!)

– Es gibt ja auch unangenehme, das können Sie ja nicht im Ernst bestreiten. Auch wir gehören ja zur Bundesrepublik Deutschland, und wenigstens uns empfinden Sie als unangenehme Seite. Sie können ja nicht bestreiten, daß es so etwas gibt.

Sie machen sich immer in Ihren Kleinen Anfragen Sorgen über die Verfassungstreue der PDS. Ich mache mir viel größere Sorgen über die Verfassungstreue der CDU/CSU und ihres Umfeldes.

(Beifall bei der PDS)

Alle Angriffe auf das Grundgesetz in den letzten sechs Jahren kamen von Ihrer Fraktion. Die Aushöhlung der Rechtswegegarantie kommt von Ihrer Fraktion. Sie interpretieren das Grundgesetz so, wie Sie es wollen: Mal gehen internationale Einsätze der Bundeswehr über Jahre nach diesem Grundgesetz nicht, und dann stellen Sie über Nacht fest, nach demselben Grundgesetz soll es doch gehen. Das sind die Realitäten.

(Beifall bei Abgeordneten der PDS)

Ich meine, daß wir uns von Ihnen diesbezüglich keine Vorwürfe anzuhören brauchen.

(Joseph Fischer, Bündnis 90 / Die Grünen: Ein bedeutender Politiker hat einmal gesagt: »Rechtsfragen sind Machtfragen«!)

– Ja, natürlich sind Rechtsfragen auch Machtfragen. Das hat sich sogar bis zu mir herumgesprochen.

Das habe ich übrigens auch erlebt. Genau weil das so ist, lieber Herr Fischer, lieber Joschka Fischer –

(Zurufe von der CDU/CSU und der FDP: Oh! – Gegenruf des Abg. Joseph Fischer, Bündnis 90 / Die Grünen: Jetzt werden sie neidisch!)
– sollten wir vielleicht gemeinsam dafür streiten, daß die Rechte der Bürgerinnen und Bürger zunehmen, und dafür sorgen, daß die Koalition diese Rechte nicht unter dem Deckmantel des schlanken Staates abbaut, ein in Wirklichkeit dünnes Recht einführt, das heißt, die Rechte der Bürgerinnen und Bürger einschränkt. Entbürokratisieren sollen Sie, aber nicht die Rechte der Menschen einschränken!
Danke.

(Beifall bei der PDS – Zuruf von der CDU/CSU: Ha, ha!)

Quelle: Deutscher Bundestag, 14.3.96, Plenarprotokoll 13/95

BEZIEHUNGEN ZUR VR CHINA

Rede im Bundestag am 27.6.96

Herr Präsident! Meine Damen und Herren! Erstens. Es ist wahr: Aus den Reihen der Opposition, aber auch aus den eigenen Reihen der FDP nimmt der Druck zu, den Bundesaußenminister auszuwechseln.

(Widerspruch bei der FDP und der CDU/CSU)

Ich füge hinzu, daß ich die Beziehungen zu China und die Menschenrechtssituation in China viel zu wichtig finde, als daß man sie zum Anlaß nimmt, Personalpolitik innerhalb der Bundesregierung zu betreiben.

(Beifall bei der PDS – Dr. Hermann Otto Solms, FDP: Heuchler! – Weitere Zurufe von der CDU/CSU und der FDP)

Deshalb kritisiere ich das.

Zweitens. Den Begriff Menschenrechte kann man nur akzeptieren, wenn diese wirklich universell gelten und anerkannt werden, und zwar auch in ihrer Einheit von politischen und sozialen Rechten.

Ich sage deshalb deutlich: Wenn der Pressesprecher der chinesischen Botschaft in der Tageszeitung »Neues Deutschland« erklärt, daß man zum Beispiel nicht vergessen dürfe, daß China erreicht hat, daß über eine Milliarde Menschen nicht mehr hungern, dann ist das wahr, aber er möge mir doch bitte erklären, weshalb man das nicht erreichen kann unter den Bedingungen von Meinungsfreiheit, Pressefreiheit und anderen politischen Freiheiten.

(Beifall bei der PDS)

Ich bin eigentlich nicht mehr länger bereit, diese Gegenüberstellung hinzunehmen – allerdings auch umgekehrt nicht; das heißt, daß auch dieser Bundestag und die Bundesregierung die Verpflichtung haben, sich stärker weltweit für soziale Grundrechte einzusetzen, weil andernfalls natürlich politische Rechte einfach an Wert verlieren. Für jemand, der hungert, ist eben die Pressefreiheit nicht das Entscheidende, sondern das Entscheidende für ihn ist, daß er sich ernähren kann. Wir müssen also von der Einheit ausgehen, und das viel stärker.

Ich glaube, daß man drittens festhalten muß, daß alle Regierungen auf diesem Erdball und, von den Grünen einmal abgesehen, auch alle Parteien in diesem Hause in ihrer Geschichte immer schon ein durch ein bestimmtes politisches Interesse geprägtes unterschiedliches Herangehen an Menschenrechtsverletzungen praktiziert haben. Das mag bei den einzelnen Parteien unterschiedlich gewesen sein. Es wäre aber einfach fatal, zu leugnen, daß das die Politik immer begleitet hat.

Natürlich verhält sich auch die Bundesregierung je nach Interessenlage sehr unterschiedlich. Ich kann hier nur Stichworte nennen: Wie ist es zum Beispiel mit der Auseinandersetzung der Bundesregierung mit der Türkei in bezug auf die Kurden? Wie ist es mit der Auseinandersetzung der Bundesregierung mit Rußland in bezug auf Tschetschenien? Ich könnte viele andere Beispiele nennen, will das aber nicht tun. Dies setzt sich in der China-Politik dieser Bundesregierung fort. Deshalb will ich dazu noch etwas sagen. Nachdem nun der Bundesaußenminister ausgeladen worden ist, fand ich die weiteren Meldungen schon deshalb so interessant, weil man dadurch erst erfahren hat, welche sonstigen Besuche geplant waren, von denen man gar nichts wußte.

(Beifall bei der PDS)

So erfuhr man zum Beispiel, daß Frau Merkel, Herr Töpfer und Herr Rexrodt – dies mag auch noch andere Gründe haben – abgesagt haben. Viel spannender aber fand ich, daß Herr Rühe ein deutsch-chinesisches Offizierstreffen beim Heeresführungskommando in Koblenz abgesagt hat, von dem vorher kein Mensch wußte, daß es stattfinden sollte,

(Beifall bei Abgeordneten der PDS)

und daß er laut »Süddeutscher Zeitung« vom 25. Juni 1996 auch ein deutsch-chinesisches Generalstabstreffen in Peking abgesagt hat. Ich sage Ihnen allen Ernstes: Wenn Sie ganz scharf auf Rüstungsaufträge aus China sind und der deutschen Wirtschaft sowie der Deutschen Bank diesen Weg ebnen wollen, dann sind Sie natürlich nicht in der Lage, die Politik, die auch der Kanzler gerade ausgeführt hat, umzusetzen. Dann sind Sie an Ihre eigene Politik gefesselt. Das wird täglich deutlich.

(Beifall bei der PDS sowie bei Abgeordneten der SPD und der Abg. Amke Dietert-Scheuer, Bündnis 90 / Die Grünen)

Übrigens übernimmt man mit Waffenexporten immer einen bestimmten Grad an Verantwortung. Das sollte man klar sehen.

Natürlich sind wir für den Dialog mit der chinesischen Regierung und mit anderen chinesischen gesellschaftlichen Kräften. Wir sind auch für wirtschaftliche Zusammenarbeit; das ist ganz klar. Wir selber führen Gespräche nicht nur mit chinesischen Politikerinnen und Politikern. Dabei stehen die Menschenrechte sehr wohl im Mittelpunkt; denn ich glaube, daß ohne ihre Verwirklichung letztlich gedeihliche Beziehungen überhaupt nicht möglich sind. Das gilt auf allen Ebenen und im Verhältnis zu allen Staaten. Hier kann gegenüber vielen Staaten noch mehr geleistet werden, als es in der Vergangenheit der Fall war.

Ich wünschte mir, das neue Jahrhundert wäre dadurch gekennzeichnet, daß wir alle – das sage ich nicht ohne Selbstkritik – an die Verwirklichung der Menschenrechte herangingen, ohne dabei die eigene politische, wirtschaftliche oder sonstige Interessenlage auch nur zu 50 Prozent oder 20 Prozent zu berücksichtigen.

(Beifall bei der PDS)

Das nämlich ist die Voraussetzung dafür, Menschenrechte wirklich als universell anzusehen.

Das erfordert, ökonomische und andere Interessen auch einmal zurückzustellen. Genau dazu ist die Bundesregierung nicht bereit. Solange sie dazu nicht bereit ist, wird sie in diesen Fragen nicht ehrlich sein können – weder gegenüber China noch gegenüber der Türkei, noch gegenüber Rußland, noch gegenüber anderen Ländern auf dieser Welt.

Quelle: Deutscher Bundestag, 27.6.96, Plenarprotokoll 13/116

DEUTSCH-TSCHECHISCHE ERKLÄRUNG

Rede im Bundestag am 30.1.97

Frau Präsidentin! Meine Damen und Herren!
Ich weiß nicht, ob wir diese Debatte zufällig am 30. Januar durchführen. Auf jeden Fall ist es symbolisch; denn es ist der Tag, an dem im Jahre 1933 Hitler die Macht in Deutschland ergriff. Hätte das deutsche Volk dies damals verhindert, dann brauchten wir heute nicht über diese Erklärung zu diskutieren. Die gesamte Geschichte wäre anders verlaufen. Wir werden mit diesem Tag, dem 30. Januar, auf lange Zeit verbunden bleiben. Auch die künftige Generation wird diese Geschichte noch aufzuarbeiten haben.

Ich glaube aber, das Wichtigste ist, daß meine Generation – das ist ja eigentlich schon die Nachkriegsgeneration – die Voraussetzungen dafür schafft, daß die neue Generation möglichst unbelastet eine gemeinsame Zukunft in Europa gestalten kann.

(Beifall bei der PDS)

Ich bin mir darüber im klaren, daß die Deutsch-Tschechische Erklärung auch diesem Ziel dient. Deshalb wird es aus der Abgeordnetengruppe der PDS keine Gegenstimme zu dieser Erklärung geben.

Ich füge aber hinzu: Das bedeutet nicht, daß wir jeden Teil der Erklärung ausgereift und historisch gerecht formuliert finden. Im Gegenteil: Wir haben auch Kritik, schon am Zustandekommen; nicht so sehr wegen der Dauer der Verhandlungen, sondern wegen eines Umstandes, der hier auch schon von anderen kritisiert worden ist, daß nämlich die beiden Parlamente aus den Verhandlungen völlig herausgehalten worden waren, die Regierung aber zu jeder Zeit die Funktionäre der sudetendeutschen Landsmannschaften einbezogen hatte, die eigentlich nicht Verhandlungspartner für solche Verhandlungen sind. Ich finde, daß man solche Verhandlungen nicht an einem Parlament vorbei führen darf.

(Beifall bei der PDS)

Wichtiger sind aber bestimmte inhaltliche Momente in der Erklärung. Lassen Sie mich sagen, welche Bedenken wir haben. Ich muß sie hier einfach auch formulieren.

Da heißt es in Ziffer 2: Die deutsche Seite bekennt sich zur Verantwortung Deutschlands für seine Rolle in einer historischen Entwicklung, die zum Münchener Abkommen von 1938, der Flucht und Vertreibung von Menschen aus dem tschechoslowakischen Grenzgebiet sowie zur Zerschlagung und Besetzung der tschechoslowakischen Republik geführt hat. Das ist natürlich nicht falsch. Aber trifft es wirklich den Kern? Kann man nur von einer »Rolle« Deutschlands sprechen? Ich weiß um die Mitverantwortung der Briten, der Franzosen und anderer Mächte, zum Beispiel für das Münchener Abkommen von 1938. Aber hätte es nicht heißen müssen: »Die Hauptverantwortung trägt Deutschland«? Denn Deutschland war es, das das Sudetengebiet beanspruchte. Deutschland ist in die Tschechoslowakei einmarschiert und hat sie okkupiert. Deutschland war es letztlich auch, das die Tschechoslowakei zerschlagen hat; das waren nicht die Briten, nicht die Franzosen, nicht die Italiener. Deshalb ist es nicht eine Rolle, die wir dabei gespielt haben, sondern es ist leider die entscheidende Rolle. Ich finde, das hätte man auch sagen müssen.

(Beifall bei der PDS sowie bei Abgeordneten der SPD)

Es heißt im nächsten Absatz, daß wir das Leid und das Unrecht bedauern, das dem tschechischen Volk durch die nationalsozialistischen

Verbrechen von Deutschen angetan worden ist. Die deutsche Seite würdigt die Opfer nationalsozialistischer Gewaltherrschaft und diejenigen, die dieser Gewaltherrschaft Widerstand geleistet haben.

Auch das ist richtig. Aber ich finde, auch das ist nicht ausreichend. Leid und Unrecht geschehen täglich in jedem Land auf dieser Welt; auch Verbrechen gibt es leider täglich. Nein, hier hätten die Worte Massenmord und Deportation mit hineingehört; denn das war das Einmalige, das, was es unterschied von anderen Verbrechen, von anderem Leid, von anderem Unrecht, das es auf dieser Welt leider immer noch gibt.

(Beifall bei der PDS)

Im nächsten Absatz wird dann ausgeführt, daß sich die deutsche Seite auch bewußt ist, daß die nationalsozialistische Gewaltpolitik gegenüber dem tschechischen Volk dazu beigetragen hat, den Boden für Flucht, Vertreibung und zwangsweise Aussiedlung nach Kriegsende zu bereiten. Ich finde auch diese Formulierung zu schwach; denn das war natürlich die entscheidende Ursache für das, was später geschehen ist. Hätte es diese Verbrechen, hätte es den Einmarsch nicht gegeben, hätte es nicht die Entscheidung des nationalsozialistischen Regimes gegeben, den Sudetendeutschen zwangsweise und kollektiv die deutsche Reichsangehörigkeit aufzudrücken, dann hätte es auch die späteren schlimmen Folgen nicht gegeben.

(Beifall bei der PDS)

In der DDR war die Verurteilung der nationalsozialistischen Verbrechen am tschechischen Volk nie ein Problem; die hat immer stattgefunden. Was aber ausgeblendet wurde in der Geschichte, das waren die Exzesse und das Unrecht, das es bei der zwangsweisen Aussiedlung, das heißt bei der Vertreibung, gegeben hat. Das haben wir aufzuarbeiten; denn dieses Unrecht nicht zu benennen, war auch Unrecht.

(Beifall bei der PDS)

Dennoch hätte bei diesem Abschnitt etwas hinzugehört. Damals, 1945, war die Sicht eine andere. Heute ist Vertreibung in jeder Form für uns ein Unrecht. Aber damals war auch das Geschichtsbild ein anderes. Man kann doch auch nicht leugnen, daß leider, leider sehr viele Sudetendeutsche dem Naziregime zugestimmt und sich auch an seinen Verbrechen beteiligt haben. Natürlich waren es niemals alle. Es hat unter den Sudetendeutschen auch viele gegeben – Herr Scharping, Sie haben auf die Sozialdemokratinnen und Sozialdemokraten hingewiesen; dazu gehörten auch viele Kommunistinnen und Kommunisten, aber auch bürgerliche Kräfte –, die eindeutig Widerstand gegen die Henlein-Partei und gegen das nationalsozialistische Regime geleistet haben. Daß das nicht gewürdigt wurde, sondern daß sie einfach wie alle anderen mitbehandelt worden sind, ist und bleibt eine Schande in der Geschichte; das ist wahr.

(Beifall bei der PDS sowie bei Abgeordneten der SPD und des Abg. Joseph Fischer, Bündnis 90 / Die Grünen)

Dennoch hätte hinzugefügt werden müssen, daß es eben eine Erfahrung mit der sogenannten fünften Kolonne gab und daß auf dieser Grundlage im Potsdamer Abkommen – also nicht irgendwo, sondern völkerrechtlich verankert – die Zwangsaussiedlung beschlossen wurde. Sie war doch nicht eine alleinige Entscheidung der tschechischen Regierung. Ich finde, man hätte das mit erwähnen müssen.

Zu Recht ist das sogenannte Amnestiegesetz kritisiert worden, wonach selbst bei Exzessen und bei grobem Unrecht keine strafrechtliche Verantwortlichkeit stattgefunden hat. Das ist wahr. Das haben Sie auch betont, Herr Bundeskanzler. Aber hätte nicht auch dazugehört, zu sagen, daß, obwohl es in der Bundesrepublik Deutschland niemals ein solches Amnestiegesetz gegeben hat, nur ganz wenige strafrechtlich zur Verantwortung gezogen worden sind, die nationalsozialistische Verbrechen begangen haben? Das ist auch ein Kapitel der Geschichte, mit dem wir uns auseinandersetzen müssen. Es handelt sich also um eine Art faktische, wenn auch keine gesetzliche Amnestie.

(Beifall bei der PDS)

Es ist darauf hingewiesen worden, wie sich die Beziehungen nach 1945 gestaltet haben. Es gab millionenfache freundschaftliche und enge Beziehungen zwischen Familien in der DDR und Familien in der Tschechoslowakei. Auf diese guten Beziehungen sollten wir in der Zukunft bauen.

Es gab aber auch das Jahr 1968 mit dem Einmarsch der sowjetischen und anderer Truppen. Wie man heute aus historischer Sicht weiß, sind zwar die Truppen der DDR nicht mit einmarschiert, aber die DDR hat in vielfacher Hinsicht bei diesem Einmarsch Hilfe gewährt, bei seiner Vorbereitung und Durchführung. Der Einmarsch ist nichts anderes als eine eklatante Verletzung des Selbstbestimmungsrechts des slowakischen und des tschechischen Volkes mit militärischer Gewalt gewesen.

(Beifall bei der PDS)

Da ich hier in einer historischen Verantwortung stehe, will ich die Gelegenheit nutzen, mich im Namen meiner gesamten Partei bei dem tschechischen und dem slowakischen Volk dafür aufrichtig zu entschuldigen.

(Beifall bei der PDS, der SPD und Bündnis 90 / Die Grünen)

Sie haben in der Ziffer IV die Rechtsfragen angesprochen, zu denen ich etwas sagen möchte. Herr Bundeskanzler, Sie haben einen Satz gesagt, dem man in jeder Hinsicht nur zustimmen kann: »Das millionenfache Leiden darf uns nicht den Blick auf das einzelne Opfer verstellen.« Das ist wahr. Wäre diese Erkenntnis aber nicht die Grundlage dafür gewesen, anzuerkennen, daß die Opfer der nationalsozialistischen Verbrechen auch ein individuelles Entschädigungsrecht haben? Diese Erkenntnis sollte dazu führen, daß wir nicht nur in einen Zukunftsfonds einzahlen, sondern den Opfern dieses Entschädigungsrecht zubilligen.

(Beifall bei der PDS)

Daneben wird auch der deutsche Rechtsstandpunkt hinsichtlich der Ansprüche der Vertriebenen aufrechterhalten. Ich weiß nicht, ob den Vertriebenen damit wirklich gedient ist. Wenn Sie, Herr Bundeskanzler, sagen, diese Fragen bleiben offen, dann wissen Sie, was dies unter anderem bedeutet: Bei jeder Verhandlung, die Sie mit der tschechischen Seite führen werden, bei jedem Abkommen und bei jeder Kreditvereinbarung wird es immer wieder Funktionäre der sudetendeutschen Landsmannschaften geben, die sagen werden: Jetzt ist aber der Zeitpunkt gekommen, diese offenen Fragen zu klären. Sie setzen sich mit diesem Satz selbst unter Druck. In dieser Hinsicht – es war eine Chance – wäre ein Schlußstrich erforderlich gewesen, anstatt falsche Hoffnungen zu wecken. Denn Sie alle wissen: Natürlich wird es die Realisierung von Vermögensansprüchen zu keinem Zeitpunkt geben. Also hätte man das auch klar und deutlich sagen sollen. Es bringt nichts, bei einigen falsche Hoffnungen zu wecken.

(Beifall bei der PDS)

In der Erklärung gibt es einen interessanten Satz, der sie mir wieder sehr viel sympathischer macht:

»Beide Seiten erklären deshalb, daß sie ihre Beziehungen nicht mit aus der Vergangenheit herrührenden politischen und rechtlichen Fragen belasten werden.« Wenn das wirklich so gemeint ist, dann heißt das, daß in Verhandlungen solche Fragen nicht berücksichtigt werden, deren Behandlung zu einer Belastung führt. Damit würden solche Fragen für die Zukunft ausgeschlossen werden. Es tut mir leid, Herr Bundeskanzler, daß ich Ihnen sagen muß: Sie haben unmittelbar nach der Unterzeichnung auf der Pressekonferenz das erstemal diese Erklärung verletzt; denn Sie haben mit Ihrer Äußerung eine Belastung herbeigeführt, obwohl Sie gerade unterschrieben hatten, keine diesbezügliche Belastung in der Zukunft mehr zuzulassen.

(Beifall bei der PDS sowie bei Abgeordneten der SPD und des Bündnis 90 / Die Grünen)

Sie müssen doch die Ängste in der tschechischen Bevölkerung verstehen. Sie bekommt doch mit, wie die Eigentumsfragen in der ehemaligen DDR behandelt werden. Das Hauptziel war dort, die Eigentumsstrukturen von 1945 wiederherzustellen. Das ist doch der Sinn und Zweck des Grundsatzes »Rückgabe vor Entschädigung«. Es vergeht aber kein Tag, an dem nicht innerhalb und außerhalb dieses Hauses die Ausnahmen angezweifelt werden, zu denen Sie sich vertraglich verpflichtet haben, nämlich die Ausnahmen hinsichtlich der besatzungsrechtlichen Enteignungen und der Bodenreform. Bei allen Völkern muß der Eindruck entstehen, daß unbedingt bis zum Jahre 1945 eigentumsrechtlich rückabgewickelt werden soll. Das ist die Sorge des tschechischen Volkes, wenn diese Fragen offenbleiben. Für diese Sorge muß man doch Verständnis haben.

(Beifall bei der PDS)

Deshalb glaube ich, daß hier eine andere Formulierung besser gewesen wäre. Aber ich füge hinzu: Es ist wichtig, daß der Verzicht enthalten ist, künftig damit die Beziehungen nicht zu belasten. Das ist eine Chance, und das macht vielen von uns die Zustimmung möglich. Nicht daß wir glauben, daß das in Zukunft nicht auch wieder angezweifelt werden würde, wie wir das bei der Unterschrift nach der Bodenreform erlebt haben; aber immerhin steht es da, und man kann damit in der Politik umgehen.

Deshalb werden viele Abgeordnete unserer Gruppe der Erklärung letztlich zustimmen. Es wird auch Abgeordnete geben, die sich der Stimme enthalten werden. Deren Bedenken teilen wir, wie ich das hier zum Ausdruck gebracht habe, nur ist unsere Schlußfolgerung, ob man deshalb zustimmt oder sich enthält, unterschiedlich ausgefallen. Damit leben wir in unserer Gruppe ganz gut und weiter zusammen, weil die Kritik ebenso übereinstimmend ist wie die Zustimmung zu dem eigentlichen Anliegen.

Danke schön.

Quelle: Deutscher Bundestag, 30.1.97, Plenarprotokoll 13/154

REICHTUMSBERICHT

Rede im Bundestag am 20.2.97

Herr Präsident! Meine Damen und Herren!
Die Abgeordnetengruppe der PDS hat einen Antrag vorgelegt, der in gewisser Hinsicht auch vorbeugende Wirkung haben soll.

Wie wir wissen, hat die Koalition die Vermögensteuer am 1. Januar 1997 abgeschafft, natürlich unter anderem mit der Folge, daß es künftig keine statistischen Erhebungen mehr über Vermögen geben wird, weil dieses nicht mehr erfaßt ist.

Eine der Folgen davon wird sein, daß, wenn zum Beispiel die Opposition Vorschläge zu steuerrechtlichen oder anderen Veränderungen einbringt und versuchen will, zu berechnen, welche Folgen das in der Gesellschaft haben kann, sie allein auf unseriöse Schätzungen angewiesen ist, weil es überhaupt keine statistischen Erhebungen über Reichtum und Vermögen in der Gesellschaft gibt.

Dann würde im übrigen die Koalition kommen und sagen, daß diese Forderung zur steuerrechtlichen Änderung entgegen den Annahmen der Opposition viel weniger oder gar nichts einbringen würde, und würde uns sozusagen des Dilettantentums beschuldigen, obwohl die Voraussetzungen, daß wir dort nicht mehr sachkundig exakt Auskunft geben können, darin liegen, daß es keine Erfassung über Reichtum und Vermögen gibt, die es ermöglicht, solche Vorschläge seriös zu unterbreiten und hinsichtlich der Folgen auch zu berechnen. – Das ist der eine Grund, weshalb wir diesen Antrag gestellt haben.

Der zweite hängt natürlich mit den Veränderungen dieser Gesellschaft zusammen. Seit Jahren ist es so, daß auf der einen Seite der Reichtum in der Gesellschaft wächst, auf der anderen Seite wächst Armut, zum Teil auch Not. Es gehört einfach zu einem kompletten Bild der Gesellschaft, daß man nicht nur Armutsberichte abgibt – wobei übrigens die Kirchen, wie ich finde, eine sehr positive Rolle spielen –, sondern daß man sich natürlich auch mit dem Reichtum in einer Gesellschaft befaßt. Dies ist auch erforderlich, um zu wissen: Was ist eigentlich zum Verteilen da? Nimmt der Reichtum zu? Konzentriert er sich in immer weniger Händen, oder nimmt er ab? Wird er, durch welche Umstände auch immer, gerechter verteilt?

Weil es in diesem Hause überhaupt nicht üblich ist, einen Reichtumsbericht abzugeben, über die Vermögensentwicklung, auch über die Konzentration von Geld und anderen Vermögenswerten in der Gesellschaft etwas zu sagen, halten wir es für erforderlich, daß der Bundestag die Bundesregierung auffordert, jährlich auch einen Reichtumsbericht diesem Bundestag vorzulegen. Dieser Reichtumsbericht könnte dann für uns die Grundlage sein, zu bewerten, ob es vielleicht einen Zusammenhang zwischen der Zunahme von Armut und der Zunahme von Reichtum gibt, und er könnte die Grundlage sein, Veränderungen in der Verteilung des Reichtums innerhalb dieser Gesellschaft zu fordern.

Ich bleibe dabei, daß derjenige, der wirksam Armut bekämpfen will, auch Reichtum begrenzen muß. Anders wird es nicht gehen.

(Beifall bei der PDS sowie bei Abgeordneten der SPD)

Aber dazu muß man etwas wissen, und dazu müssen wir den Reichtum in der Gesellschaft kennen. In dem Maße, wie Sie die statistischen Erhebungen dazu zurückziehen, werden wir diesbezüglich auskunftsunfähiger. Dabei kann es nicht bleiben.

Ich nenne Ihnen nur noch ein Beispiel. Wir haben einmal versucht, herauszubekommen, wie eigentlich die Entwicklung der Zahl der Einkommensmillionäre ist. Die Statistik reicht bis in das Jahr 1989. Danach erfahren Sie von Bundesbehörden nichts, Sie sind auf Schätzungen von wissenschaftlichen Instituten angewiesen, die uns sagen, daß zum Beispiel die Zahl der Einkommensmillionäre um 40 Prozent zugenommen hat. Wenn ich das hier sage, können Sie es natürlich bestreiten und sagen: Das stimmt gar nicht. Ich kann dann auch Ihre Aussage nicht widerlegen, weil es dazu keine statistischen Erhebungen gibt. Dabei kann es unmöglich bleiben. Eine Gesellschaft ist verpflichtet, statistisch die Armut zu erfassen, sie ist verpflichtet auch das Lebensniveau des gesamten Volkes zu erfassen. Dazu gehört aber auch die Erfassung von Reichtum, um Möglichkeiten zur Umverteilung zu erschließen.

Hier wollen wir aber noch gar keine Umverteilung fordern, hier geht es nicht um eine soziale Gesetzgebung. Hier geht es nur darum, daß die Bundesregierung verpflichtet wird, künftig einmal jährlich einen Reichtumsbericht vorzulegen.

(Beifall bei der PDS)

Wenn Sie dazu nein sagen sollten, dann sage ich Ihnen gleich, daß es dafür nur einen einzigen Grund geben kann: daß Sie sich des Reichtums in dieser Gesellschaft und erst recht seiner Zunahme schämen. Danke schön.

(Beifall bei der PDS sowie bei Abgeordneten der SPD)

Quelle: Deutscher Bundestag, 20.2.97, Plenarprotokoll 13/157

KANZLER DER SPALTUNG

Rede im Bundestag am 26.11.97

Herr Bundeskanzler, Sie wollten gerne in die Geschichte eingehen als Kanzler der deutschen Einheit, als Kanzler der europäischen Einheit, das heißt: überhaupt als Kanzler, der Einheit schafft, der auch versöhnt. Ich glaube, Sie leisten augenblicklich den größten Beitrag dazu, als Kanzler in die Geschichte einzugehen, der die Folgen der deutschen Einheit, die Folgen der europäischen Einigung nicht gemeistert hat, der dabei gescheitert ist. So werden Sie allmählich zum Kanzler der Spaltung.

(Beifall bei der PDS)

Das gilt für sehr viele Gebiete. Nehmen wir den Vergleich zwischen Ost und West bzw. die Probleme, die wir bei der Vereinigung haben. Haben wir denn noch eine Tendenz der Angleichung der Lebensverhältnisse in Ost und West, oder haben wir nicht umgekehrt eine Tendenz dahin gehend, daß die Spaltung zunimmt? Die Arbeitslosigkeit im Westen beträgt 9 Prozent, die im Osten 18 Prozent. Wir haben Regionen wie die Lausitz und Vorpommern mit einer Arbeitslosigkeit von über 30 Prozent.

Die Strukturdaten sprechen eine deutliche Sprache: 1996 lag der Anteil der neuen Länder an der Wirtschaftsleistung der Bundesrepublik Deutschland bei nur 12 Prozent. Der Ostanteil bei der Produktion lag im Vergleich zum Westen bei einem Fünfzehntel, bei Exporten bei einem Vierzigstel und bei der Industrieforschung geradezu im Promillebereich. Es gab aber eine umfassende Industrieforschung im Osten. Sie ist systematisch abgewickelt und beseitigt worden.

Das bedeutet: Die Aufholjagd im Osten ist beendet, ehe sie richtig angefangen hat. Erstmals seit der Wende wird das Wirtschaftswachstum mit unter 2 Prozent im Osten geringer ausfallen als im Westen, was nichts anderes heißt, als daß die Unterschiede wachsen.

Deshalb, Herr Bundeskanzler, nehmen Ihnen viele Leute im Osten übel, daß Sie über das Thema »deutsche Einheit« kaum noch sprechen. Wenn der Bundestag hierzu eine Debatte führt, dann schicken

Sie Herrn Rexrodt vor, weil Sie nicht mehr den Mut haben, zu den Zahlen und Ergebnissen Stellung zu nehmen. Das ist inzwischen eine Tatsache!

(Beifall bei der PDS)

Die Geldvermögen pro Haushalt sind in den letzten Jahren in Ost und West immer weiter auseinandergedriftet. 51 Prozent der Westhaushalte haben Grundbesitz, aber nur 28 Prozent der Osthaushalte. Dazu haben Sie durch Ihr Prinzip »Rückgabe vor Entschädigung« einen direkten Beitrag geleistet; denn das war ein Entzug von Eigentum an Grundstücken, Eigenheimen und Wochenendgrundstücken.

Was Sie über das Prinzip »Rückgabe vor Entschädigung« nicht geschafft haben, das ergänzen Sie jetzt durch maßlos überzogene Gebühren bei Wasser, Abwasser und beim Straßenbau, was die Leute von den Grundstücken vertreibt. Das ist die Realität in den neuen Bundesländern.

(Beifall bei der PDS)

Die Zahl der Sozialhilfeempfängerinnen und Sozialhilfeempfänger ist im Osten um 9,9 Prozent und im Westen um 4,5 Prozent gestiegen. Ich sage das alles gar nicht, um etwa aus meiner Sicht zu spalten; denn die Zahlen im Westen sind schlimm genug. Ich will nur darauf hinweisen, daß die Entwicklung weiter auseinandergeht, daß Sie nicht mehr auf einem Vereinigungskurs, sondern auf einem Spaltungskurs sind, was das Verhältnis von Ost und West betrifft, allerdings mit einer Ausnahme: Die Preise sind inzwischen angeglichen und bei Wasser, Abwasser und Energie in den neuen Bundesländern sogar deutlich höher als in den alten Bundesländern. Aber bei den Einkommen, den Renten, der Sozialhilfe, der Arbeitslosenunterstützung und selbst bei den miserablen Beschäftigungsverhältnissen, für die es hier im Westen 610 DM gibt, während es drüben nur 520 DM gibt, sind die Einkünfte wesentlich geringer. Trotzdem sollen die Leute die gleichen Preise bezahlen. Das müssen Sie ihnen erst einmal erklären, und da dürfen Sie nicht mit irgendwelchen Produktivitätsdaten kommen. Es muß doch machbar sein für die einzelne, für den einzelnen und für die Familie.

(Beifall bei der PDS)

Auf andere Dinge aus diesem Bereich will ich gar nicht erst eingehen. Wir sind beim Respekt ostdeutscher Biographien nicht weitergekommen. Sie schaffen weiter Sonderrecht. Noch in dieser Woche wollen Sie im Ernst festlegen, daß Untreue, Betrug und ähnliche Delikte im Osten erst nach zehn Jahren verjähren, während sie im Westen nach fünf Jahren verjähren. Sie müssen dann nicht nur den Täterinnen und Tätern, sondern auch den Opfern von Straftaten erklären, warum der eine einen Strafverfolgungsanspruch verliert, während ihn der andere behält. Das ist alles Irrsinn und auch ziemlich irrational, was auf dieser Strecke stattfindet.

gekürzt – Quelle: Deutscher Bundestag, 26.11.97, Plenarprotokoll 13/206

3.

VERBRIEFT

BUNDESREPUBLIK DEUTSCHLAND
DER BUNDESKANZLER

Bonn, den 13. Oktober 1995

An den
Vorsitzenden
der Abgeordnetengruppe der PDS
Herrn Dr. Gregor Gysi MdB
Bundeshaus

53113 Bonn

Sehr geehrter Herr Abgeordneter,

Ihren Brief vom 12. Oktober 1995 habe ich erhalten. Offenbar bedingt durch die Geräuschkulisse auf der Frankfurter Buchmesse haben Sie meine Äußerungen falsch verstanden. Ich habe Ihnen gesagt, daß ich an Ihrem Buch nicht interessiert bin. Meine "Widmung" und das, was ich zu sagen habe, würde ich Ihnen in meiner Rede am Donnerstag im Bundestag mitteilen.

Ich glaube nicht, daß es Sinn macht, wenn ich in Ihr Buch etwas hineinschreibe. Im Übrigen halte ich es für ausgeschlossen, daß - wenn wir uns im Plenum darüber unterhalten hätten - der Eindruck entstanden wäre, wir hätten unsere Reden abgesprochen. Mir drängt sich der Verdacht auf, daß Sie nicht allein an der Widmung interessiert sind. Ich bin aber der Meinung, daß ich für PR-Maßnahmen des Vorsitzenden der PDS-Gruppe nicht besonders geeignet bin.

Mit freundlichen Grüßen

BEIM WORT GENOMMEN

Meldung der Deutschen Presse Agentur vom 11. Oktober 1995

Bei einem Rundgang über die Frankfurter Buchmesse ist Bundeskanzler Helmut Kohl (CDU) am Mittwoch mit dem Vorsitzenden der PDS-Gruppe im Bundestag, Gregor Gysi, zusammengetroffen. Kohl traf Buch-Autor Gysi (»Das war's noch lange nicht«) am Stand des Econ-Verlages, schlug ihm kräftig auf die Schulter, wog das Buch des PDS-Mannes in der Hand und versprach: »Da schreibe ich Ihnen morgen früh 'ne Widmung rein – ich Ihnen.«

Brief an den Bundeskanzler

Bonn, 12. Oktober 1995

Sehr geehrter Herr Bundeskanzler Dr. Helmut Kohl,

bei unserem Zusammentreffen auf der Frankfurter Buchmesse am vergangenen Mittwoch, das sicher für beide von uns gleichermaßen überraschend war, haben Sie mir eine Widmung für mein Buch – nun weiß ich nicht genau – versprochen oder angedroht.

Worum es sich auch handeln mag, ich möchte Sie natürlich gern beim Wort nehmen, zumal ich neugierig darauf bin, was Sie mir denn empfehlen werden. *)

Daß ich nicht die von Ihnen angebotene Gelegenheit wahrgenommen habe, damit heute im Plenum direkt an Sie heranzutreten, bitte ich so zu verstehen, daß ich uns gemeinsam vor dem Gerücht bewahren wollte, entweder Ihre oder meine Rede miteinander abgestimmt zu haben.

Mit freundlichen Grüßen
Gregor Gysi

*) *Aber bitte nicht zu garstig!*

Dr. Gregor Gysi
Mitglied des Deutschen Bundestages
Vorsitzender der Abgeordnetengruppe der PDS

53113 Bonn
Walter-Flex-Str. 3
Tel: 0228-168-7001/8703
Fax: 0228-1686703

Wahlkreisbüro
Alt-Marzahn 64
12685 Berlin
Tel + Fax: 030-5429062

Parteivorstand
10178 Berlin
Kleine Alexanderstraße 28
Tel: 030-28409-463/479
Fax: 030-28409480

Bundeskanzler
der Bundesrepublik Deutschland
Herrn Dr. Helmut Kohl
Adenauerallee 139-141
<u>**53113 Bonn**</u>

Bonn, 12. Oktober 1995
Gy./Lsk.

Sehr geehrter Herr Bundeskanzler Dr. Helmut Kohl,

bei unserem Zusammentreffen auf der Frankfurter Buchmesse am vergangenen Mittwoch, das sicher für beide von uns gleichermaßen überraschend war, haben Sie mir eine Widmung für mein Buch - nun weiß ich nicht genau - versprochen oder angedroht.
Worum es sich auch handeln mag, ich möchte Sie natürlich gern beim Wort nehmen, zumal ich neugierig darauf bin, was Sie mir denn empfehlen werden. *
Daß ich nicht die von Ihnen angebotene Gelegenheit wahrgenommen habe, damit heute im Plenum direkt an Sie heranzutreten, bitte ich so zu verstehen, daß ich uns gemeinsam vor dem Gerücht bewahren wollte, entweder Ihre oder meine Rede miteinander abgestimmt zu haben.

Mit freundlichen Grüßen

Dr. Gregor Gysi

* Aber bitte nicht zu garstig!

Antwort des Bundeskanzlers

Bonn, den 13. Oktober 1995

Sehr geehrter Herr Abgeordneter,

Ihren Brief vom 12. Oktober 1995 habe ich erhalten. Offenbar bedingt durch die Geräuschkulisse auf der Frankfurter Buchmesse haben Sie meine Äußerungen falsch verstanden. Ich habe Ihnen gesagt, daß ich an Ihrem Buch nicht interessiert bin. Meine »Widmung« und das, was ich zu sagen habe, würde ich Ihnen am Donnerstag im Bundestag mitteilen.

Ich glaube nicht, daß es Sinn macht, wenn ich in Ihr Buch etwas hineinschreibe. Im übrigen halte ich es für ausgeschlossen, daß – wenn wir uns im Plenum darüber unterhalten hätten – der Eindruck entstanden wäre, wir hätten unsere Reden abgesprochen. Mir drängt sich der Verdacht auf, daß Sie nicht allein an der Widmung interessiert sind. Ich bin aber der Meinung, daß ich für PR-Maßnahmen des Vorsitzenden der PDS-Gruppe nicht besonders geeignet bin.

Mit freundlichen Grüßen
H. Kohl

VOLLSTÄNDIG BEKLEIDET

Ein Brief der »Frankfurter Allgemeinen Zeitung«

12. Januar 1996

Sehr geehrter Herr Dr. Gysi,

die Frankfurter Allgemeine Zeitung plant einen Bericht zum Thema »Wie sich Politiker kleiden«. Uns interessiert, welche Rolle Kleidung im (politischen) Alltag spielt. Welche Vorlieben, welche Abneigungen, welche Gepflogenheiten gibt es? Ich wäre Ihnen dankbar, wenn

Sie bereit wären, in diesem Zusammenhang einige Fragen zu beantworten. Es handelt sich nicht um ein Interview.

1. Sind Sie – was Ihre eigene Person angeht – kleidungs- und modebewußt?
2. Welchen Stil bevorzugen Sie?
3. Was ist Ihre »Berufskleidung«?
4. Was haben Sie jetzt an, wenn (falls) Sie diesen Brief lesen? Was tragen Sie, wenn Sie abends fernsehen? Was ziehen Sie an, wenn Sie Freunde besuchen?
5. Stellen Sie morgens Ihre Garderobe für den Tag selbst zusammen?
6. Kaufen Sie Ihre Berufskleidung im Kaufhaus oder beim Maßschneider? Sind Sie dort Stammkunde oder »Wechselkäufer«?
7. Wer begleitet Sie, wenn Sie sich einkleiden? Hören Sie auf den Rat anderer oder treffen Sie Ihre Entscheidung allein?
8. Welche Farben tragen Sie am liebsten?
9. Bevorzugen Sie Krawatte oder Fliege? Tragen Sie Manschettenknöpfe, Krawattennadeln, Hüte, Hosenträger, Schmuck?
10. Haben Sie ein »Lieblings-Kleidungsstück«?
11. Gibt es heute noch eine »Kleiderordnung« für bestimmte Anlässe – und richten Sie sich danach?
12. Dient Kleidung für Sie (auch) der Image-Förderung oder als PR-Instrument? Ist Kleidung für Sie vor allem ein Mittel, um den Körper zu bedecken oder ihn darzustellen?
13. Fällt Ihnen zum Thema »Kleidung« eine Anekdote aus Ihrem Leben ein?

Dieser Fragebogen geht in gleicher Form dem Bundeskanzler, dem Bundespräsidenten, den Ministerpräsidenten, den Bundesministern und den Fraktionsvorsitzenden zu.
Ich danke Ihnen im voraus für Ihr Entgegenkommen.

Mit freundlichen Grüßen
Anne Schneppen
Redakteurin »Deutschland und die Welt«

Antwort von Gregor Gysi

Bonn, 2. Februar 1996

Sehr geehrte Frau Schneppen,

zu Ihrer Frage, »welche Rolle Kleidung im (politischen) Alltag« für mich spielt, möchte ich in aller Kürze antworten, daß ich diese Rolle in meinem politischen Alltag nicht für so bedeutend halte, daß es mir wichtig genug wäre, darauf in dreizehn Antworten auf dreizehn Einzelfragen einzugehen.

Ich bitte um Verständnis dafür, daß meine Antwort für Sie vielleicht wenig befriedigend ausfällt, will aber bezugnehmend auf Ihre Frage 4 anfügen, daß ich diese Antwort nicht nur vollständig ernst, sondern auch vollständig bekleidet formuliert habe.

Mit freundlichen Grüßen
Gregor Gysi

VIEL SPUCKE

Ein Brief der Redaktion »AMICA«

19. Januar 1996

Sehr geehrter Herr Gysi,

ich sende Ihnen eine AMICA, unser neues Frauenmagazin, das seit letzter Woche auf dem Markt ist. In der nächsten Ausgabe wollen wir die verschiedenen Eindrücke zu AMICA von Menschen aus Politik, Mode und Kultur in einer Bildstrecke veröffentlichen.

Uns interessiert Ihre Reaktion auf AMICA, was gefällt, was nicht? Gibt es gar Anfälle heftiger Kritik? Haben Sie Lust, Ihrer Meinung Raum und Zeilen zu verschaffen? Das würde mich sehr freuen! Ich bin telefonisch und per Fax unter obigen Nummern erreichbar und es wäre ausgesprochen nett, wenn uns bis Montag, den 22.1.96, ein Statement von Ihnen erreicht ...

Vielen Dank und herzliche Grüße
Barbara Mleg
Redaktion AMICA

Antwort von Gregor Gysi

Bonn, 30. Januar 1996

Sehr geehrte Frau Mleg,

Ihr Schreiben vom 19.1.1996 und die Zeitschrift AMICA haben mich erreicht. Ich wurde von Ihnen aufgefordert, noch am Tag des Erhalts eine Meinung zu haben. Ich konstatiere: Nachdem ich viel Spucke und 32 Minuten benötigte, die 392 Seiten umzublättern, war mir klar, ich habe nicht die 521 Minuten Zeit, um die Beiträge so zu lesen, daß ich eine Meinung haben könnte. So bleibt mir zu wünschen, daß die Leserinnen und Leser Ihnen noch freundlicher als ich gesonnen sein mögen.

Wie immer in Eile
Ihr Gregor Gysi

RESPEKT

Ein Brief von LOFT-TV

Lieber Gregor Gysi, Berlin, den 29.7.96

wir möchten Sie gern für das Life-Style-Magazin »RTL-Life« als Interviewpartner gewinnen. ... Desweiteren möchten wir Sie für die Sendung »Mitmenschen« für den MDR gewinnen. Wir werden ein halbstündiges Porträt über Frau Erika Berger machen. Frau Berger hat den Wunsch geäußert, innerhalb dieses Porträts, Sie kennenzulernen und zu interviewen. Frau Erika Berger hat ihre journalistische Karriere als Gerichtsreporterin begonnen und ist heute die Sexpertin der Nation.

Für dieses Interview werden wir mehr Zeit benötigen als für das RTL-LIFE-Interview und deshalb würden wir uns freuen, wenn Sie Mitte August für uns Zeit hätten. Bitte teilen Sie uns doch mit, ob wir mit Ihnen rechnen können. Weitere Details können wir dann genau besprechen. Haben Sie vielen Dank, noch einen schönen Urlaub.

Mit freundlichen Grüßen
Catharina Ludwig

Antwort von Gregor Gysi

Berlin, 8.8.96

Liebe Catharina Ludwig,

Ihr Schreiben vom 29.7.1996 hat mich erst am 6.8.1996 erreicht, so daß sich eine Entscheidung hinsichtlich einer Mitwirkung im Magazin »RTL-LIFE« erübrigte.

Nun zum Wunsch von Frau Erika Berger, mich zu interviewen. Ich glaube, mein Respekt vor Sexexpertinnen und Sexexperten ist einfach zu groß. Ich habe überhaupt nichts dagegen, daß sich Menschen zu ihren sexuellen Problemen oder Leistungen befragen lassen, nur ich selbst stehe dafür nicht zur Verfügung. Können Sie das verstehen?

Mit herzlichen Grüßen
Gregor Gysi

WIDERSPRUCH ODER PLUSPUNKTE

Brief zur Diätenerhöhung

Mönchen-Gladbach, 15. September 1996

Sehr geehrter Herr Gysi,

als ich dieser Tage die Bundestagsdebatte im Fernsehen verfolgte, hatte ich viele gemischte Gefühle. Besonders als Sie sagten, daß Sie und alle Abgeordneten von dem Sparpaket überhaupt nicht betroffen sind. Das ist ja in der Tat ein starkes Stück! Nun hätte ich eine Frage: Haben Sie, Ihre Parteifreunde oder irgendein Abgeordneter bei einer Diätenerhöhung einfach die Annahme verweigert?

Einmal haben Sie dagegen gestimmt, das habe ich gehört, aber ich meine jetzt, das würde Pluspunkte bringen, wenn Sie das Geld dann auch nicht angenommen hätten. Ist das nicht ein Widerspruch? Oder wie darf ich das verstehen?

Mit freundlichen Grüßen
Gerda K.

Antwort von Gregor Gysi

Bonn, 24. September 1996

Sehr geehrte Frau K.

vielen Dank für Ihr Schreiben vom 15.9.1996. Eine Nichtannahme von Diätenerhöhungen ist nicht möglich. Die Abgeordnetengruppe der PDS hat sich deshalb für einen anderen Weg entschieden. Wir haben unsere Spendentätigkeit erhöht. Jede und jeder Abgeordnete unserer Gruppe spendet monatlich netto 2.850,00 DM.

Mit freundlichen Grüßen
Gregor Gysi

IRGENDWANN UND IRGENDWIE GEDANKT

Brief an die Märkische Oderzeitung

Bonn, 27. Dezember 1996

Sehr geehrte Damen und Herren,

da Sie kürzlich auf Seite 1 Ihrer Ausgabe von dem Einbruch auf meinem Wochenendgrundstück berichteten, was man ja auch als Tip mißdeuten kann, hoffe ich auf Ihre Bereitschaft, quasi zur Entschädigung, meinen in der Anlage beigefügten Leserbrief zu veröffentlichen.

Mit freundlichen Grüßen
Gregor Gysi

Leserbrief

Werte Einbrecher,

bei Ihrem Einbruch in meinem Wochenendhaus in Buckow haben Sie neben zahlreichen Gegenständen auch eine Videokamera entwendet, in der sich ein Videofilm befand. Dieser Film ist für Sie ohne materiellen, für mich aber von hohem ideellen Wert. Ich habe auf ihm meine Tochter seit ihrer Geburt gefilmt.

Ich wäre Ihnen sehr verbunden, wenn Sie mir diesen – selbstverständlich anonym – zukommen lassen würden. Irgendwann und irgendwie würde es Ihnen sicherlich gedankt werden.

Mit dennoch freundlichen Grüßen
Gregor Gysi

WIE GEHT MAN MIT MISSERFOLGEN UM?

Brief einer Schulklasse

Marne, 3. September 1996

Sehr geehrter Herr Gysi,

wir sind der Deutsch-Leistungskurs des 13. Jahrgangs am Gymnasium Marne. Die Kleinstadt Marne liegt in Dithmarschen an der Nordseeküste Schleswig-Holsteins nahe der Elbmündung, umgeben von Marsch, Deichen, Windmühlen, Kohl und Schafen, eine Landschaft, die wir lieben, die aber auch Probleme im Arbeitssektor mit sich bringt. Unsere Stufe besteht aus 40 Schülern und Schülerinnen, die sich zur Zeit verstärkt Gedanken über ihre Zukunft machen. Für die Zeit nach der Bundeswehr, nach dem Zivildienst, dem Sozialen Jahr, dem Ökologischen Jahr oder der Au-pair-Zeit stellt sich uns die Frage, welche Zukunftschancen wir haben und welchen Weg wir einschlagen sollten: Lehre, Studium oder etwas ganz anderes?!

Hinsichtlich unseres bevorstehenden Abiturs im Mai 1997 ist der Leistungskurs Deutsch auf die Idee gekommen, verschiedene Prominente um (gute) Ratschläge für das (ganze) Leben zu bitten, die wir in einem Buch veröffentlichen wollen. Wir würden uns sehr freuen, wenn Sie uns mit ein paar netten Worten unterstützen könnten. Besonders schön wäre es, wenn Sie Ihr Interesse mit einer handschriftlichen Antwort bekunden würden.

Mit freundlichen Grüßen
Eske C. T.

Antwort von Gregor Gysi

Bonn, 7. Oktober 1996

Liebe Eske C. T.,

Ihr Schreiben vom 3.9.1996 hat mich erreicht. Meine Handschrift ist nicht so gestaltet, daß man sie verbreiten sollte. Und mit Ihrem Anliegen bin ich eigentlich auch überfordert. Ich glaube, niemand ist in der Lage, Ratschläge für das ganze Leben an eine neue Generation zu übermitteln. Jede Generation wiederholt ja auch die Fehler der vorhergehenden, aber zumeist abgeschwächt und nicht mehr in der Vielzahl, so daß doch eine Höherentwicklung eintritt. Gelegentlich kommen natürlich neue Fehler hinzu.

Aus meinem Leben kann ich nur den Ratschlag geben, Ausbildung sehr ernst zu nehmen, weil sie die Voraussetzung von Selbstverwirklichung ist. Nicht nur im Beruf, sondern auch in der Familie, unter Freundinnen und Freunden. Für mich war es auch wichtig, neben irgendeiner beruflichen Tätigkeit stets einen Zugang zu Kunst und Kultur zu finden. Kunst und Kultur bereichern die eigene Substanz und ermöglichen so die Entwicklung eigener Ideen.

Außerdem sollte man die Sache stets ernst, sich selber aber nicht so wahnsinnig wichtig nehmen. Das erleichtert einem, einen Zugang zu Humor und zur Selbstironie zu finden.

Und dann gibt es noch etwas, was ich aber auch selbst nie richtig gelernt habe. Der Umgang mit Erfolgen ist relativ leicht. Den lernt man allein. Aber wie geht man mit Mißerfolgen um, wie kann man aus ihnen etwas gewinnen, statt dadurch selbst zerstört zu werden? Ich weiß es nicht. Vielleicht finden Sie es heraus.

Mit freundlichen Grüßen
Gregor Gysi

HEINE FÜR KLEINE

Ein Brief von Uli Türk

Reichenhof, 4. Februar 1997

Lieber Gregor Gysi,

1997 hätte Heinrich Heine 200. Geburtstag! Auch für meine Tochter Julia und mich ein Grund zu feiern! Wir machen HEINE FÜR KLEINE, ein Bühnenprogramm mit Liedern, Gedichten und Geschichten von Heine, eine erste Begegnung mit dem Dichter für Kinder ab 10 Jahren.

Zu diesem Programm erscheint im Frühjahr im Quell Verlag, Stuttgart, ein Buch, das in Zusammenarbeit mit Uschi Flacke gerade entsteht. Wir möchten in diesem Buch auch einige Stellungnahmen prominenter Leute haben, die in ein paar Zeilen ihre Beziehung zu Heinrich Heine ausdrücken: eine Erinnerung, ein Gefühl, eine Anekdote, eine im Kopf gebliebene Gedichtzeile vielleicht; irgendetwas in dieser Art. Wir würden uns nun sehr freuen, auch Ihre Zeilen in unserem Buch zu haben! Vielleicht machen Sie sich die Mühe!

Vielen Dank und mit freundlichen Grüßen
Uli Türk,
Tonkopf Musikproduktion

Antwort von Gregor Gysi

Zu meiner Rolle als Vorsitzender und Oppositionssprecher der PDS im Deutschen Bundestag fällt mir von Heinrich Heine ein:

Anfangs wollt' ich fast verzagen.
Und ich glaubt', ich trüg' es nie;
Und ich hab' es doch getragen –
Aber fragt mich nur nicht, wie?

aus: *Buch der Lieder*

GEDENKEN MUSS WEH TUN

Ein Brief zum Holocaust-Denkmal

Bonn, 10. April 1997

Sehr geehrte Frau Präsidentin
Prof. Dr. Rita Süssmuth,

da ich leider am Kolloquium über das geplante Denkmal für die ermordeten europäischen Juden am 11. April 1997 nicht teilnehmen kann, möchte ich Ihnen auf diesem Wege meine Meinung zukommen lassen.

Eine Schwierigkeit der Diskussion besteht darin, daß sie 50 Jahre zu spät geführt wird, mit allen Folgen, die das hat. Die Auseinandersetzungen über die Ausstellung der Verbrechen der deutschen Wehrmacht zeigen im übrigen, daß nicht das Gedenken an die Opfer, sondern die Benennung von Tätern, Gehilfen und Zuschauern das Problem in Deutschland ist.

Deshalb glaube ich, daß ein solches Denkmal heute nur Sinn macht, wenn es provoziert, wenn es weh tut. Der Standort muß dafür sorgen, daß tausende Bürgerinnen und Bürger alltäglich an dem Denkmal vorbei müssen, wie an dem Denkmal in Wien, das einen die Straße scheuernden Juden darstellt. Vielleicht ist ein Platz Unter den Linden gegenüber dem ehemaligen Staatsratsgebäude der DDR dafür besonders geeignet.

Und in Deutschland muß ein solches Denkmal die Opfer und die Täter zeigen, nur das könnte wirklich aufrütteln, wäre einem deutschen Standort angemessen und würde zum Gedenken und zum Nachdenken – auch über sich selbst – anregen.

Mit freundlichen Grüßen
Gregor Gysi

»GEFAHR DER RELATIVIERUNG«

Brief an die Bundestagspräsidentin

Bonn, 26. Februar 1997

Sehr geehrte Frau Präsidentin
Prof. Dr. Rita Süssmuth,

am 26. April 1997 jährt sich zum 60. Male der Terrorangriff der deutschen »Legion Condor« auf die Zivilbevölkerung der baskischen Stadt Guernica.

Dieses Verbrechen fand und findet in der Weltöffentlichkeit außerordentliche Beachtung. Guernica wurde eines der Beispiele für Kriegsverbrechen, das heißt für die bewußte Vernichtung von Zivilbevölkerung im Rahmen militärischer Auseinandersetzungen. Ich weiß, daß es ähnliche Verbrechen in Madrid, Bilbao, Barcelona und anderen Städten Spaniens gab, und daß die Städtenamen Coventry, Warschau, Rotterdam und Leningrad Beispiele solcher Verbrechen im 2. Weltkrieg sind. Aber Guernica war der Beginn.

Meines Erachtens ist es deshalb erforderlich, daß der Deutsche Bundestag dieses Jahrestages in besonderer Form gedenkt. Einer Verurteilung der Vernichtung von Guernica, wie überhaupt des deutschen militärischen Einsatzes zur Niederschlagung der spanischen Republik, scheint mir überfällig zu sein.

Ich bitte Sie deshalb, im Präsidium und im Ältestenrat zu beraten, in welcher Form der Deutsche Bundestag diesen Jahrestag würdigen könnte. Die Abgeordnetengruppe der PDS würde ein solches Gedenken in jeder Form unterstützen.

Mit freundlichen Grüßen
Gregor Gysi

Antwort von Frau Süssmuth drei Tage vor dem Jahrestag

Bonn, 23. April 1997

Sehr geehrter Herr Kollege Gysi,

für Ihr Schreiben vom 26. Februar 1997, mit dem Sie mich auf den bevorstehenden 60. Jahrestag der Zerstörung der baskischen Stadt Guernica durch Flugzeuge der Legion Condor im spanischen Bürgerkrieg hinweisen, danke ich Ihnen.

Wie Sie wissen, bedarf die Abhaltung einer Gedenkstunde der Zustimmung der zuständigen parlamentarischen Gremien.

Inzwischen war die 60. Wiederkehr der Bombardierung Guernicas Gegenstand der Beratungen im Ältestenrat des Deutschen Bundestages. In diesem Gremium herrscht die Meinung vor, es wäre nicht sinnvoll, aller Ereignisse und Jahrestage im Zusammenhang mit dem NS-Regime und dem Zweiten Weltkrieg im Plenum einzeln zu gedenken. Eine größere Zahl von Würdigungen individuell sicher als besonders wichtig erscheinender Ereignisse würde die Gefahr einer Relativierung in sich bergen. Der vom Bundespräsidenten proklamierte jährliche Gedenktag am 27. Januar schließt alle Opfer des Nationalsozialismus ein. Der Ältestenrat sieht in der Konzentration auf diesen einen Tag den Sinn, die schrecklichen Ereignisse nicht in Vergessenheit geraten zu lassen und ihrer in würdiger Form zu gedenken.

Mit freundlichen Grüßen
Ihre Rita Süssmuth

GUERNICA

Brief von Gregor Gysi an den Bürgermeister von Guernica

Bonn, 24. April 1997

Sehr geehrter Herr Vallejo,

die PDS-Bundestagsgruppe gedenkt in diesen Tagen des schändlichen Überfalls der deutschen Legion Condor auf Guernica. Auf einer Veranstaltung anläßlich des 60. Jahrestages werden wir an dieses Verbrechen der deutschen Wehrmacht erinnern.

Leider hat der Ältestenrat des Bundestages unserem Drängen auf eine Gedenkveranstaltung des Deutschen Bundestages nicht stattgegeben. Die Gelegenheit zu einer – ohnehin reichlich verspäteten – eindeutigen Versöhnungsgeste wird wieder verpaßt werden. Einlassungen der FDP, daß man sich, statt des politischen Gedenkens, doch im nächsten Jahr an der Einweihung der Sportstätte beteiligen könne, haben uns peinlich berührt.

Wie bereits die Auseinandersetzung um die Ausstellung über die Verbrechen der Wehrmacht gezeigt hat, sperren sich Teile der deutschen Führungseliten immer noch gegen die schonungslose Aufarbeitung dieses dunklen Abschnitts deutscher Geschichte.

Wir unterstützen das »Berliner Schuldbekenntnis«, das die Initiative des Berliner Kongresses »Wider das Vergessen« letzte Woche in die Öffentlichkeit gebracht hat: »Wir bitten die Bewohner Guernicas und alle Basken um Verzeihung. Wir fordern Bundestag und Bundesregierung auf, sich im Namen des deutschen Volkes zu dieser Schuld zu bekennen und sich bei den Bewohnern Guernicas und des Baskenlandes für dieses Verbrechen zu entschuldigen.«

In diesem Sinne werden wir weiterhin im Deutschen Bundestag aktiv bleiben.

Mit solidarischen Grüßen
Gregor Gysi

Antwort des Bürgermeister von Guernica

30. April 1997

Sehr geehrter Herr Gysi,

Ihr Schreiben vom 24. des Monats anläßlich des 60. Jahrestages der Zerstörung unseres Ortes durch die Legion Condor habe ich erhalten.

Ich danke Ihnen aufrichtig für Ihre Worte und Ihre Solidarität mit der »Botschaft von Berlin«; beide ehren Sie.

Ich bedaure, was Sie mir über die Entscheidung Ihres Parlaments mitgeteilt haben, glaube aber doch, daß das Schuldanerkenntnis, das Ihr Präsident Roman Herzog den Überlebenden der Bombardierung am 27. übermittelt hat, von Interesse ist. Für die Einwohner von Guernica war diese Geste von Bedeutung.

Andererseits muß ich erneut auf das hinweisen, was ich wiederholt erklärt habe:

»Die solidarische Geste des Bundestages zur Stärkung der Beziehungen und Solidarität zwischen unseren Völkern (die 3 Millionen DM für den Bau von Sportanlagen einschließt) wurde lediglich als Geste akzeptiert. Sie hat nichts mit einer Wiedergutmachung der Schäden der Bombardierung zu tun und wird von uns auch nicht als solche akzeptiert. Für Guernica und seine Einwohner läßt sich weder mit viel noch mit wenig Geld gutmachen, was geschehen ist.«

Wir akzeptieren letztendlich nur eine ausgestreckte Hand und Gesten der Solidarität, und natürlich die Anerkenntnis des Geschehenen.

Ein herzlicher Gruß
Eduardo Vallejo de Olejua

SCHUTZ DES SONNTAGS

Brief der Erzdiözese München und Freising

13.05.1997

Sehr geehrter Herr Dr. Gysi,

die Vollversammlung des Diözesenrates der Katholiken der Erzdiözese München und Freising, oberstes Laiengremium der Katholiken in der Erzdiözese, hat sich auf ihrer Frühjahrs-Vollversammlung 1997 mit dem Schutz des Sonntags befaßt und fast einstimmig folgenden Antrag verabschiedet:
»Die politisch Verantwortlichen in Bund und Ländern werden gebeten,

1. den gesetzlich geschützten Sonntag bis auf die zwingend erforderlichen Arbeiten auch weiterhin als den arbeitsfreien Tag der Woche zu schützen,
2. auf weitere verkaufsoffene (auch stundenweise) Sonntage zu verzichten und
3. keine weiteren Ausnahmen aus rein wirtschaftlichen Gründen vom Verbot der Sonntagsarbeit zuzulassen.«

Bei allem Verständnis für wirtschaftliches Arbeiten ist es aus unserer Sicht dringend geboten, den Sonntag als arbeitsfreien Tag zu schützen, um den religiösen Ursprung des Sonntags zu wahren und den Gläubigen die Möglichkeit zu religiösen Feiern und gemeindlichem Leben zu geben. Gerade in einer Zeit hoher Mobilität und zerfallender familiärer Strukturen darf der Sonntag als Familientag nicht zur Disposition gestellt werden.
Wir bitten Sie, sich unseres Anliegens anzunehmen.

Mit freundlichen Grüßen
Hanna Stützle
Diözesenratsvorsitzende

Antwort von Gregor Gysi

Bonn, 4. Juni 1997

Sehr geehrte Frau Stützle,

vielen Dank für Ihr Schreiben vom 13.5.1997. Ich teile Ihre Einschätzung zum Schutz des Sonntags.

Seit langem kämpfe ich dafür, diesen Tag in seiner christlich-kulturellen Bedeutung zu erhalten, was nicht nur für Christinnen und Christen, sondern auch für nichtreligiöse Menschen von großer Bedeutung ist.

Ich habe mit großer Aufmerksamkeit in Israel beobachtet, welche kulturelle Bedeutung der Sabbat auch für nichtreligiöse Juden hat. Er ist dort zum Beispiel ein Tag, an dem nicht ferngesehen wird, an dem sich Eltern mit ihren Kindern beschäftigen, der in jeder Hinsicht aus dem Rahmen der Woche fällt und dadurch eine über die Religion hinausgehende kulturelle Bedeutung erlangt hat.

Ich bedaure sehr, daß der Sonntag in Deutschland Schritt für Schritt seine Bedeutung verliert, woran auch der Gesetzgeber seinen Anteil hat.

Mit freundlichen Grüßen
Gregor Gysi

VIELLEICHT GNADE VOR RECHT

Am 23. September 1997 hatten die Deutsche Postgewerkschaft und die Betriebsräte der Post zu außerordentlichen Betriebsversammlungen aufgerufen, auf denen über die Arbeitsplatzvernichtung durch das neue Postgesetz diskutiert werden sollte. Zur Versammlung des Briefzentrums Bonn in der Stadthalle Godesberg wurde Gregor Gysi eingeladen. Das mißfiel der CSU.

Pressemitteilung des CSU-Geschäftsführers im Deutschen Bundestag, Eduard Oswald

Bonn, 23. September 1997

Gregor Gysi ist alles andere als ein »Sachverständiger« für das neue Postgesetz und die Notwendigkeiten, den Herausforderungen durch Privatisierung und Anpassung an moderne Gegebenheiten gerecht zu werden. Die PDS/SED hat das verhängnisvolle sozialistische Erbe in den neuen Ländern zu verantworten.[5]

Es waren gerade die Unternehmen der ehemaligen Deutschen Bundespost, die hier eine unglaubliche Aufbauleistung erbringen mußten und erfolgreich im Dienste der Menschen erbracht haben. Die Einladung Gregor Gysis ist ein Bärendienst. Gysi und die kommunistische PDS sind alles andere als Sachwalter der berechtigten Interessen und Belange der Arbeitnehmerinnen und Arbeitnehmer, auch bei der Deutschen Post AG.

Die Einladung Gysis kann nicht im Interesse der Mitarbeiterinnen und Mitarbeiter der Deutschen Post AG liegen.

Antwort von Gregor Gysi an Eduard Oswald

Bonn, 25. September 1997

Sehr geehrter Herr Kollege Eduard Oswald,

mit Interesse habe ich Ihre Pressemitteilung zu der von Ihnen beanstandeten Einladung an mich zu einer Betriebsversammlung der Deutschen Post AG, Niederlassung Briefpost Bonn, zur Kenntnis genommen.

Abgesehen davon, daß ich Ihre Argumentation weder zutreffend noch stichhaltig oder logisch finden kann, wollte ich Ihnen jedoch vorschlagen, sich Ihrerseits zu den verschiedenen Betriebsversammlungen der Deutschen Post AG zu begeben. Sie hätten dort die Chance, alle Gründe für die geplante »Anpassung an moderne Gegebenheiten«, das heißt im Klartext, die geplanten 70.000 Entlassungen überzeugend darzustellen. Sicherlich fällt Ihnen auch ein Weg ein, die Verantwortung dafür bei mir zu finden. Ich wünsche Ihnen bei den entsprechenden Versammlungen viel Spaß.

Ich halte es übrigens nicht für ausgeschlossen, daß Sie schon nach der ersten Veranstaltung dieser Art bei mir anrufen und mich bitten, künftig für Sie diese Termine wahrzunehmen. Und vielleicht lasse ich ja noch mal Gnade vor Recht ergehen.

Mit kollegialen, freundlichen, herzlichen,
aber auch in jeder Hinsicht aufrichtigen Grüßen
Ihr Gregor Gysi

P.S.: Warum waren sie eigentlich nicht auf der Betriebsversammlung? Sie hätten doch mein »kommunistisches Gequatsche« in bewährter Qualität überzeugend widerlegen können.

AKTENEINSICHT ABGELEHNT

Brief an den BND-Präsidenten Dr. Hansjörg Geiger

Bonn, 22. April 1997

Sehr geehrter Herr Dr. Geiger,

nach §7 des Gesetzes über den Bundesnachrichtendienst bitte ich Sie, Auskunft darüber zu erteilen, welche Informationen Sie über mich gespeichert haben.

Soweit Informationen über mich in Akten gespeichert sind, bitte ich, mir zur Stellungnahme nach §5 des Gesetzes über den Bundesnachrichtendienst Einsicht zu gewähren, zumindest aber Auskunft zu erteilen.

Darüber hinaus bitte ich darum, von der Löschung von Daten Abstand zu nehmen, da sonst schutzwürdige Belange beeinträchtigt würden.

Mein besonderes Interesse an einer Auskunft begründe ich mit meiner öffentlichen Stellung als Vorsitzender der Abgeordnetengruppe der PDS im Deutschen Bundestag, mit der Tatsache, daß es ausweislich eines Dokumentes beim Bundesbeauftragten für die Unterlagen des Staatssicherheitsdienstes der ehemaligen DDR Informationen der Bundesregierung zu mir schon zum Zeitpunkt der Existenz der DDR gab, und daß ich als Mitglied eines Untersuchungsausschusses des Deutschen Bundestages (sogenannter Plutonium-Untersuchungsausschuß) mit sicherheitsrelevanten Fragen befaßt bin, darunter auch mit der Tätigkeit des Bundesnachrichtendienstes und des Bundesamtes für Verfassungsschutz.

Mit freundlichen Grüßen
Gregor Gysi

Antwort von Herrn Foertsch
Abteilungsleiter Sicherheit/Abwehr des BND

Pullach, 23. Juni 1997

Sehr geehrter Herr Dr. Gysi,

auf Ihr Schreiben vom 22.04.1997, mit dem Sie um Auskunft über gespeicherte Informationen zu Ihnen bitten, teile ich ihnen mit:

In der Personenzentraldatei des Bundesnachrichtendienstes sind keine persönlichen Daten zu Ihnen gespeichert.

Im Bundesnachrichtendienst existieren abgelegte Akten (Berichte und Aufzeichnungen des Bundesnachrichtendienstes), die Informationen aus der Zeit bis Juni 1990 über Ihre Tätigkeit in der ehemaligen DDR enthalten.

- Darunter befinden sich beispielsweise Beiträge über die aktuelle innenpolitische Lage in der ehemaligen DDR, in denen auch Sie mit biographischen Angaben zu Ihnen miterwähnt wurden.
- Weitere Aufzeichnungen beschäftigen sich mit der Stellung der Rechtsanwälte in der ehemaligen DDR am Beispiel Ihrer Person und zur Lage der Kirchen, zu der auch Sie sich geäußert haben.
- Einen weiteren Schwerpunkt bilden Hinweise zu den Wahlen zur Volkskammer am 18.03.1990 und zu den Kommunalwahlen am 06.05.1990 in der ehemaligen DRR. In diesem Zusammenhang finden sich mehrfach Hinweise auf Ihre Person und Ihre Position in der PDS.

Im übrigen erscheint Ihr Name im Kontext von *Medienveröffentlichungen*, die zum Zweck der Bestätigung von *Lagebildern im Rahmen der Aufgabenerfüllung des BND* nach §1 Abs. 2 (Auslandsaufklärung) und §2 Abs. 1 Nr. 1 BNDG (Eigensicherung) verwendet und dementsprechend bei den jeweiligen *Sachakten* aufbewahrt werden.

Nur in besonderen Einzelfällen, in denen Ihre Person in unmittelbarem Zusammenhang mit außen- und sicherheitspolitisch bedeutsamen Verhaltensweisen anderer Länder oder mit vom BND aufzuklärenden internationalen Gefahrenquellen stünde, könnten sich *bei den jeweiligen Sachakten* auch entsprechende *nachrichtendienstliche* Hinweise finden.

Der Bundesnachrichtendienst ist aufgefordert worden, Zuarbeiten zu Anfragen, die Sie an die Bundesregierung gestellt haben, zu leisten. Diese Anfragen und Antwortbeiträge des Bundesnachrichtendienstes liegen selbstverständlich im Dienst vor.

Mit freundlichen Grüßen
Foertsch

Zweiter Brief von Gregor Gysi an den BND

Bonn, 27. Juni 1997

Sehr geehrter Herr Foertsch,

für die Übersendung der Auskunft mit Schreiben vom 23. Juni 1997 möchte ich mich auf diesem Wege bedanken.

Sie bestätigen in diesem Schreiben, daß es im Zusammenhang mit mir Berichte und Aufzeichnungen über meine Tätigkeit in der ehemaligen DDR bis zum Juni 1990 gibt. Sie nennen dafür dann auch drei Beispiele. Ich frage deshalb an, ob Sie mir die Möglichkeit gewähren, in diese Unterlagen Einsicht zu nehmen.

Darüber hinaus erklären Sie, daß es in besonderen Einzelfällen auch nachrichtendienstliche Hinweise geben kann, wobei Sie nicht erklären, ob dies für die Zeit vor oder nach Juni 1990 oder für beide Zeiträume gilt. Auf jeden Fall wäre ich Ihnen dankbar, wenn Sie überprüfen würden, ob solche nachrichtendienstliche Hinweise tatsächlich existieren und mir dazu eine weitere Auskunft erteilen würden. Auch diesbezüglich frage ich an, ob mir Einsicht in die Unterlagen gewährt werden könnte.

Mit freundlichen Grüßen
Gregor Gysi

Zweite Antwort von Herrn Foertsch

Pullach, 05. August 1997

Sehr geehrter Herr Abgeordneter,

Sie haben darum gebeten, Einsicht in die Berichte und Aufzeichnungen über Ihre Tätigkeit in der ehemaligen DDR nehmen zu dürfen. Wie ich Ihnen bereits mit meinem Schreiben vom 23.06.1997 mitteilte, sind diese Berichte und Aufzeichnungen bereits abgelegt.

Ihrer Bitte um Einsicht in diese Unterlagen kann ich nicht entsprechen. Ein Akteneinsichtsrecht ist im BND-Gesetz nicht vorgesehen. Die Berichte und Aufzeichnungen sind nicht in Dateien gespeichert, so daß auch eine Auskunftserteilung gemäß §7 BND-Gesetz in Form von Akteneinsicht nicht in Betracht kommt.

In Ihrem Schreiben bitten Sie außerdem um Auskunft darüber, ob nachrichtendienstliche Hinweise zu Ihnen aus der Zeit sowohl vor 1990 wie auch nach 1990 existieren und um Akteneinsicht in die diesbezüglichen Unterlagen.

Auch dieser Bitte kann ich nicht entsprechen. Eine entsprechende Auskunft lehne ich mit Bezug auf §7 BNDG iVm §15 Abs. 2 BVerfSchG ab. Nach §15 Abs. 4 Satz 1 BVerfSchG bedarf die Ablehnung der Auskunftserteilung keiner Begründung. Ich weise Sie jedoch darauf hin, daß Sie sich in Ihrer Angelegenheit an den Bundesbeauftragten für den Datenschutz wenden können. Diesem ist auf sein Verlangen Auskunft zu erteilen, soweit nicht der Chef des Bundeskanzleramtes im Einzelfall feststellt, daß dadurch die Sicherheit des Bundes oder eines Landes gefährdet würde.

Mit freundlichen Grüßen
Im Auftrag
Foertsch

WAS DER VERFASSUNGSSCHUTZ SO NOTIERT

Ähnlich seinem Schreiben an den BND bat Gregor Gysi auch den Verfassungsschutz um Auskunft über die zu ihm gespeicherten Informationen und um Akteneinsicht. Außerdem protestierte er bei der Bundestagspräsidentin und beim Präsidenten des Verfassungsschutzes über die wiederholte Nennung von Bundestagsabgeordneten der PDS im Verfassungsschutzbericht.

Brief an die Bundestagspräsidentin

Bonn, 17. April 1997

Sehr geehrte Frau Präsidentin,

wegen des Verfassungsschutzberichtes 1995 hatte ich mich bereits mit einem Schreiben an Sie gewandt, das zu entsprechenden Aktivitäten von Ausschüssen des Bundestages geführt hat.

Inzwischen liegt der Verfassungsschutzbericht für das Jahr 1996 vor. Erneut stelle ich fest, daß das Bundesamt für Verfassungsschutz entgegen dem Grundgesetz Teile des Bundestages kontrolliert. Wiederum werden Abgeordnete meiner Gruppe, darunter ich selbst, zitiert, sämtlichst mit Äußerungen, die das Grundgesetz nicht tangieren. Darüber hinaus wird auch aus einer Erklärung der Bundestagsgruppe zitiert, so daß ich von einer Überwachung der gesamten Gruppe durch das Bundesamt für Verfassungsschutz ausgehen muß.

Die Vorgehensweise des Bundesamtes für Verfassungsschutz erscheint mir nicht nur in hohem Grade bedenklich, sondern grundgesetzwidrig zu sein.

Ich bitte Sie deshalb erneut, das Notwendige zu veranlassen, um eine Änderung der Praxis des Bundesamtes für Verfassungsschutz zu erwirken.

Mit freundlichen Grüßen
Gregor Gysi

Brief an den Verfassungsschutz-Präsidenten

Bonn, 22. April 1997

Sehr geehrter Herr Dr. Fritsch,

aus der Veröffentlichung der »Frankfurter Rundschau« vom 22. April 1997 mußte ich entnehmen, daß Ihr Amt meine namentliche Erwähnung im Verfassungsschutzbericht 1996 »streng daraufhin geprüft« habe, »ob sie für das Verständnis des Zusammenhangs oder der Darstellung einer extremistischen Gruppierung erforderlich ist«. Das bezieht sich auch auf die namentliche Erwähnung der Abgeordneten Eva Bulling-Schröter und Ulla Jelpke. Die eine wird mit Äußerung gegen Atomtransporte, die andere mit Äußerungen der Solidarität gegenüber dem kurdischen Volk (nicht gegenüber der PKK, wie im Bericht behauptet) zitiert. Ich selbst werde dahingehend zitiert, daß ich der Meinung bin, daß unter einem Ankommen der PDS in der Bundesrepublik Deutschland nicht zu verstehen sei, »daß wir uns unterzuordnen, den herrschenden Strukturen anzupassen haben«.

Wenn ich Ihre Erklärung richtig interpretiere, dann gehen Sie also davon aus, daß durch die Erwähnung der Namen und die drei Zitate ein grundgesetzwidriger Extremismus der PDS und ihrer Bundestagsgruppe bestätigt wird. Somit scheint mir neben der Frage der Gewaltenteilung und der unzulässigen Überwachung von Bundestagsabgeordneten durch Ihr Amt das unterschiedliche Verständnis des Grundgesetzes Hauptpunkt der Auseinandersetzung zu sein. Das Grundgesetz verbietet weder eine Gegnerschaft zu Atomenergie und zu Atommülltransporten, noch eine Solidarität mit dem kurdischen Volk. Die Gegner der Atomenergie können sich zutreffend auf Art. 2 Abs. 2 GG und die Gegner der Unterdrückung des kurdischen Volkes auf Art. 3 Abs. 3 GG stützen.

Und was meine eigene Zitierung betrifft, so liegt hier wohl der Kern des unterschiedlichen Verständnisses des Grundgesetzes. Wenn mit dem von mir wiedergegebenen Zitat tatsächlich belegt werden soll, daß die PDS extremistisch sei und ich Auffassungen vertrete, die dem Grundgesetz widersprechen, dann haben Sie ein Verständnis vom

Grundgesetz dahingehend, daß sich verfassungskonform nur derjenige verhalte, der sich den herrschenden Strukturen unterordnet und anpaßt.

Nun kenne ich über viele Jahre eine Interpretation der Verfassung der DDR, die ähnliche Prämissen setzte. Die Artikel 1, 2, 4 und 5 des Grundgesetzes hatte ich aber immer dahingehend verstanden, daß die Freiheit der bzw. des Einzelnen im Vordergrund stünde und von ihm genau nicht Anpassung und Unterordnung verlangt wird. Wenn das Bundesamt für Verfassungsschutz das Grundgesetz genau umgekehrt interpretiert – und anders ist meine Zitierung nicht zu verstehen – dann allerdings muß ich zu der Auffassung gelangen, daß das Bundesamt die genannten Artikel des Grundgesetzes negiert und mithin selbst eine Gefahr für die grundgesetzliche Ordnung ist.

An Ihrer Meinung zu diesen Fragen wäre ich interessiert.

Mit freundlichen Grüßen
Gregor Gysi

Antwort des BfV-Präsidenten

Köln, 30. Juni 1997

Sehr geehrter Herr Abgeordneter,

in Beantwortung Ihres Auskunftsersuchens vom 22. April 1997 mache ich zunächst darauf aufmerksam, daß das BVerfSchG ein *Akteneinsichtsrecht* nicht vorsieht. Im übrigen teile ich Ihnen gem. §15 Abs. 1 BVerfSchG mit, daß das Bundesamt für Verfassungsschutz (BfV) im Rahmen seiner Aufgabenerfüllung gemäß §3 Abs. 1 Nr. 1 BVerfSchG Informationen über Ihre Funktionen und Aktivitäten für die »Partei des Demokratischen Sozialismus« (PDS) gesammelt hat.

Insbesondere weise ich auf folgende Erkenntnisse hin:

Im Oktober 1990 unterstützten Sie die Propagandaveranstaltung »Anachronistischer Zug« des linksextremistischen »Arbeiterbundes für den Wiederaufbau der KPD« (AB).

Dem schriftlichen Bericht des Parteivorstandes der »Deutschen Kommunistischen Partei« (DKP) zum 12. Parteitag am 16./17. Januar 1993 zufolge haben Sie an einem Treffen der Vorstände von PDS und DKP im Juli 1992 teilgenommen.

Im November 1994 trafen Sie sich in Berlin mit Funktionären der »Französischen Kommunistischen Partei« (FKP). Nach Darstellung des Zentralorgans der FKP »Humanite« waren die Gespräche von tiefer Freundschaft und Solidarität geprägt.

Die Zeitschrift »konkret«, Heft 6/1994, berichteete unter dem Titel »Nachdenken in Ingolstadt« über eine Podiumsdiskussion vom 20. April in Bochum, an der Sie mit einem Funktionär der »Marxistischen Gruppe« (MG) teilgenommen hatten. Danach sprachen Sie sich u.a. für eine Verbindung des »außerparlamentarischen mit dem parlamentarischen Kampf« aus. Es gehe bei parlamentarischer Arbeit nicht in erster Linie um eine Tribüne, sondern um die Nutzung vorhandener Instrumentarien, um Schritt für Schritt eine Öffentlichkeit herzustellen, die eine andere Gesellschaft anstrebe.

Im »Fünf-Punkte-Papier« vom Januar 1995 (»Neues Deutschland« vom 14./15. Januar), welches Sie in Zusammenarbeit mit Lothar BISKY und Hans MODROW verfaßt haben, heißt es unter anderem, die PDS stehe in prinzipieller Opposition zu den herrschenden gesellschaftlichen Verhältnissen in der Bundesrepublik Deutschland.

Schließlich ist dem BfV im Rahmen der Beobachtung (mutmaßlicher) rechtsextremistischer Bestrebungen bekannt geworden, daß Sie in einem Schreiben, das eine »Julius Streicher Power Group« Anfang 1996 an eine Abgeordnete Ihrer Partei sandte, mit dem Tode bedroht wurden.

Soweit Sie sich mit Ihrem weiteren Schreiben vom 22. April 1997 gegen Ihre Person und weitere Abgeordnete der PDS betreffende Ausführungen im »Verfassungsschutzbericht 1996« wenden, darf ich Sie an das Bundesministerium des Innern als herausgebende Stelle verweisen.

Mit freundlichen Grüßen
Dr. Frisch

PARTEIEN UND NAMEN

Ein Brief der Bundestagspräsidentin

Bonn, 17. Oktober 1997

Sehr geehrter Herr Kollege Gysi,

in unserem zweiten Zusammentreffen der Informellen Arbeitsgruppe zur Namensgebung der Parlamentsbauten in Berlin, an dem leider nicht alle Mitglieder unserer Arbeitsgruppe teilnehmen konnten, hatten wir uns verständigt, den anliegend noch einmal beigefügten Vorschlag der Verwaltung zur Namensgebung nunmehr in den Fraktionsgremien zu beraten, um dann in der Arbeitsgruppe zu einer einvernehmlichen Beschlußvorlage für den Ältestenrat zu kommen. Zu diesem abschließenden Treffen möchte ich Sie einladen, und zwar für Mittwoch, den 12. November 1997 (...).
Ich bitte Sie, bis dahin verbindlich zu erkunden, ob ein Konsens in dieser Form möglich ist.

Mit freundlichen Grüßen
Ihre Rita Süßmuth

(Anm.d.Hrsg.: Die Anlage enthält Namensvorschläge für drei Bürokomplexe des Bundestages in Berlin. Die Dorotheenblöcke sollen demzufolge in Jakob-Kaiser-Haus, der Alsenblock in Paul-Löbe-Haus und der Luisenblock in Marie-Elisabeth-Lüders-Haus benannt werden. Jakob Kaiser war CDU-Mitglied und erster Gesamtdeutscher Minister der Adenauer-Regierung. Paul Löbe war SPD-Mitglied und Vizepräsident der verfassunggebenden Nationalversammlung von Weimar. Marie-Elisabeth Lüders war FDP-Mitglied und Alterspräsidentin des 2. Deutschen Bundestages.)

Antwort von Gregor Gysi

Bonn, 28. Oktober 1997

Sehr geehrte Frau Präsidentin Professor Süssmuth,

für Ihr Schreiben vom 17. Oktober 1997 mit den Vorschlägen zur Namensgebung für die Blöcke um das Reichstagsgebäude herum bedanke ich mich.

Nachdem ich mir die gesamte Problematik noch einmal durchdacht habe, möchte ich gerne einen Alternativvorschlag unterbreiten. Mit der vorgeschlagenen Namensgebung sollen die Interessen von drei Parteien (CDU, SPD, FDP) hinsichtlich ihres politischen Spektrums befriedigt werden. Eines Tages werden die GRÜNEN das Gefühl haben, nicht berücksichtigt worden zu sein. Und auch ich könnte hinsichtlich der politischen Vergangenheit meiner Partei Vorschläge unterbreiten, wie den, einen der Blöcke nach einem von den Nazis ermordeten linken Reichstagsabgeordneten oder nach der letzten Alterspräsidentin des Reichstages, Clara Zetkin, zu benennen.

Unter diesen Umständen frage ich mich, ob es nicht günstiger wäre, Namen von Persönlichkeiten zu suchen, die sich parteipolitisch nicht zuordnen lassen. Der Bundestag würde damit Signale setzen, ohne gegenwärtig oder künftig einen parteipolitischen Streit zu provozieren. Dabei denke ich an Namen wie die Geschwister Scholl oder Carl von Ossietzky. Sicherlich ließen sich auch andere Persönlichkeiten finden, die es in jeder Hinsicht verdient haben, daß Gebäude um den Reichstag herum nach ihnen benannt werden.

Ich bitte Sie, die weiteren Teilnehmerinnen und Teilnehmer der Runde zu unterrichten.

Mit freundlichen Grüßen
Gregor Gysi

4.

KUNDGETAN

WOHNEN IST MENSCHENRECHT

Rede auf der Mieterkundgebung in Berlin, 31.5.95

Liebe Genossinnen und Genossen, liebe Freundinnen und Freunde, liebe Bürgerinnen und Bürger,

wir haben uns hier zusammengefunden, um kurz vor der Sitzung des Bundesrates gegen die geplante Mietenerhöhung in den neuen Bundesländern zu protestieren. Ich denke, es genügt auch nicht, einzelne Regelungen zu kritisieren, sondern wir müssen schon das Prinzip kritisieren. Wohnen ist ein Menschenrecht und darf nicht zur Vermarktung für Reiche und Vermögende verkommen.

Den Wohnungsgesellschaften und Wohnungsgenossenschaften wurden Altschulden aufgedrückt, die keine waren, aber niemand sagt, wer da heute eigentlich kassiert, wenn diese Altschulden bezahlt werden durch Wohnungsgesellschaften und Wohnungsgenossenschaften. Viel haben wir gehört darüber, wie die Treuhandanstalt mit Betrieben, Grundstücken, Gebäuden umgegangen ist. Am wenigsten hat man davon gehört, wie die Banken der DDR verkauft worden sind. Da sind nämlich Banken für 75 Millionen Mark verkauft worden, die noch zwei Milliarden Mark Forderungen hatten. Und die werden jetzt schrittweise eingetrieben.

Das war das größte Geschäft im Zuge des Anschlusses, das wir erlebt haben durch die Treuhandanstalt. Deshalb sage ich, wer der Altschuldenhilferegelung zugestimmt hat, soll mir heute nicht damit kommen, daß Mietenerhöhungen notwendig sind, weil die Genossenschaften und Gesellschaften anders die Altschulden nicht bezahlen können. Der hätte damals Nein sagen müssen, als wir es gefordert haben. Dann hätten wir diese prekäre Situation gar nicht.

Im Einigungsvertrag war uns versprochen worden, daß Mietsteigerungen nur sozial verträglich erfolgen dürfen. Nun kann ich Ihnen als Jurist sagen, solche schwammigen Formulierungen bringen relativ wenig, wie man jetzt erlebt. Aber immerhin, eine Zielrichtung war damit vorgegeben. Und jetzt wird Wohnen eben sozial unverträglich.

Vergessen wir nicht, wir leben in einem der reichsten Länder der

Welt. Und in diesem Land gibt es inzwischen weit über Hunderttausend Obdachlose, darunter über Zehntausend Kinder, die obdachlos geboren werden und obdachlos bleiben. Für ein so reiches Land ist das ein einzigartiger Skandal.

Deshalb fordern wir überall in der Bundesrepublik Deutschland, nicht nur in den neuen Bundesländern, sozial verträgliche Mieten. Ich sage das hier deutlich: Mir imponiert das Westmietensystem nicht. Ich sehe überhaupt nicht ein, weshalb unbezahlbare Wohnungen ein Fortschritt sein sollen gegenüber bezahlbaren Wohnungen. Das hat mir auch noch niemand erklären können.

Vor allem finde ich, wir sollten sie auch bei ihren Widersprüchen packen. Es wird immer davon gesprochen, daß die Wohnungen aus der früheren DDR so marode seien. Ich habe dem nie widersprochen. Aber wenn das so ist, dann frage ich mich, weshalb man für etwas Marodes so viel Miete verlangen kann. Was ist denn das für ein Geschäftsgebahren? Dann auch eine marode Miete, und das heißt, die müßte ganz niedrig sein. Sie begründen die hohen Mieten damit, daß so bessere Wohnungen entstehen können. Aber seit wann darf man für ein relativ schlechtes Objekt einen hohen Preis fordern, um das Objekt aufzubessern? Das ist kaufmännisch einfach unzulässig.

Ich räume ja gern ein, daß das Mietensystem in der DDR so nicht weitergehen konnte und daß es Mängel im Wohnungsbau gab, aber die Alternative dazu können keine Wuchermieten sein. Eine Wohnung muß bezahlbar bleiben, und zwar für jede und jeden. Im übrigen verkaufen sie ja inzwischen die Wohnungen. Sie privatisieren ja und verlangen hier in Berlin so im Durchschnitt pro Quadratmeter 2000 DM und zum Teil schon wesentlich mehr. Nun frage ich mal: Es gibt doch einen festen Preis der Treuhandanstalt für etwas, das marode ist? Sie hat Betriebe für eine DM verkauft und dann noch eine Million dazu gegeben für Investitionen. So könnte man vielleicht die Wohnungen verkaufen, aber nicht für 2000 oder 3000 DM pro Quadratmeter.

Wir haben noch nicht die politische Kraft, so etwas im Bundestag, in den Landesparlamenten oder im Bundesrat zu verhindern. Das ist wahr. Wir haben leider auch noch nicht die politische Kraft, außerparlamentarisch einen solchen Druck zu erzeugen, daß sie es sich nicht wagen. Aber wir sind dabei, diese Kraft zu sammeln. Wir müssen dafür sorgen, daß eine solche unsoziale Politik in Zukunft nicht mehr möglich ist und daß sie revidiert wird, durch einen zunehmenden außerparlamentarischen Kampf, der gleichzeitig mit parlamentarischen Initiativen zu verbinden sein wird.

(gekürzt)

WIDER DEN NEOLIBERALEN ZEITGEIST

Politischer Aschermittwoch in Ingolstadt, 12.2.97

Liebe Bürgerinnen und Bürger von Ingolstadt!

Ich freue mich, daß ich zum drittenmal zum Politischen Aschermittwoch in Ingolstadt bin. Herr Waigel hat erklärt, Passau ist am Aschermittwoch die Bundeshauptstadt in Sachen Politik. Wir werden beweisen, daß das Ingolstadt ist, zumindest heute. Erst, wenn wir nach Passau kommen, wird sich das wieder ändern.

Im übrigen war ich schon einmal in Passau. Ich war von der dortigen Universität eingeladen worden. Das war wohl die mutigste Leistung der Uni in den letzten hundert Jahren. Die Ortspresse ist furchtbar über die Universität hergefallen und hat festgestellt, daß so ein Mann wie ich natürlich nicht nach Passau gehöre. Aber neugierig waren sie trotzdem. Sie sind dann auch gekommen, um mich zu befragen, und ich konnte ihnen anhand ihrer eigenen Artikel nachweisen, daß sie die deutsche Einheit überhaupt noch nicht verinnerlicht haben. Wenn ich in Magdeburg oder Rostock auftrete, regt sich die Passauer Presse nicht auf. Sie regt sich nur auf, wenn ich nach Passau komme. Das heißt, sie geht davon aus, daß ich eine gewisse Zuständigkeit für den Osten habe, aber bei ihnen nichts zu suchen habe. Die Mauer in ihren Köpfen sitzt also viel fester als in meinem Kopf. Diese Tatsache wollen wir hier mal festhalten.

Im übrigen bin ich als Abgeordneter des Deutschen Bundestages nach Artikel 38 des Grundgesetzes verpflichtet, die Interessen des gesamten Volkes wahrzunehmen und nicht nur die Interessen derjenigen, die mich gewählt haben. Insofern hätte die Passauer Presse fragen können, warum ich bisher noch nicht in Passau war, statt mir vorzuhalten, daß ich nach Passau gekommen bin. Ich bin einfach durch das Grundgesetz verpflichtet, auch die Interessen der Passauerinnen und Passauer wahrzunehmen, so schwer es mir gelegentlich fällt.

Ich komme auch deshalb gerne nach Bayern, weil es das Land ist, das der DDR in gewisser Hinsicht am ähnlichsten ist. Es regiert hier seit über 40 Jahren eine Staatspartei – das kenne ich. Ich weiß aber auch, wie sie endet.

Herr Beckstein versucht – wie ich es auch kenne – fast alles durch Verbote zu regulieren. Und ich weiß auch, daß das nicht hilft. Übrigens begeht er gegenwärtig gerade eine schwere Dienstpflichtverletzung. Er hält nämlich hier nebenan einen Vortrag, anstatt mich zu beobachten. Wenn der bayrische Verfassungsschutz seine Arbeit aber wirklich ernst nehmen würde, dann würde er seine Zeit nicht mit der Beobachtung der leider noch sehr kleinen PDS in Bayern verplempern, sondern würde dafür sorgen, daß Plutonium nicht von Moskau mit einer Linienmaschine nach München transportiert wird und würde im übrigen die bayerische Landesregierung unter Beobachtung stellen, weil sie die freiheitlich-demokratische Grundordnung durch Massendemonstrationen gegen das Bundesverfassungsgericht ernsthaft gefährdet.

Aber was viel wichtiger ist: Die CSU ist bekanntlich Bestandteil der Bundesregierung. Und ich meine, daß wir ernsthaft über diese Bundesregierung und über das, was sie zu verantworten hat, nachdenken müssen. Über 4,6 Millionen offiziell registrierte Arbeitslose hat es in der Geschichte Deutschlands seit Jahrzehnten nicht mehr gegeben. Eine Regierung, die das zu verantworten hat, die darüber hinaus zu verantworten hat, daß die Einheit vermasselt wurde, daß die Renten gekürzt und besteuert werden sollen und daß der Reichtum in dieser Zeit immer stärker wächst, während die Armut zunimmt, eine solche Regierung sollte wenigstens zugeben, daß sie am Ende ist. Und wenn sie die eigenen Maßstäbe ernst nimmt, müßte Kohl noch heute seinen Rücktritt erklären und damit den Weg für Neuwahlen freimachen.

Ich erinnere Sie daran, daß Kohl von Willy Brandt und von Helmut Schmidt bei viel geringeren Staatslöchern und bei viel geringeren Arbeitslosenzahlen den Rücktritt gefordert hat. Wenn er seine damaligen Maßstäbe heute gelten läßt, müßte er längst akzeptieren, daß er nicht mehr der richtige Mann an der richtigen Stelle ist.

Übrigens ist auch das wieder eine gewisse Ähnlichkeit. Ich kenne Politiker aus der DDR, die nie zurücktreten wollten und meinten, bis ins höchste Alter hinein regieren zu können. Das verspricht nur Stagnation. Was wir aber brauchen, sind Veränderungen. Wir brauchen nicht nur einen Regierungswechsel, wir brauchen endlich auch eine andere Politik. Insofern kann ich nur vor allen Überlegungen warnen, die jetzige Regierung durch eine große Koalition abzuwechseln. Große Koalitionen backen die kleinsten Brötchen. Das kann ich Ihnen als Erfahrung aus Berlin mitbringen.

Das Schlimmste, womit wir es gegenwärtig zu tun haben, das ist zunächst einmal der neoliberale Zeitgeist. Es ärgert mich wahnsinnig, wenn eine Sozialhilfeempfängerin auch noch akzeptiert, daß sie weniger haben muß, weil es wahrscheinlich anders nicht zu machen wäre, daß immer mehr Arbeitnehmerinnen und Arbeitnehmer auch schlucken, daß es Lohnkürzungen oder Krankengeldkürzungen gibt, weil es wahrscheinlich anders nicht zu machen ist. Daran wird deutlich, daß der neoliberale Zeitgeist dominiert und viele Köpfe erreicht hat. Dagegen muß die Linke zuerst etwas tun, wenn sie Veränderungen erreichen will.

Was wir auch beenden müssen, ist die Entsolidarisierung. Es darf der Bundesregierung nicht gelingen, Frauen gegen Männer und Männer gegen Frauen auszuspielen, was sie leider relativ erfolgreich in der Vergangenheit betrieben hat. Es darf der bayrischen Staatsregierung nicht gelingen, wiederum einen Sonderweg zu gehen, wie schon in Memmingen beim Paragrafen 218. Das Selbstbestimmungsrecht der Frau ist endlich durchzusetzen.

Recht wird immer so benutzt, wie man es gerade braucht. Ich erinnere mich noch sehr gut daran, daß an meiner Ehre gekratzt wurde in einer Bundestagsdebatte, weil mir ein Konservativer vorhielt, er hätte sich in mir deshalb getäuscht, weil ich ja nicht einmal als Jurist etwas taugen würde. Wenn ich etwas taugen würde, dann würde ich akzeptieren, daß die Frau das eine und der Embryo das andere Rechtssubjekt ist und daß kein Rechtssubjekt das Recht habe, über das Leben des anderen Rechtssubjektes zu entscheiden. Das hat mich natürlich sehr nachdenklich gemacht. Wer will schon gerade in seinem Fach minder bewertet werden? Aber ich hielt ihm entgegen, daß er gar nicht konsequent ist, denn wenn das zwei Rechtssubjekte sind, dann soll er mir mal erklären, weshalb, wenn das eine Rechtssubjekt, nämlich die schwangere Frau, in Untersuchungshaft genommen wird, das andere kleine Rechtssubjekt gleich mit muß. Das hat ja noch gar nichts gemacht – und wenn schon, warum es nicht wenigstens Haftentschädigung nach der Entlassung bekommt, denn es hat ja eindeutig unschuldig gesessen. Damit war dieses Rechtsargument beseitigt.

Ich sage das, weil ich Sie davor warnen will, an rechtliche Argumente zu glauben. Sie werden nur politisch eingesetzt und mißbraucht, je nachdem wie man sie gerne benutzen möchte. An dem Weg der Gleichstellung der Geschlechter führt aber nichts vorbei. Wir müssen deswegen auch über Quoten bei Einstellungen, bei Kündigungen und über vieles andere nachdenken, damit es endlich zu einer Realität wird, daß Frau und Mann wirklich gleichberechtigt sind, und das heißt auch, gleichermaßen das Recht haben, am Arbeitsleben und am sonstigen Leben in der Gesellschaft teilzunehmen.

Und ich möchte auch nicht, daß die Entsolidarisierung zwischen Ost und West funktioniert – wie das heute noch der Fall ist –, indem Ihnen eingeredet wird, der Osten sei zu teuer. Viele im Westen wissen ja nicht einmal, daß der Solidaritätszuschlag auch im Osten bezahlt wird und viele im Osten sich gedemütigt fühlen, weil sie immer als zu teuer dargestellt werden und im übrigen glauben, daß es ihnen vielleicht schlecht geht, weil der Westen ihnen nichts gönnt. Ihr könnt uns ja nicht erst zum Beitritt einladen und dann wieder ausladen.

Aber wir dürfen auch eine andere Entsolidarisierung nicht zulassen, nämlich die zwischen Inländerinnen und Inländern auf der einen Seite und Ausländerinnen und Ausländern auf der anderen Seite.

Nicht die Flüchtlinge sind das Problem in Deutschland, sondern der sich vermehrende Reichtum in immer weniger Händen. Das ist unser Problem bei der Herstellung sozialer Gerechtigkeit. Und deshalb werden wir nicht müde werden, für ein gerechtes Asylrecht zu streiten. Wir werden auch nicht müde werden, für ein republikanisches Wahlrecht zu streiten.

Ich bin dafür, daß jede Bürgerin und jeder Bürger das Recht haben, dort zu wählen und gewählt zu werden, wo sie bzw. er ihren bzw. seinen Lebensmittelpunkt hat. Wer hier lebt und arbeitet, wer hier seinen Wohnsitz hat, der ist von dieser Regierung abhängig und der muß deshalb die Möglichkeit haben, hier zu wählen und auch hier gewählt zu werden, unabhängig von seiner oder ihrer Staatsbürgerschaft. Ich akzeptiere auch nicht, daß ein Deutscher, der seit 30 Jahren in Argentinien lebt, drei Monate vor der Bundestagswahl hierher kommt, mir den Kanzler wählt und dann wieder nach Argentinien abdampft. Er soll das Parlament in Argentinien wählen, denn dort hat er seinen Lebensmittelpunkt. Wir brauchen endlich ein solches republikanisches Wahlrecht und nicht eines, das nach Staatsbürgerschaft ausgerichtet ist. Wenn wir das hätten, könnten sechs Millionen Ausländerinnen und Ausländer, die seit langem ihren ständigen Wohnsitz in der Bundesrepublik Deutschland haben, aktives und passives Wahlrecht ausüben, und nicht einmal mehr Stoiber könnte sich ausländerfeindliche Äußerungen leisten. Das wäre noch nicht viel, aber immerhin schon etwas an Veränderung in Deutschland. Wir treten auch für das Recht auf doppelte Staatsbürgerschaften ein. Es muß die Möglichkeit geben, wenn jemand fünf Jahre oder länger seinen legalen Wohnsitz in der Bundesrepublik Deutschland hat, die Staatsbürgerschaft anzunehmen, und er muß nicht gleichzeitig gezwungen werden, seine bisherige aufzugeben.

Die Bundesregierung hat jetzt eine Steuerreform vorgelegt. Wenn sie umgesetzt werden wird, haben wir es mit einer neuen Qualität zu tun. Sie hat bekanntlich im letzten Jahr bereits ein sogenanntes Sparpaket geschnürt. Sie hat im letzten Jahr für die Bauarbeiterinnen und Bauarbeiter das Schlechtwettergeld abgeschafft, übrigens mit der Folge, daß die jetzt alle in der Arbeitslosigkeit sind und vom Staat finanziert werden. Gespart hat sie dabei gar nichts. Es ist nur sehr teuer für alle Steuerzahlerinnen und Steuerzahler und für die Betroffenen höchst riskant, weil sie nicht wissen, ob sie wieder in die Baubetriebe eingestellt werden, wenn der Frühling beginnt. Ich denke zum Beispiel, daß der Hauptmangel bei der Bekämpfung einer solchen unsozialen Politik darin besteht, daß die Bauarbeiterinnen und Bauarbeiter alleine standen, als es um das Schlechtwettergeld ging. Da hätten die Metaller und die Arbeitslosen mitmachen müssen, um deren Solidarität einzufordern, wenn es um ihre Belange geht. Das müssen wir endlich lernen.

Aber beim Sparpaket ist die Bundesregierung einen anderen Weg gegangen. Hier hat sie versucht, alle gleich zu treffen, und sie hat sich zum Teil verrechnet. Nun war ihre Begründung beim sogenannten Sparpaket, daß dadurch mehr Arbeitsplätze geschaffen werden würden. Sie hat erklärt, wenn die Sozialabgaben abnehmen, dann hat der Staat weniger Ausgaben, und wenn der Staat weniger Ausgaben hat, kann er den Unternehmen Steuern schenken. Wenn er den Unternehmen Steuern schenken kann, haben die mehr Geld. Wenn die mehr Geld haben, insbesondere auch die Reichen und die Vermögenden, dann seien die in der Lage, Arbeitsplätze zu schaffen. Aber dieselbe Bundesregierung prognostiziert für das Jahr 1997 selbst mehr Arbeitslose als für das Jahr 1996. Das heißt, sie glaubt nicht einmal an ihre eigene Politik, sondern geht selber davon aus, daß ihr Sparpaket nicht etwa zu mehr Arbeitsplätzen, sondern zu weniger Arbeitsplätzen führen wird und das heißt, zu mehr Arbeitslosen.

Die Bundesregierung – das muß man ihr allerdings lassen – versucht, etwas für den Export zu tun. Dafür reist der Kanzler überall hin. Dafür besucht er sogar die chinesische Armee. Da kennt er auch keine Menschenrechte mehr. Dafür befreundet er sich mit ehemaligen Mitgliedern des Politbüros des ZK der KPdSU. Solche auserwählten Mitglieder des Politbüros des ZK der KPdSU dürfen ihn dann sogar nackt kennenlernen, was der deutschen Bevölkerung glücklicherweise bis heute erspart geblieben ist. Da gibt es keine moralischen Grenzen und da gibt es auch keine Menschenrechte, sondern da wird für den Export einiges getan.

Aber selbst wenn ich es nur ökonomisch sehe, selbst wenn ich die Frage der Menschenrechte einmal vernachlässige: jeder fünfte Beschäftigte in Deutschland lebt vom Export. Vier von fünf Beschäftigten dagegen leben vom Binnenmarkt, und der ist seit dem Antritt der Regierung Kohl nur abgebaut und vernachlässigt worden. Jede soziale Sparmaßnahme ist ökonomisch eine Reduzierung der Kaufkraft, bedeutet weniger Nachfrage bei Waren und bei Dienstleistungen und damit unmittelbar den Abbau von Arbeitsplätzen im Handel, im Dienstleistungsbereich und in der Produktion. Das ist die eigentliche Krankheit, mit der wir es gegenwärtig zu tun haben. Und je mehr dort gespart wird, desto weniger Arbeitsplätze wird es geben.

Im übrigen sind bei diesem Sparpaket bestimmte Dinge untergegangen, Maßnahmen, die auch kulturell von Bedeutung sind. Es macht schon etwas aus, wenn der Gesetzgeber entscheidet, daß künftig die staatlichen Kassen keinen Anteil mehr an Brillengestellen bezahlen. Den Ärmeren in der Gesellschaft wird damit gesagt, sie müßten nicht auch noch lesen. Und wenn weiter beschlossen wurde, daß diejenigen, die nach dem 1. Januar 1997 das 18. Lebensjahr vollenden, nie wieder von der Krankenkasse ihren Zahnersatz bezahlt bekommen, dann ist das hundsgemein, aber nicht ungeschickt.

Es ist deshalb nicht ungeschickt, weil es dagegen keinen Protest geben wird. Die meisten von uns sind über 18 Jahre alt – nicht alle. Uns betrifft es also nicht mehr. Da es uns nicht betrifft, gehen wir deshalb nicht auf die Straße. Einem oder einer, der bzw. die erst nach dem 1. Januar 1997 achtzehn Jahre alt wird, die oder den es in Zukunft also betreffen wird, ist das vorerst noch egal, außer wenn derjenige vielleicht im Boxsport ist. Wenn dann die Zeit kommt, wo es sie trifft, ist es solange geltendes Recht, daß kein Mensch mehr danach fragt. Das nenne ich hundsgemein, weil verhindert wird, daß die Menschen dagegen protestieren.

Aber es widerlegt die These, daß es um Einsparungen geht, denn diese Kosten entstehen 1997 und 1998 nicht. Das sind vielleicht hundert in der ganzen Bundesrepublik, die das betrifft. Es macht kostenmäßig praktisch überhaupt nichts aus, sondern – wenn überhaupt – entlastet es die Kassen in dreißig bis vierzig Jahren. Dafür haben sie

1996 ein Gesetz beschlossen, angeblich mit der Begründung, daß es sozusagen sofort etwas bringen würde. Aber das eigentlich Üble besteht darin, für die Zukunft eine Kulturwende herbeizuführen, indem auch in Deutschland Armut im Alter sofort wieder an Zahnlosigkeit sichtbar werden wird. Darüber waren wir zivilisatorisch schon mal hinweg. Daß wir da in das vorige Jahrhundert zurückfallen, ist das eigentlich Üble. Und daß sich dagegen kein Widerstand äußert, ist die Katastrophe.

Wenn eine Gesellschaft es nicht schafft, ihre Besserverdienenden, ihre Vermögenden und ihre Reichen zur Solidarität zu zwingen und die das nicht akzeptieren, gibt sie sich selber auf, zumindest moralisch. Es gab eine Zahl im letzten Jahr, die die UNO veröffentlicht hat, die mich wirklich erschüttert hat. Das war die Zahl, daß es auf der Welt gegenwärtig 365 Dollarmilliardäre gibt. Es sind 365 Menschen, die haben mindestens eine Milliarde Dollar Vermögen oder mehr. Das sind immerhin tausendmal eine Million Dollar. Die besitzen genau so viel wie 45 Prozent der Weltbevölkerung – natürlich der ärmere Teil der Weltbevölkerung. Aber ich sage Ihnen: Wenn es bis zu diesem Tage keinen Grund gab, demokratischer Sozialist zu sein – ich finde, allein eine solche Zahl, daß 365 Menschen genausoviel besitzen wie auf der anderen Seite 2,2 Milliarden Menschen, reicht völlig als Grund aus, um demokratischer Sozialist zu werden und Veränderungen auf dieser Welt einzufordern.

Wir haben es mit gesellschaftsstrategischen Fragen zu tun. Wir erleben natürlich gravierende Veränderungen. Ich glaube schon, daß wir in einer Epoche sind, die man von der Qualität her gleichsetzen kann mit dem Übergang vor mehreren hundert Jahren zur Industriegesellschaft. Wir erleben einen Übergang nicht nur zur Dienstleistungsgesellschaft sondern auch zur Hochtechnologiegesellschaft, in der eine Arbeitskraft in immer kürzerer Zeit immer mehr herstellen kann. Das ist einfach ein objektiver Prozeß, dem man sich nicht verschließen kann. Deshalb denke ich, wenn ich diesem Prozeß wirksam begegnen will, und wenn ich in diesem Zusammenhang über Erwerbsarbeit nachdenke, dann muß ich zuerst Arbeit umbewerten. Ich muß also anfangen, auch Tätigkeiten, die heute nicht als Arbeit gelten, wie z.B. Kinderbetreuung, Haushaltsführung u.a. als Arbeit insofern anzuerkennen, daß ich wenigstens eine soziale Grundsicherung dafür bezahle. Ich muß zweitens über radikale Arbeitszeitverkürzungen nachdenken, um Arbeit anders zu verteilen und nicht über Arbeitszeitverlängerungen, wie die gegenwärtige Regierung.

Nun erlebe ich eine Umstrukturierung, in der Schritt für Schritt Bildung, Kultur, Wohnung, Gesundheit und Verkehr marktwirtschaftlich strukturiert und organisiert werden sollen. Ich sage Ihnen aber: Marktwirtschaftliche Strukturen machen in bestimmten Bereichen Sinn, weil es Qualitätsdruck und Kostendruck erzeugt, wenngleich es natürlich auch reguliert sein muß. Aber in Bildung, Kultur, Wohnung, Gesundheit und Verkehr gehört die Marktwirtschaft nicht hinein. Wenn diese Bereiche marktwirtschaftlich organisiert werden, wird das katastrophale Folgen bringen.

Wer Bildung marktwirtschaftlich organisiert, sorgt dafür, daß die sozial Schwächeren ihren Kindern keine gleiche Bildungschance mehr ermöglichen können. Wer bei Kunst und Kultur ausschließlich marktwirtschaftlich koordiniert, sorgt dafür, daß Kino, Theater, Oper und Bücher für bestimmte Kreise in der Bevölkerung unbezahlbar werden. Was das Übelste daran ist: Wenn ich sie davon ausschließe, dann organisiere ich natürlich in der Gesellschaft einen Kulturunterschied. Dann ist natürlich in diesen sozialen Gruppen der Bildungsgrad auch sehr viel geringer. Dann nehme ich das wiederum als Rechtfertigung für den sozialen Unterschied. Dabei ist es in Wirklichkeit so, daß ich über den sozialen Unterschied den Bildungsunterschied organisiert habe. Genau das darf die Linke nicht zulassen. Das ist eine strategische Frage. Ich kann nicht verhindern, daß der Millionär die bessere Kleidung hat als der Sozialhilfeempfänger, auch das bessere Auto fährt. Aber für eines müssen wir als Minimum kämpfen: Sie müssen dieselbe Möglichkeit haben, die Schule und die Universität zu besuchen, ins Kino und ins Theater zu gehen, sich ein Konzert anzuhören, in die Oper zu gehen und Bücher zu lesen. Das ist das mindeste, was ich als Staat gewährleisten muß.

Dasselbe gilt natürlich für die Wohnungen. Die UNO – nicht etwa die PDS – hat beschlossen, daß die Wohnung ein Sozialobjekt ist und kein Marktobjekt. Sie ist heute zumindest schon eine Mischung mit einem klaren Überhangwert für den marktwirtschaftlichen Anteil. Und wenn die Entwicklung so weitergeht, dann wird Obdachlosigkeit nicht dadurch entstehen, daß zu wenige Wohnungen da sind, sondern dadurch, daß zu wenige bezahlbare Wohnungen da sind. Damit verliert die Wohnung ihren sozialen Zweck.

Auch beim Verkehr muß ich in erster Linie ökologische Gesichtspunkte heranziehen. Es geht nicht in erster Linie um die Frage, ob eine bestimmte Strecke der Bahn sich rechnet oder nicht. Sie rechnet sich schon dann in einem volkswirtschaftlichen Sinne, wenn ich dadurch in der Lage bin, den Gütertransport von der Straße auf die Schiene zu verlagern. Ich habe auch nichts gegen die verkehrspolitischen Forderung der Grünen – d.h. im Augenblick habe ich etwas dagegen, gegen den Fünf-Liter-Preis. Ich will Ihnen sagen, was daran übel ist: Wenn ich es nicht automatisch mit ganz bestimmten Forderungen an den Nahverkehr verbinde. Dann ist das nämlich eine Ökologie für Wohlhabende. Nach dem Motto: Ich habe zwei Häuser, ich habe meine drei Autos, ich habe mein gesichertes Sparguthaben, und jetzt hätte ich auch gerne noch die Straße frei. Dafür zahle ich 5 DM, damit alle kleinen Leute von der Straße verschwinden, die sich das nicht mehr leisten können. So können wir nicht Ökologie machen. Das setzt voraus, daß ich einen Nahverkehr habe, der regelmäßig verkehrt – auch nachts –, der Personal hat, wo ich auch nachts sicher bin, nicht überfallen zu werden, und der ganz billig ist, wenn nicht fast kostenlos. Mit anderen Worten heißt das, ich konsumiere höher, wenn ich den Nahverkehr nutze statt mein Privatauto. So müssen wir versuchen, ökologische Bedingungen herzustellen in der Gesellschaft.

Ich muß abschließend noch ein paar Sätze zur PDS sagen: Ich weiß schon, daß ihre Strukturen in Ingolstadt noch begrenzt sind, aber Sie haben natürlich die Chance, das zu ändern. Nun wird mir im Westen immer gesagt, daß man ein PDS-Mitglied kennt, und das ist gerade ein unvernünftiges. Das mag schon sein. Ich kenne solche auch. Aber ich sage: Geht doch hinein, dann sind wir sofort mehr Vernünftige. Das wäre ein ganz einfacher Weg. Noch sind wir im Westen so wenig, daß fast jeder eine neue Mehrheit herstellen kann. Das sollte man nutzen. Das schaffen Sie bei keiner anderen Partei.

Wir werden immer als Ostpartei verschrieen. Natürlich kommen wir aus dem Osten. Natürlich kämpfen wir gegen die Benachteiligung der Ostdeutschen. Das sind wir auch unserer Geschichte schuldig und unserer besonderen Verantwortung, auch der Verantwortung für all das, was schief gegangen ist in dieser DDR, auch für die Menschenrechtsverletzungen, für die Verbrechen, die es dort gegeben hat. Nichts davon leugne ich. Ich gehöre mit zu den stärksten Kritikern der DDR, allerdings auch differenziert. Wir haben dafür demonstriert, daß die Fahnenappelle und die Ideologie aus dem Kindergarten und aus dem Ferienlager herauskommt, aber wir wollten nicht, daß Ferienlager und Kindergarten gleich mit abgeschafft werden. Das war nämlich eine nützliche soziale Einrichtung.

Dieses Land, einschließlich Bayern, leidet nicht an zu viel, sondern an zu wenig PDS. Das werden wir spätestens 1998 ändern. Danke!

(gekürzt)

WIR BRAUCHEN EINEN POLITIKWECHSEL

Rede auf der Kundgebung zum 1. Mai 1997 in Künzelsau

Liebe Kolleginnen und Kollegen,
liebe Bürgerinnen und Bürger,

weil das heute eine Gewerkschaftsveranstaltung ist, bleibe ich einfach mal beim Du. Ich grüße Euch ganz herzlich zum 1. Mai 1997. Eigentlich wollte ich nicht so viel zu den Aufregungen vorher sagen. Ich bin ja auch nicht so leicht zu verschrecken. Vielleicht zunächst ein Wort zur Mahnwache der Republikaner. Die finde ich ganz in Ordnung. Entweder meinen sie damit, daß sie vor sich selber mahnen wollen, dann finde ich das berechtigt, oder sie wollen eine Gegnerschaft zu mir zum Ausdruck bringen, dann finde ich das auch in

Ordnung. Wenn sie das nicht machen würden, müßte ich sehr über mich nachdenken.

Dann zu einem Kollegen von mir, den ihr weniger als Kollegen empfindet, den Freiherrn von Stetten *(CDU-MdB des Wahlkreises in Baden-Württemberg, in dem Künzelsau liegt; d.Hrsg.)*. Ich finde, bei dem habe ich schon etwas Gutes erreicht. Es ist das erste Mal, daß er den 1. Mai zur Kenntnis genommen hat. Nun hat er gesagt, daß Leute wie ich schon die Weimarer Demokratie gefährdet hätten. Das muß ich zurückweisen. Die Weimarer Demokratie ist schon daran gescheitert, daß die Junker und Barone von Anfang an diese Republik nicht akzeptiert haben. Die Gysis haben sie nicht verhindert. Im übrigen kann man natürlich Kritik an meiner Partei üben, das halte ich für berechtigt. Aber wenn es um Arbeitnehmerinnen- und Arbeitnehmerinteressen geht, dann war auf Herrn von Stetten noch nie Verlaß.

Es ist wahr, die PDS kommt aus der SED. Und es ist wahr, daß es in der DDR auch eine Menge Unrecht gab. Das muß man kritisch aufarbeiten, gerade als Linker, der selber aus dieser Partei kommt. Nur, ich finde, Aufarbeitung von Geschichte in Deutschland kann keine Einbahnschiene sein. Wir müssen die Geschichte gemeinsam aufarbeiten, denn der Kalte Krieg fand auf beiden Seiten statt. Und die SED hat nicht allein regiert in der DDR, sondern mit vier Blockparteien zusammen. Alle Beschlüsse – von der Errichtung der Mauer bis zur Zustimmung zu den Massakern auf dem Platz des Himmlischen Friedens – wurden von diesen Parteien gemeinsam gefällt. Und wer Parteien wegfusioniert, um dafür zu sorgen, daß sie keine Geschichte mehr haben, und deren Kader aufnimmt, sollte vorsichtig sein, wenn er mit dem Finger auf andere zeigt.

Wenn ich noch an eine Tatsache erinnern darf: Die SED hatte 2,3 Millionen Mitglieder. Die PDS hat 120.000 Mitglieder. Davon waren 20.000 nie in der SED. Also kommen 100.000 aus der SED. Aber 2,2 Millionen sind uns abhanden gekommen, die meisten leben noch. Viele von denen sind aus nachvollziehbaren Motiven gegangen, weil sie bitter enttäuscht waren oder weil sie mit unserer Politik nicht einverstanden waren. Das halte ich alles für berechtigt. Aber viele sind natürlich aus den gleichen Motiven gegangen, aus denen sie gekommen waren, nämlich aus rein karrieristischen. Als klar war, mit der PDS kann man keine Karriere mehr machen, da war auch ihre Mitgliedschaft in dieser Partei beendet. Da sind mir die 100.000, die geblieben sind, und die dadurch zur Adresse für Geschichte geworden sind und sich mit ihren Biographien und ihrer Geschichte auseinandersetzen, immer noch lieber als jene, die sich in den herrschenden Parteien verstecken. Ich finde, diese Auseinandersetzung muß auch geführt werden.

Was ich diesbezüglich versuche, ist nicht mehr als westeuropäische Normalität. In Frankreich, in Italien, in den Niederlanden, in Belgien, in Skandinavien gehört eine Partei links von der Sozialdemokratie akzeptiert zum politischen Spektrum. Das war in Deutschland anders. Das hatte auch seine Ursache in der Spaltung. Aber die Spaltung ist nun vorbei, die Ursache ist aufgehoben. Jetzt brauchen wir westeuropäische Normalität. Man könnte sich ja was besseres als die PDS vorstellen, aber wir haben im Augenblick nichts besseres. Auch im Westen ist bisher nichts besseres entstanden. Deshalb müssen wir nehmen, was wir haben, und versuchen, daraus was Vernünftiges zu machen.

Wir sind hier zu einer Kundgebung zum 1. Mai. Das ist überparteilich, und da treffen sich Gewerkschafterinnen und Gewerkschafter, um ihre Forderungen zu formulieren, zur Veränderung dieser Gesellschaft und zur Veränderung der Politik. Es wird heute ganz viel davon gesprochen, daß wir dringend einen Regierungswechsel brauchen. Das ist wahr. Aber wir brauchen nicht irgendeinen Regierungswechsel. Wir brauchen einen solchen, der einen Politikwechsel bringt. Wir brauchen andere Ansätze in der Politik. Das ist wichtiger. Wir brauchen nicht die Fortsetzung der bisherigen Politik unter anderem Namen.

Wir müssen uns mit den Veränderungen in der Gesellschaft auseinandersetzen. Die Sozialstaatlichkeit war ein Kompromiß, der die Existenz der Bundesrepublik Deutschland mitbegründete. Er wird inzwischen aufgegeben. Auch Chancengleichheit beim Zugang zum Gesundheitswesen, zu Kultur, zu Kunst, zu Bildung, all das wird inzwischen infrage gestellt. Die Herrschenden haben es geschafft, daß der Zeitgeist vom neoliberalen Geist dominiert wird. Wenn du im Bundestag eine Rede hältst und für soziale Rechte streitest, dann kommst du dir schon so vor, als ob du aus dem vorigen Jahrhundert stammst. Es ist geschafft worden, das als modern zu deklarieren, was mit Sozialabbau verbunden ist, und das als mittelalterlich, was soziale Gerechtigkeit formuliert. Ich möchte, daß der Kampf um soziale Gerechtigkeit wieder zur Moderne gehört, daß er den Zeitgeist mitdominiert. Da hatten wir in der Bundesrepublik schon mal andere Zeiten. Es gab Zeiten, in denen auch Grass, Böll und andere den Zeitgeist mitdominiert haben, und zwar ohne politische und ökonomische Macht. Davon kann heute überhaupt keine Rede mehr sein. Die Konservativen dominieren den Zeitgeist allein.

Ich verstehe ja, daß die linken und liberalen Intellektuellen seit 1990 etwas beleidigt sind und schweigen, weil die Geschichte anders verlaufen ist, als sie es vorhergesagt haben. Aber ich finde, sieben Jahre Beleidigtsein reicht nun aus. Jetzt wird es wieder höchste Zeit, daß sie das Wort ergreifen und für die Rechte der Menschen streiten. In der Erfurter Erklärung, die gemeinsam von linken Christinnen und Christen, von linken Gewerkschafterinnen und Gewerkschaftern, von Künstlerinnen und Künstlern, von Schriftstellerinnen und Schriftstellern verfaßt worden ist, sehe ich einen wichtigen Ansatz.

Wenn man sich mit der gegenwärtigen Politik auseinandersetzt, dann kommt man nicht umhin festzustellen, daß die Verfaßtheit dieser Bundesrepublik Deutschland verändert werden soll, und zwar in ihren Grundzügen. Die Sozialstaatlichkeit wird angegriffen, die Tarifautonomie wird angegriffen, die Solidarität wird angegriffen. Alles Begriffe, die mit der Geschichte der Arbeiterbewegung ganz eng verbunden sind und die deshalb auf eine solche 1.-Mai-Kundgebung gehören. Seit vierzehn Jahren wird dieselbe Politik gemacht, mit denselben Versprechungen, ohne daß die angeblich damit beabsichtigten Ergebnisse eintreten. Die Unternehmensgewinne, insbesondere der großen Unternehmen, steigen seit vierzehn Jahren. Angeblich ist das notwendig, um das Geld für Arbeitsplätze nutzen zu können. Aber in dieser Zeit sind keine neuen Arbeitsplätze entstanden, sondern es wurden immer mehr Arbeitsplätze abgebaut. Das ist die Realität, mit der wir es zu tun haben.

Das sogenannte Sparpaket, das im letzten Jahr beschlossen wurde, ist durch die Kürzung der Lohnfortzahlung und durch viele andere Maßnahmen verheerend. Aber damit war ja das Versprechen verbunden, daß das Geld, das dadurch in den Unternehmen verbleibt, genutzt werden würde, um neue Arbeitsplätze zu schaffen. Nun frage ich Euch: Wo sind sie denn geblieben? Das Sparpaket ist seit langem inkraft. Es ist kein einziger neuer Arbeitsplatz entstanden. Im Gegenteil, es wurden weitere Arbeitsplätze abgebaut.

Per 1. Januar 1997 ist die Vermögenssteuer abgeschafft worden. Das war immerhin ein Einnahmeverlust für die Bundesrepublik Deutschland von neun Milliarden DM für das Jahr 1997. Und das übrigens nur, weil unsere Vermögenssteuer schon damals so niedrig war. Wenn wir die der USA hätten – und die USA sind nicht verdächtig, sozialistisch zu sein –, dann hätten wir in der Bundesrepublik sechzehn Milliarden DM über die Vermögenssteuer eingenommen. Aber durch die geringeren Sätze waren es nur neun Milliarden. Selbst die sind gestrichen worden, wieder mit der Begründung, dieses Geld würde dann genutzt werden, um Arbeitsplätze zu schaffen. Aber welche Initiative diesbezüglich gibt es denn? Hat Frau von Thurn und Taxis, seitdem sie keine Vermögenssteuer mehr zu zahlen braucht, einen einzigen neuen Arbeitsplatz geschaffen? Nein, sie hat es nicht getan, und sie wird es auch nicht tun. Das ist der falsche Weg. Der führt seit langem in die Sackgasse. Durch weitere Geschenke an Besserverdienende, an Vermögende und an Reiche werden wir die Massenarbeitslosigkeit nicht bekämpfen können. Wer Armut bekämpfen will, muß Reichtum begrenzen. Anders wird es nicht funktionieren.

Von einer unsozialen Zielstellung geht auch die jetzige sogenannte Steuerreform aus. Vernünftig ist, daß das Existenzminimum erhöht werden soll, aber dies geschieht keineswegs ausreichend. Wir sagen, das Existenzminimum liegt heute bei mindestens 17.000 DM im Jahr. Alles, was darunter ist, das soll mir erst einmal einer vormachen, wie er davon wirklich existieren kann. Das glaube ich weder dem Freiherrn von Stetten noch anderen, daß sie ernsthaft von 15.000 DM im Jahr leben könnten. Wenn sie das nicht können, sollen sie es auch anderen nicht zumuten.

Richtig ist, daß der Eingangssteuersatz der Einkommenssteuer gesenkt werden soll. Aber es ist schon fatal, wenn er für die ersten 1000 DM 15 Prozent betragen, dann aber unmittelbar auf 22,5 Prozent steigen soll. Damit entsteht eine ungeheure Schere.

Der Spitzensteuersatz soll auf 39 Prozent gesenkt werden. Aber vor allem soll er schon bei einem Einkommen von 90.000 DM beginnen. Das ist in doppelter Hinsicht übel. Damit wird so getan, als ob Menschen, die 90.000 DM im Jahr verdienen, wirklich schon die Besserverdienenden, die Spitzenverdiener in der Bundesrepublik Deutschland seien. Ich kenne Leute, die verdienen im Monat 250.000 DM. Die haben nichts mit den Leuten zu tun, die 90.000 DM im Jahr verdienen. Und da das ja alles nach dem Leistungsprinzip laufen soll, müssen die ja soviel leisten, daß ich mich frage, wann die bei ihrem Leistungsdruck je dazu kommen, diese 250.000 DM im Monat auszugeben.

Außerdem: Wenn man den Spitzensteuersatz bei 90.000 DM beginnt, heißt das natürlich, daß jemand mit 80.000 DM ganz nahe beim Spitzensteuersatz ist und der mit 70.000 DM auch. Diese Steuerreform richtet sich in erster Linie gegen den Normalverdiener, gegen die Facharbeiterinnen und Facharbeiter. Wenn man so früh mit dem Spitzensteuersatz beginnt, dann schiebt man in der Mitte die Prozentzahlen zusammen. Wenn man sich die Steuerkurve beim Vorschlag der Bundesregierung ansieht, dann wird ganz deutlich, daß auch die mit 60.000, 50.000 und 40.000 DM Jahreseinkommen diejenigen sind, die zuzahlen werden. Wenn man dazu noch beachtet, daß deren Zuschläge künftig besteuert werden sollen, daß deren Lohnersatzleistungen wie Krankengeld usw. besteuert werden sollen, dann ist klar, wer die Zeche dafür bezahlen soll, daß diejenigen, die wirklich sehr gut verdienen, deutlich entlastet werden.

Wir haben das mal an einem Beispiel ausgerechnet: Eine Bankkauffrau, alleinstehend mit zwei Kindern, spart nach dieser Steuerreform im Jahre 74 DM – allerdings nur, wenn sie keine Zuschläge bekommt. Sobald sie Zuschläge bekommt oder im Laufe des Jahres

Lohnersatzleistungen in Anspruch nehmen muß, weil sie z. B. krank wird, dann schmelzen die 74 DM weg und es wird ein Minus daraus. Der Einkommensmillionär – und die Zahl der Einkommensmillionäre ist seit 1989 um vierzig Prozent gewachsen – spart dagegen über 126.000 DM im Jahr. Das muß man sich mal überlegen.

Da im Haushalt immer noch ein Defizit von 56 Milliarden DM bleibt und dieses Defizit irgendwie gedeckt werden muß, ist doch klar, daß die Mehrwertsteuererhöhung kommt, ist klar, daß die Mineralölsteuererhöhung kommt. Das ist so sicher wie das Amen in der Kirche oder das Ja in der früheren Volkskammer. Deshalb sage ich: Die Bankkauffrau zahlt natürlich zu, weil ihr die 74 DM über die Besteuerung von Zuschlägen, über die Besteuerung von Lohnersatzleistungen und vor allem über die Erhöhung der Mehrwertsteuer drei, vier- und zehnmal wieder weggenommen werden wird. Deshalb kann es nur ein Nein zu diesen Steuerplänen geben. Ich hoffe, die SPD läßt sich nicht auf falsche Kompromisse ein.

Und natürlich ist es auch verheerend, wenn so nebenbei in diesem Steuerpaket beschlossen wird, Renten zu besteuern. Die Rentnerinnen und Rentner von heute haben ihr Leben lang Einzahlungen in die Rentenversicherung vorgenommen und haben einen Anspruch erworben. Der darf ihnen nicht einfach über Steuern reduziert werden. Das ist Diebstahl, das können wir nicht zulassen. Ich akzeptiere auch nicht die Besteuerung von Lebensversicherungen. Es geht hier doch um das Prinzip. Auf der einen Seite stellen sich die Unionspolitikerinnen und Unionspolitiker täglich hin und sagen, das sei in der Zukunft nicht mehr so machbar, daß über die gesetzliche Rentenversicherung alle Rentenbedürfnisse befriedigt werden. Die Menschen müßten selber Vorsorge treffen. Nun machen das Leute, schließen Lebensversicherungen ab, um neben ihrer Rente eine zusätzliche Versorgung im Alter zu haben, und kaum haben sie das gemacht, kommt der Staat und sagt, wenn sie eine Lebensversicherung haben, dann besteuere ich die mal kräftig. Das ist nicht hinnehmbar.

Vor allem glaube ich nicht, daß dieses Steuerpaket oder ähnliche Steuerpakete irgendetwas am Problem der Massenarbeitslosigkeit ändern. Das Geld wird nicht für Arbeitsplätze eingesetzt werden, solange die Rahmenbedingungen nicht stimmen. Also laßt uns darüber reden, wie man die verändern könnte.

Ich will jetzt gar nicht sozialistische Perspektiven hier ausbreiten, sondern von ganz konkreten Dingen sprechen, die man relativ zügig verändern könnte. Natürlich brauchen wir andere Unternehmenssteuern. Es ist heute immer noch so, daß der privat entnommene Gewinn geringer besteuert wird als jener Gewinnanteil, der im Unternehmen bleibt. Solange das so ist, gibt es keine Orientierung auf Investitionen. Zweitens ist es immer noch so, daß der Unternehmensgewinn, der im Unternehmen verbleibt, nicht differenziert versteuert wird, was dringend erforderlich ist. Wieso können wir nicht Unterschiede machen zwischen dem Geldteil, der zur Spekulation eingesetzt wird bei Banken und Börsen, und jenem Geldteil, der wirklich für Investitionen verwendet wird? Dafür kann man doch andere Steuersätze festlegen, wenn man auf Arbeitsplätze orientieren will.

Dann gäbe es noch die Möglichkeit, auch das ist unser Vorschlag, zu differenzieren bei jenem Gewinnanteil, der für Investitionen eingesetzt wird. Darauf kann man eine Grundsteuer festlegen und nach einem Jahr prüfen, ob der investierte Gewinn zu mehr Arbeitsplätzen, zu gleich vielen oder zu weniger Arbeitsplätzen geführt hat. Man macht eine Fiktion, wie das im Steuerrecht heißt. Dann berechnet man: Du hast nach einem Jahr genauso viele Arbeitsplätze wie vor einem Jahr – es bleibt also bei der Steuer, die du darauf bezahlt hast. Oder man stellt fest, es sind weniger Arbeitsplätze, es war also eine Rationalisierungsinvestition und es müssen 5 Prozent Steuern nachbezahlt werden. Oder man stellt fest, es gibt jetzt mehr Arbeitsplätze, dann war es eine arbeitsplatzschaffende Investition, also bekommst Du 5 Prozent Steuern zurückerstattet. Damit hätte man einen steuerlichen Anreiz zur Schaffung von Arbeitsplätzen. So müssen Reformen aussehen, wenn man Massenarbeitslosigkeit bekämpfen will!

Über die Lohnnebenkosten wird ständig diskutiert. Wir haben gesagt, das bismarcksche System stimmt nicht mehr. Zu seiner Zeit ging das in Ordnung, die Arbeitnehmerinnen und Arbeitnehmer zahlten die Hälfte in die Versicherungssysteme ein, die andere Hälfte die

Unternehmen. Das hatte eine Logik, weil ein Unternehmen groß und stark war, wenn es viele Beschäftigte hatte, und eher klein und schwach, wenn es wenig Beschäftigte hatte. In Zeiten der Hochtechnologie ist das Blödsinn. Ich kann Euch Unternehmen zeigen mit hundert Beschäftigten, die den gleichen Gewinn erwirtschaften wie ein arbeitsintensives Unternehmen mit tausend Beschäftigten. Der Unterschied bleibt sowieso, daß das eine Unternehmen hundert und das andere tausend Löhne bezahlen muß.

Auch bei den Lohnnebenkosten haben wir eine Reform vorgeschlagen, daß die künftig für die Unternehmen nach ihrem Gewinn berechnet werden. Das würde bedeuten, daß beide Unternehmen das gleiche bezahlen müssen, das mit hundert und das mit tausend Beschäftigten, wenn sie den gleichen Gewinn produzieren. Es würde nicht länger Arbeit bestraft werden und es wäre im übrigen viel flexibler.

Nehmt den Einzelhändler, der drei Angestellte hat. Der hat in diesem Jahr schlechte Umsätze, einen niedrigen Gewinn. Bei meinem Vorschlag würde es dazu führen, daß seine Lohnnebenkosten automatisch sinken. Er muß deshalb noch lange nicht entlassen. Heute ist er dazu fast gezwungen, weil ja die Lohnkosten und die Lohnnebenkosten gleich bleiben, auch wenn seine Aufträge zurückgehen. Das kann man doch reformieren. Das kann man doch flexibler gestalten. Es gibt Modellrechnungen, daß letztlich nicht weniger in die Versicherungen einfließen würde. Es wäre machbar, wenn man denn wollte.

Aber darüber wird in Bonn ja nicht einmal diskutiert. Solange es sich nicht um wirkliche Reformen handelt, sondern nur um Prozentpunkte, sollte man solche Vorhaben wie das der Bundesregierung nicht mit dem Begriff Reform versehen.

Ich möchte auch, daß das Gerücht aufhört, daß die Bundesregierung eine Politik für kleinere und mittelständische Unternehmen macht. Das ist nicht wahr. Es gibt nur noch zwei Gruppen, die ehrlich Steuern zahlen in der Bundesrepublik Deutschland. Das sind die Lohnabhängigen, weil es ihnen gleich abgezogen wird, und das sind die kleinen und mittelständischen Unternehmen, weil sie nicht tricksen können wie die Versicherungen, die Banken und die großen Konzerne.

Bei den kleinen und mittelständischen Unternehmen gibt es auch ständig Betriebsprüfungen. Bei den großen Banken und Konzernen passiert dagegen nichts. Es fällt nicht einmal folgendes auf: Die Commerzbank hatte 1996 ein doppelt so hohes Ergebnis wie 1995, hat aber 1996 nur noch achtzig Prozent der Steuern von 1995 bezahlt. Man beachte: Bei dem doppelten Ergebnis nicht einmal die gleichen Steuern, sondern weniger! Dem muß endlich ein Riegel vorgeschoben werden, wenn wir soziale Gerechtigkeit in der Bundesrepublik Deutschland finanzieren wollen.

Es wird jetzt manchmal über die Millionäre gesprochen, aber ich will mal eine andere Kategorie nennen. Wir haben in der Bundesrepublik Deutschland inzwischen auch über hundert Milliardäre. Ein Milliardär hat immerhin ein Vermögen von tausend Millionen Mark. Das müssen Sie erst einmal zählen. Die reichste Familie in der Bundesrepublik Deutschland hat ein Privatvermögen von zehn Milliarden DM. Das sind zehntausend mal eine Million. Sie wissen, daß nach Artikel 14 des Grundgesetzes das Eigentum zugleich dem Allgemeinwohl dienen soll. Das heißt: ein solcher Milliardär hat eine ungeheure Verantwortung im Sinne des Allgemeinwohls. Da denke ich, daß es doch nicht so ganz von der Hand zu weisen ist, wenn man als demokratischer Sozialist fordert, diese Milliardäre ein bißchen von der Last ihrer Verantwortung zu befreien und sie gleich auf die Schultern der Allgemeinheit zu legen.

(gekürzt)

Gregor Gysi
PDS

EUROPA – VISION GEGEN DIE REALITÄT

Vortrag an der Universität Viadrina in Frankfurt/Oder am 24.10.97

Die ökonomischen Ursachen des Entstehens von Nationalstaaten in Europa, die Herausbildung und der Schutz von Binnenmärkten entfallen Schritt für Schritt. Dagegen haben kulturelle und sprachliche Eigenheiten und leider auch nationalistische Überlegenheitsgefühle und Vorurteile gegen andere Völker wesentlich längeren Bestand. Dennoch werden Nationalstaaten in Europa in ihrer bisherigen Ausprägung wohl auf Dauer bestehen bleiben.

Die PDS tritt für das Ziel der europäischen Integration und die Erweiterung der Europäischen Union (EU) ein. Sie hat dennoch die Verträge von Maastricht und Amsterdam abgelehnt. Diese Ablehnung beruht auf den grundlegenden Veränderungen, die sich nach dem 3. Oktober 1990 und dem Scheitern des »real existierenden Sozialismus« in Europa vollzogen haben.

Die entscheidende Veränderung von 1990 besteht in der ungezügelten Dominanz des Neoliberalismus und seines Zeitgeistes. Danach soll die Politik den herrschenden ökonomischen Interessen folgen, die Gesetze des freien Marktes sollen bedingungslos akzeptiert werden. Wenn die Politik mit ihren eigenen Instrumenten nicht mehr bewußt als Korrektiv in die Sphäre der Ökonomie eingreift, wenn diese Instrumente beseitigt werden, dann verliert auch Politik an Bedeutung.

Der zugunsten Deutschlands entschiedene Konflikt mit Frankreich um die Ausgestaltung der Europäischen Zentralbank stellte letztlich die Frage nach dem Primat der Politik versus dem Diktat sogenannter wirtschaftlicher Sachzwänge. Während Frankreich auf politischen Instrumentarien und Regulierungen bestand, wollte Deutschland diese politischen Kontrollfunktionen verhindern. Indem sich die Politik ihrer eigenen Instrumente entledigt und bewußt in Kauf nimmt, ihre Spielräume zu beschränken, erzeugt sie Politik- und letztlich auch Demokratieverdrossenheit. Demokratie betrifft im wesentlichen politische Strukturen, durch deren permanente Einschränkung verliert aber demokratische Auswahl an Bedeutung. Die Akzeptanz der Vorherrschaft ökonomischer Interessen durch die neoliberale Politik führt zu einem gesellschaftlichen Bewußtsein, wonach Politik letztlich alternativlos geworden ist, indem sie sich den gegebenen ökonomischen Sachzwängen unterordnet.

I. Europäischer Bundesstaat oder völkerrechtliches Konstrukt?

Der Vertrag von Maastricht enthält keine konkreten Zielvorstellungen in Richtung eines europäischen Bundesstaates. Die EU ist vielmehr ein völkerrechtliches Konstrukt, das zunehmend die Montesquieu'sche Gewaltenteilung außer Kraft setzt. Entscheidungen – vielfach mit gesetzesähnlicher Wirkung – werden im EU-Ministerrat nach dem Einstimmigkeits- oder Mehrheitsprinzip getroffen, so daß die exekutiven nationalen Regierungen im EU-Ministerrat Funktionen der Legislative ausüben. Das Europäische Parlament spielt als Legislative in wirklich zentralen Entscheidungen keine Rolle, es hat keine Gesetzgebungsfunktion.

Dieses Konstrukt führt dazu, daß die nationalen Parlamente der 15 EU-Mitgliedsländer auf Entscheidungen des EU-Ministerrats entweder gar nicht oder bei Verträgen, wie denen von Maastricht und Amsterdam, nur noch ratifizierend oder ablehnend Einfluß nehmen können. Die klassischen Funktionen von Parlamenten, an Gesetzesvorhaben noch Änderungen vornehmen zu können, sind nicht mehr möglich. Die Gewaltenteilung wird teilweise außer Kraft gesetzt.

Die erste Kritik an den Verträgen von Maastricht und Amsterdam besteht also darin, daß sich Politik den herrschenden ökonomischen Interessen mehr und mehr unterordnet und gleichzeitig mit einem erheblichen Demokratieabbau verknüpft. Das hat erhebliche Folgen für die Akzeptanz der europäischen Integration bei den Bürgerinnen und Bürgern. Um Zustimmung in der Bevölkerung wird kaum anhand konkreter politischer Ziele und ihrer Ausgestaltung geworben. Vielmehr wird die herrschende EU-Politik überwiegend aus den ökonomischen Interessen heraus begründet: »Wir brauchen die EU als

Gegengewicht gegen die USA und den asiatischen Raum, wir benötigen die EU und den freien Binnenmarkt, um die Transaktionskosten der international agierenden Banken und Großkonzerne zu senken.« So oder so ähnlich lauten vielfach gebrauchte Argumente.

Das läßt sich gut am Beispiel des Euro illustrieren. Die Teilnahme an der Europäischen Währungsunion ist allein von Stabilitätskriterien wie der Gesamtverschuldung, der jährlichen Neuverschuldung, der Zins- und Preisstabilität abhängig. Nichts gegen Stabilität, aber Kriterien für eine sozialstaatliche Ausgestaltung, für ökologische Standards, für rechtliche Vergemeinschaftung oder für Beschäftigungspolitik fehlen vollständig.

II. Von Maastricht nach Amsterdam – Vertiefung von Defiziten

1. EU-Beschäftigungspolitik

Der EU-Gipfel in Amsterdam, der die Verträge von Maastricht fortschreiben sollte, fand unter veränderten politischen Konstellationen statt. In Frankreich und Großbritannien hatten Wahlen stattgefunden, bei denen die Sozialdemokraten siegten. Diesem Umstand ist es zu verdanken, daß die Regierungen angesichts von über 18 Millionen offiziell registrierten Arbeitslosen in der EU für November 1997 einen Beschäftigungsgipfel vereinbarten und in den EU-Vertrag ein sogenanntes Beschäftigungskapitel aufnahmen. Beides wurde gegen den erheblichen Widerstand der deutschen Bundesregierung durchgesetzt. Sie will die Bekämpfung der Massenarbeitslosigkeit auf die nationalen Zuständigkeiten beschränkt wissen.

Wenn die deutsche Bundesregierung vor allem das Beschäftigungskapitel im EU-Vertrag nicht verhindern konnte, so hat sie jedoch den Inhalt des Kapitels so verwässert und zahnlos gemacht, daß kaum wirksame Maßnahmen zur Bekämpfung der Massenarbeitslosigkeit zu erwarten sind. So ist nicht mehr vom Ziel der Vollbeschäftigung die Rede, sondern nur noch von einem hohen Beschäftigungsniveau; die Koordinierung der nationalen Beschäftigungspolitiken beschränkt sich auf den Informationsaustausch, nicht auf verbindlich zu erreichende Standards, so sollen EU-Maßnahmen gegen die Arbeitslosigkeit keine zusätzlichen Kosten verursachen und allenfalls einige Pilotprojekte aus den bestehenden Budgets gefördert werden. Deshalb konnte Bundesfinanzminister Waigel befriedigt feststellen: »Es gibt keine neuen Kompetenzen für die EU, und mit dem Rest können wir leben.«

Es ist absehbar, daß sich diese Blockadepolitik gegenüber den dringend erforderlichen Maßnahmen gegen Massenarbeitslosigkeit auf dem Beschäftigungsgipfel im November fortsetzen wird. Leider lehnen SPD und Bündnisgrüne staatlich geförderte Beschäftigungsprogramme auf EU-Ebene ebenfalls ab.

2. Die Reform der EU-Institutionen

Die eigentliche Hauptaufgabe der Revision des Maastrichter Vertrages in Amsterdam, die Reform der EU-Institutionen und die Demokratisierung europäischer Entscheidungen wurde nicht ausreichend erfüllt. Die Mitspracherechte des Europäischen Parlaments wurden zwar um 23 Punkte erweitert, jedoch erhält in den entscheidenden Fragen das Europäische Parlament nur Anhörungsrechte, kaum Mitentscheidungskompetenz, geschweige denn Entscheidungskompetenz.

Das vorrangige Recht jedes demokratisch gewählten und legitimierten Parlaments, endgültig über den eigenen Haushalt zu entscheiden, bleibt dem Europäischen Parlament nach wie vor verwehrt. Hinsichtlich der innen- und rechtspolitischen Entscheidungen wurde zwar das Schengener Abkommen in den EU-Vertrag integriert, das Europäische Parlament erhält jedoch auch in diesem Bereich keine Mitentscheidungsrechte. Die Neujustierung der EU-Kommission wurde auf den Tag verschoben, an dem die Aufnahme neuer, vor allem osteuropäischer Mitgliedsländer akut wird.

Die angestrebten Mehrheitsentscheidungen bezüglich einer gemeinsamen Asylpolitik scheiterten an Deutschland, das sich bei solchen Entscheidungen die alleinige nationale Zuständigkeit durch Bewahrung des Konsensprinzips vorbehalten will. Eine Pikanterie am Rande: alle 15 EU-Mitgliedsländer betrachten sich gegenseitig verbindlich als »sichere Herkunftsländer«. Das heißt, daß keine Bürgerin und kein Bürger der EU in einem anderen EU-Staat Anspruch auf Asyl hat, obgleich verschiedene Menschenrechtsorganisationen sehr wohl von Menschenrechtsverletzungen in fast allen EU-Staaten berichten.

Die gemeinsame Polizeibehörde Europol wurde mit zusätzlichen operativ-polizeilichen Befugnissen ausgestattet, die sich weitgehend parlamentarischer Kontrollfunktionen entziehen. Ein wirkliches Novum ist hinzugekommen. Durch ein Zusatzprotokoll sollen Europol-Polizisten den Schutz der Immunität genießen, weil sie bei ihren verdeckten Ermittlungen kriminell werden können sollen, wenn sie beispielsweise als Scheinaufkäufer von Drogen oder Waffen fungieren, ohne mit Strafe rechnen zu müssen. Seit der französischen Revolution ist der Immunitätsschutz ausschließlich Parlamentarierinnen und Parlamentariern vorbehalten, um oppositionelle Abgeordnete vor willkürlichen Strafmaßnahmen zu schützen. Dieser Schutz kann im Falle konkreter Verdachtsmomente gegen Abgeordnete, die einer Straftat bezichtigt werden, nur von den Parlamenten aufgehoben werden. Die Ausweitung des Immunitätsschutzes auf Europol-Beamte wird mit einer Stärkung der Flexibilität dieser Beamten bei ihren Ermittlungen begründet. Es muß jedoch dringend davor gewarnt werden, Kriminalität mit Kriminalität bekämpfen zu wollen. Die Zusicherung der Immunität für Europol-Beamte ist der erste Schritt zur Legalisierung sogenannter »milieutypischer Straftaten« für sie. Wie weit diese Straffreistellungen gehen, wo die Grenze gezogen werden soll, wann also die Immunität aufgehoben werden soll und wann nicht, ist nicht geregelt.

Auch auf einem weiteren zentralen Feld wurden keine Fortschritte in Amsterdam erzielt: Weder wurden ein Beitritt der EU zur Europäischen Menschenrechtskonvention noch eine europäische Grundrechts-Charta verabredet. Der Ministerrat verständigte sich auf eine allgemein gehaltene Klausel und einen Sanktionskatalog bei schwerwiegenden und anhaltenden Verstößen gegen die in der Klausel genannten grundlegenden Menschenrechte. Hier wurde eine weitere Chance vertan. Eine breite Diskussion über eine europäische Grundrechts-Charta, über Inhalt, Ausgestaltung und Ziele einer Europäischen Union könnte nämlich die Akzeptanz der europäischen Integration bei den Bürgerinnen und Bürgern erhöhen, weil es dabei um ihre konkreten Rechte ginge. Aber so lange sich die 15 Mitgliedsstaaten nicht auf das gemeinsame politische Ziel eines Europäischen Bundesstaates verständigen können, sondern an einem völkerrechtlichen Konstrukt festhalten, so lange werden wir wohl auch auf eine gemeinsame, institutionell verankerte Grundrechts-Charta warten müssen. Von einer europäischen Verfassung und einem für die Bürgerinnen und Bürger funktionierenden Gerichtssystem auf europäischer Ebene kann also keine Rede sein.

3. Die Gemeinsame Außen- und Sicherheitspolitik der EU

Hinsichtlich einer Gemeinsamen Außen- und Sicherheitspolitik (GASP) ist eine Vergemeinschaftung unterblieben, zentrale nationale Souveränitäten sollen eben noch lange nicht auf EU-Institutionen übertragen werden. Die GASP bleibt weiterhin den Entscheidungen der nationalen Regierungen unterworfen, eine Mitentscheidung des Europäischen Parlaments ist nicht vorgesehen; es wird lediglich »unterrichtet, gehört und gebührend berücksichtigt«. Die Europäische Kommission wird stärker in außen- und verteidigungspolitische Fragen einbezogen, darf jedoch nur Vorschläge unterbreiten, die Entscheidungen behält sich der Ministerrat vor.

Das neue Instrument der »Gemeinsamen Strategien« wurde geschaffen, eine genauere Definition fehlt jedoch. Wenn ein solche »Strategie« einstimmig angenommen wird, dann können darauf fußende »Gemeinsame Maßnahmen« mit qualifizierter Mehrheit beschlossen werden. Ausnahmen bleiben Entscheidungen mit militärischem und verteidigungspolitischem Bezug, die dennoch einstimmig gefaßt werden müssen. Die Westeuropäische Union (WEU) ist infolge des Widerstands vor allem der britischen Regierung kein institutioneller Bestandteil der EU geworden. Die Option, die WEU zum militärischen Arm der EU zu machen, bleibt aber nicht nur offen, sondern sogar wahrscheinlich. Denn die WEU wurde bereits im Maastrichter Vertrag als integraler Bestandteil der GASP bezeichnet.

Allerdings sind in Amsterdam die sogenannten Petersberger Aufgaben der WEU, benannt nach der WEU-Konferenz auf dem Bonner Petersberg vom 19.6.1992, in den EU-Vertrag aufgenommen worden. Damit ist der EU der Zugang zu operativen militärischen Kapazitäten geöffnet. Die Petersberger Aufgaben sehen u. a. neben intensiver europäischer Rüstungskooperation auch friedenschaffende Maßnahmen bis hin zu Kampfeinsätzen vor.

Der zugrundeliegende Konflikt innerhalb der EU wirkt fort. Großbritannien sieht die Funktion der WEU in einer Abteilung der NATO, unterstützt von den USA. Deutschland und Frankreich präferieren die WEU als einen eigenständigen militärischen Arm der EU, der künftig auch unabhängig von den USA seine Aufgaben wahrnehmen können soll. Hier wird deutlich, daß zwei führende europäische Staaten die militärische Dominanz der USA zwar akzeptieren müssen, sich ihr aber nicht unterordnen wollen, um gegebenenfalls auch eigene europäische Interessen militärisch durchsetzen zu können.

III. Die Osterweiterung der EU

Voraussichtlich im kommenden Frühjahr werden Beitrittsverhandlungen mit fünf osteuropäischen Ländern (Ungarn, Polen, Tschechien, Estland, Slowenien) sowie mit Zypern aufgenommen werden. Die Bedingungen für die Aufnahme neuer EU-Mitglieder beschloß der Rat der EU bereits 1993 auf dem Kopenhagener Gipfel, die Achtung der Menschenrechte und die demokratische Verfaßtheit gelten als (selbstverständliche) Voraussetzung für die Teilnahme. Der Beitritt ist aber auch an die Fähigkeit und Bereitschaft zur Übernahme des acquis communautaire, also des gemeinsamen Besitzstandes der EU, gebunden. Von den beitrittswilligen Staaten wird verlangt, ihre gesellschaftlichen Strukturen, ihre Rechtssysteme, die marktwirtschaftlichen Funktionen und ihre Politik an die EU anzupassen. Daraus folgt, daß der Beitrittsprozeß, seine Bedingungen und sein Zeitablauf von der EU bestimmt werden.

Die beitrittswilligen Länder in Osteuropa drängen in die EU. Sie versprechen sich davon vor allem Vorteile beim Warenaustausch, den Wegfall von Anti-Dumping-Maßnahmen, die Verringerung der Transaktionskosten im Handel, den Export überschüssiger Arbeitskräfte. Und sie hoffen auf eine höhere Attraktivität für Direktinvestitionen und die Partizipation an den EU-Struktur- und Regionalfonds. Diesen Hoffnungen stehen allerdings hohe Hürden und Gefahren gegenüber. Die bestehenden wirtschaftlichen Ungleichgewichte erforderten nämlich erhebliche finanzielle Transfers von West- nach Osteuropa in der Art des EU-Strukturfonds für die Mittelmeeranrainerstaaten (Spanien, Portugal, Griechenland). Über die Neu- und Umverteilung dieser Ressourcen ist nicht entschieden worden, da sie ein erhebliches Konfliktpotential in sich bergen.

Eine Gefahr ergibt sich aus dem »brain drain«, der Abwanderung vor allem qualifizierter Arbeitskräfte aus Osteuropa in das relativ reichere Westeuropa, das letztlich von diesem »brain drain« durch die Einsparung von Ausbildungskosten profitieren würde. Umgekehrt wirkt sich die Abwanderung gerade qualifizierter Arbeitskräfte negativ auf die wirtschaftliche Entwicklung dieser Länder aus.

Stattdessen wäre ein Weg zur Osterweiterung zu beschreiten, der die betreffenden Staaten intensiv in den Integrationsprozeß durch mehr Mitspracherechte einbezieht, ihnen also zunächst einen Status der »konsultativen Mitgliedschaft« einräumt. Wirtschaftliche Kooperation unter den Beitrittskandidaten müßte ebenso intensiviert werden wie eine Öffnung der Märkte der EU für Produkte dieser Länder.

Der Beitrittsprozeß müßte von einem langfristig angelegten, solidarischen Aufbauprogramm der EU flankiert werden, um vor allem beschäftigungspolitische und soziale »Roßkuren« zu vermeiden, die unweigerlich drohen, wenn die Anpassung an die EU-Standards allein dem Markt überlassen bleibt. Wenn die osteuropäischen Beitrittskandidaten als »Peripherie« und Niedriglohnabteilungen mit sehr viel niedrigeren sozialen und ökologischen Standards betrachtet werden, dann wird die Erweiterung nicht funktionieren, die Akzeptanz der europäischen Integration in diesen Ländern eher senken und zugleich auf die Standards Westeuropas drücken.

Völlig unklar bleibt hinsichtlich der Erweiterung der EU die Austarierung der politischen Kräftekonstellationen in der EU-Kommission und anderen EU-Institutionen. Hier spielen die Debatten um Vertiefung und/oder Erweiterung der Integration, die Konflikte um ein »Kerneuropa«, wie es im sogenannten Schäuble/Lamers-Papier vom Dezember 1994 definiert wurde, ein Rolle.

IV. Euro – so nicht!

Im Zentrum der gegenwärtigen Auseinandersetzungen um die europäische Entwicklung steht das Projekt der Währungsunion und der gemeinsamen Währung, des Euro. Er wird sowohl wirtschaftlich als auch politisch begründet. Banken und Konzerne verweisen auf niedrigere Transaktionskosten und den Wegfall von Hemmnissen in dem riesigen Binnenmarkt, von dem vor allem sie profitieren. Ein gemeinsamer Euro würde nämlich die Wechselkursschwankungen innerhalb der EU ausschließen und der EU-Währung gegenüber dem US-Dollar verringern. Die EU-Länder treiben nur noch rund 10 Prozent ihres Handels mit Ländern außerhalb der Euro-Zone in Fremdwährungen.

Politisch soll die Währungsunion als Motor der Politischen Union fungieren, nachdem die Parallelität von Politischer Union und Wirtschafts- und Währungsunion aufgegeben wurde.

Das ist ein klarer Beleg für Nichtpolitik, für Verzicht auf politische Gestaltung und Korrektur wirtschaftlicher Prozesse. Man gibt die Arbeit an der demokratischen, politischen, juristischen Ausgestaltung des europäischen Integrationsprozesses auf und überläßt diesen Prozeß der Ökonomie und ihren Institutionen, allen voran der Europäischen Zentralbank, um hinterher den Verzicht auf Gestaltung, den man selbst herbeigeführt hat, zu beklagen.

Die PDS lehnt die geplante Währungsunion mit dem Slogan »Euro – so nicht!« ab. Mit dem »so nicht« soll deutlich werden, daß Linke und demokratische Sozialisten den Euro nicht aus rechtspopulistischen und nationalistischen Gründen ablehnen, wohl aber den beschlossenen Prozeß, seine Bedingungen, seine institutionelle Ausformung und seine zugrunde liegende neoliberale Philosphie. Das muß näher begründet werden.

Genau genommen handelt es sich bei der geplanten Währungsunion um einen Etikettenschwindel, denn eine wirkliche Währungsunion bedeutet in der Konsequenz die Aufhebung aller bestehenden nationalen Geldformen. Insofern handelte es sich bei der deutsch-deutschen Währungsunion um eine echte Union, da die eine Währung mitsamt ihren Institutionen und Regeln zugunsten der westdeutschen D-Mark verschwand. Zu dieser Aufhebung haben sich die EU-Mitgliedsländer jedoch nicht entschließen können, sondern sich im Kern auf ein System fester, nicht mehr korrigierbarer »unwiderruflicher« Wechselkurse verständigt. In der Geschichte des Kapitalismus gibt es kein Beispiel dafür, daß ein festes Wechselkurssystem auf Dauer Bestand gehabt hätte. Das gilt für das Bretton-Woods-System mit dem US-Dollar als Leitwährung, das Anfang der siebziger Jahre zerbrach, und für das Europäische Währungssystem (EWS), aus dem vor fünf Jahren einige Länder vorübergehend ausstiegen. Gegenüber Drittwährungen wie dem US-Dollar oder dem Yen sind weiterhin schwankende Wechselkurse vorgesehen, deren Wechselkursverhältnis nicht von der Europäischen Zentralbank (EZB), sondern vom Ministerrat fixiert werden.

Die gesamte Konstruktion basiert darauf, daß die Besitzer von Geldvermögen das Europäische Zentralbankgeld, den Euro, allgemein akzeptieren und nicht mehr veranlaßt werden können, Wechselkurs- und Währungsveränderungen vorzunehmen. Denn die nationalen Währungen bleiben vorerst noch bestehen und sollen untereinander zu dem immer gleichen Wechselkursverhältnis tauschbar sein. Daraus ergibt sich erst die Bedeutung der Konvergenzkriterien für die angestrebte »Stabilitätsgemeinschaft«.

Mit der Währungsunion verlieren die betreffenden Länder ihr souveränes Recht, die Auf- oder Abwertungen ihrer Währungen als Puffer zum Ausgleich von Ungleichgewichten in den Zahlungsbilanzen zu nutzen. Wenn ein Schwachwährungsland durch eine gezielte

Abwertung die eigenen Exporte erhöhen, Importe erschweren möchte, dann hat es diese Möglichkeit in Zukunft nicht mehr.

Wenn dieses Instrumentarium nicht mehr zur Verfügung steht, hat ein Land im Prinzip zwei Alternativen. Die eine bestünde darin, durch Transferzahlungen der Hartwährungsländer über entsprechende EU-Fonds für eine Kompensation dieser Ungleichgewichte zu sorgen. Dieser Weg ist ausdrücklich nicht vorgesehen.

Die zweite Alternative ist das Angebot an internationale Konzerne, wegen geringer ökologischer Standards, niedriger Löhne und Steuern und niedriger rechtlicher Standards für Bürgerinnen und Bürger bei ihnen zu investieren. Und genau das passiert bei den massiven Anpassungsleistungen der meisten EU-Staaten an die vorgegebenen Stabilitätskriterien. Die Gewinner in diesem Wettbewerb werden die Banken und Großunternehmen sein, die Verlierer die schwächeren Volkswirtschaften und Regionen, der binnenmarktorientierte Mittelstand und das Gros der abhängig Beschäftigten. Zu welchen sozialen Verwerfungen es führt, wenn eine schwächere Volkswirtschaft ohne Anpassungsphase eine Währungsunion mit einer starken Volkswirtschaft bildet, haben wir bei der deutschen Vereinigung erlebt.

Nur am Rande sei angemerkt, daß in 12 der 15 EU-Länder ein zentrales Konvergenz-Kriterium permanent verfehlt wird. Mit Ausnahme von Belgien, Irland und Schweden nimmt die öffentliche Gesamtverschuldung in den übrigen EU-Mitgliedsländern stetig zu. Statt sich der 60%-Marke der öffentlichen Gesamtschulden in Relation zum Bruttoinlandprodukt anzunähern, stiegen sie von 71,3% (1995) auf 73,5% (1996) an. Der Zwang zur Haushaltskonsolidierung verschärft nicht nur das Anwachsen von öffentlicher Armut und privatem Reichtum, sondern führt zum sogenannten »Sparparadoxon«: Haushaltskonsolidierung bringt bei mäßiger Konjunktur binnenwirtschaftliche Nachfrageausfälle hervor. Damit sinken die Steuereinnahmen permanent, wie die lange Liste der Nachtragshaushalte bei uns belegt, und die öffentliche Verschuldung steigt, weil die Steuerausfälle nicht unmittelbar durch Ausgabensenkung in gleicher Höhe ausgeglichen werden können. Geringere Binnennachfrage, meist vergebliche Haushaltskonsolidierungen und tendenziell höhere Staatsverschuldungen verstärken sich, so daß auch die staatlichen Zinsaufwendungen für die Schulden beständig steigen.

Auf diesem Gebiet hat weniger Konvergenz als vielmehr Divergenz in der EU stattgefunden. Da nicht sein kann, was nicht sein darf, liegt es nahe, daß der künftige Teilnehmerkreis des Euro-Clubs nach politischen Erwägungen und Interessen entschieden wird. Entscheidend ist das Versagen der Politik, die funktionsfähige Voraussetzungen für eine Währungsunion nicht geschaffen hat. Was die Politik versäumt hat, das soll der Markt richten. Die Voraussetzung nämlich, die unterschiedlichen Steuersysteme, die sozialen Standards, die ökologischen Standards, die Löhne und die rechtlichen Parameter in den EU-Staaten einander wenigstens in einer Weise anzugleichen, wie dies in den USA der Fall ist oder in Deutschland nach der Einheit der Fall war.

Nirgendwo ist in den Verträgen von einer solchen Verpflichtung zur Angleichung die Rede. Erst kürzlich hat der deutsche Finanzminister vor den europäischen Steuerparadiesen gewarnt und eine Beseitigung dieser Steuerschlupflöcher durch Angleichung der Unternehmenssteuern gefordert, aber eben erst, nachdem das Kind bereits in den Brunnen gefallen war. Wenn eine Angleichung der genannten Standards durch politische Regulierung nicht vorgesehen ist, dann werden wir zwar eine gemeinsame Währung haben, uns aber auch einen Wettbewerb um die niedrigsten sozialen, ökologischen und rechtlichen Standards, die niedrigsten Löhne und Steuern einhandeln.

Das wissen die neoliberalen Akteure nicht nur, sondern sie wollen es auch. Bundeswirtschaftsminister Rexrodt will den »Lohnwettbewerb« und somit die bestehenden Diskrepanzen in der EU eher vertiefen. Die Gefahren eines Dumpings in allen Bereichen – bei den Löhnen, den sozialen und ökologischen Standards, dem Recht, wenn es um die schnellsten Genehmigungsverfahren für industrielle Projekt geht usw. – werden sich verstärken.

Das neoliberale Konstrukt der Währungsunion basiert auf dem Wunsch, die Dominanz von Kapitalinteressen durchzusetzen, den Markt regulieren zu lassen und argumentiert mit Alternativlosigkeit. Das stellt auch die Linke vor ein erhebliches Problem. Wenn der Markt erst einmal die wirtschaftliche und soziale Angleichung nach unten drückt, dann läßt sich den »Sachzwängen des Marktes« kaum etwas entgegensetzen. Was soll ein Linker einem mittelständischen Unternehmer in Deutschland entgegnen, der sich darüber beklagt, daß sein Konkurrent aus Portugal sein Produkt zu wesentlich geringeren Preisen (und Kosten) anbieten kann? Das deutsche Unternehmen wird keine zusätzlichen Arbeitsplätze schaffen können, sondern im Gegenteil die Konkurrenznachteile durch weitere Rationalisierungen und Entlassungen auszugleichen versuchen. Veränderungen in Portugal werden schwieriger und langwieriger.

Die Gefahren nehmen zu, daß Politik und politisches Handeln zunehmend unmöglich werden. Die Dominanz der Ökonomie über die Politik ist jedoch kein Naturgesetz, sondern Resultat bewußter politischer Entscheidungen, politischer Instrumentarien. 1985 hat die Bundesregierung die letzten Eingriffsmöglichkeiten zur Regulierung des internationalen Kapitalverkehrs abgeschafft – und heute nutzt sie den Mangel an Einfluß- und Kontrollbefugnissen, um zu erklären, daß jede und jeder sich den Bedingungen und Folgen dieses Kapitalverkehrs unterzurodnen habe, es keine Alternative gebe.

Zur Kritik an der PDS-Euro-Kritik

Es gibt drei politische Einwände gegen die Euro-Kritik der PDS. Von Kohl bis Trittin wird die Einführung des Euro zu einer Frage von Krieg oder Frieden hochstilisiert. Außerdem wird behauptet, entweder komme der Euro 1999 oder er komme überhaupt nicht. Daß eine Währungsunion nichts mit der Frage von Krieg oder Frieden zu tun hat, ist spätestens nach dem Auseinanderfallen Jugoslawiens und dem dortigen Krieg deutlich geworden. Die damalige einheitliche Währung, der Dinar, hat nicht verhindern können, daß sich der jugoslawische Nationalstaat auch aufgrund wirtschaftlicher Unterschiede und divergierender wirtschaftlicher Interessen, aufgelöst hat.

Der zweite Einwand ist ebenso falsch. Wenn es eine notwendige Entwicklung zur europäischen Währungsunion gibt, dann setzt sich der Prozeß auch nach 1999 fort, würde also bei einer Verschiebung nicht gestoppt werden.

Der dritte Einwand gipfelt in dem Vorwurf, die PDS schüre den Nationalismus und stehe mit den Haiders und Gauweilers auf einer Stufe. Die PDS lehnt den Euro nicht aus nationalistischen Gründen, sondern wegen seiner neoliberalen Konstruktion ab. Sie befürwortet die Einführung des Euro unter der Voraussetzung, daß eine Angleichung der sozialen, ökologischen, steuerlichen und rechtlichen Standards politisch umgesetzt wird. Hingegen besteht die Gefahr genau umgekehrt darin, daß die hohen Erwartungen, die mit der Einführung des Euro geweckt werden, in politische Enttäuschung münden können. Was ist, wenn die sozialstaatlichen Kompromisse immer weiter aufgekündigt, die Massenarbeitslosigkeit und sozialen Verwerfungen sich verschärfen werden? Dann kann es zu einer Situation kommen, in der rechtspopulistische Demagogen dafür den Euro verantwortlich machen und ein Zurück zur D-Mark, zum Franc oder zum österreichischen Schilling einfordern. Wenn sich die Situation für viele Bürgerinnen und Bürger in der EU also eher verschlechtert, dann kann der klassische Nationalstaat als die bessere Alternative gegenüber der europäischen Integration verklärt werden. Die neoliberal geprägte Währungsunion könnte so erst recht die beschworenen Gefahren auslösen und nicht umgekehrt.

V. Europa politisch gestalten!

Die europäische Linke kann sich nicht auf eine bloße Ablehnung von Maastricht und Amsterdam beschränken, um politisch glaubwürdig zu sein. Sie muß deutlich machen, daß sie für die europäische Integration unter Einbeziehung jener Staaten ist, die diese wollen. Aber diese EU braucht ein politisches Ziel, eine Vision. Und sie bedarf vor allem der bewußten politischen Gestaltung.

Diese EU benötigt dringend eine Demokratisierung und Transparenz von Entscheidungsprozessen – angefangen bei der Stärkung der Rechte des Europäischen Parlaments bis hin zur Mitsprache der Regionen im gemeinsamen Binnenmarkt, bei den gemeinsamen

Grundlagen, den Menschenrechten und den demokratischen Bürgerrechten.

Diese EU benötigt nicht nur wirtschaftliche Stabilität, sondern eine aktive, koordinierte Bekämpfung der Massenarbeitslosigkeit. Die Struktur- und Regionalfonds sind auszubauen, um die bestehenden wirtschaftlichen Unterschiede auszugleichen. Das gilt insbesondere für die beitrittswilligen osteuropäischen Staaten. Die EU muß sich auf gemeinsame und verbindliche soziale Standards verständigen und ähnliche Löhne für gleiche Arbeit (unter Berücksichtigung der Preisstruktur) anstreben, um die bestehenden Unterschiede auf möglichst hohem Niveau anzugleichen. Sie braucht annähernd gleiche rechtliche Bedingungen und Steuersysteme, damit soziale und wirtschaftliche Segmentierungen verhindert werden. Und sie müßte ihre Beziehungen zur sogenannten Dritten Welt nicht durch die Abschottung vor Migration, wie im Schengener Abkommen vereinbart, gestalten, sondern ihren großen Binnenmarkt für diese Länder öffnen, das Agrar-Dumping gegenüber diesen Ländern unterbinden und die wirtschaftlichen Entwicklungen dort aktiv fördern, also den Eurozentrismus überwinden.

Zweifellos liegen in Europa große Chancen. Sie zu sehen und für sie zu kämpfen, das wäre die Aufgabe für eine europäische Linke. Das ist der Kampf für eine europäische Verfassung, für europäische Grundrechte, für hohe soziale, demokratische, ökologische und juristische Standards.

5.

INTERVIEWT

NEUES DENKEN BRAUCHT DAS LAND

»Forum« I/95

Herr Gysi, die PDS hat die deutsche Parteienlandschaft wie selten geeint. Endlich gibt es wieder ein gemeinsames politisches Feindbild, nämlich Sie. Wie erklären Sie sich diese Wirkung?

Nun, die zwei großen Volksparteien und die FDP wollen gerne unter sich bleiben. Erst waren es die Grünen, die das eingespielte Parteiensystem störten, und so sprang man zunächst auch mit ihnen um. Inzwischen sind die Grünen anerkannt.

Jetzt ist es die PDS, die stört. Einmal, weil sie eine linke oppositionelle Partei ist, die am konsequentesten gegen die Militarisierung der deutschen Außenpolitik, gegen die Zerstörung des Sozialstaates, gegen Deregulierung und Privatisierung opponiert. Und besonders ärgert es die anderen, daß ausgerechnet die PDS von der einstigen DDR übriggeblieben ist. Sie hat sich im Verlaufe ihrer Erneuerung und ihres Bruchs mit poststalinistischen Positionen und Strukturen der SED zur Vertreterin spezifischer ostdeutscher Interessen, als Sprachrohr gegen die vielfältigen sozialen, wirtschaftlichen, kulturellen und sozialpsychologischen Benachteiligungen Ostdeutscher in den neuen Ländern etablieren können.

In seinem Buch »Risiko Deutschland« erklärte Joschka Fischer den Wegfall der großen linken Utopie und führte aus, daß die kommunistische Linke historisch abgetreten sei, sich entweder sozialdemokratisiert oder in den politischen Okkultismus verschwindet. Welchen Weg wird die PDS gehen?

Der Staatssozialismus und die mit ihr verbundene kommunistische Linke sind in der Tat »abgetreten« und zu Recht gescheitert. Aber es hat immer auch demokratische Kommunisten und Sozialisten gegeben, die an der linken Utopie jenseits des Realsozialismus festhielten. Die Einsicht, daß die kapitaldominierten Herrschaftsverhältnisse nicht imstande sein werden, weder die nationalen, noch die global sozialen und ökologischen Fragen des Überlebens der Menschheit zu lösen, führt zwangsläufig zur Suche nach der Gestaltung einer sozial gerechteren ökologischen, demokratischeren und emanzipatorischeren Gesellschaft. Diese Suche muß nicht zwangsläufig im Sektierertum oder in einer »Sozialdemokratisierung« enden, sondern kann zu einem Projekt führen, das die Fragen des ökologischen Umbaus mit den sozialen Fragen, der Gleichstellung der Frauen, der Demokratisierung von Staat und Gesellschaft verknüpft. Ob der PDS das gelingt, sich dauerhaft links von SPD und Grünen zu etablieren und ein gesellschaftliches Reformprogramm anzustoßen, bleibt abzuwarten.

Sie bemängelten vor zweieinhalb Jahren in einem Gespräch mit Heiner Müller, daß zu wenig im ganzheitlichen Sinne gedacht wird. Sie sagten: »Wir brauchen eine Philosophie und eine Religion, die das Leben des Menschen als Teil der Natur darstellt.« Wird das in Ihrer Partei auch so gesehen?

In fast allen großen Religionen und Philosophien finden sich Anforderungen, daß sich der Mensch die Natur zum Untertan machen soll. Solange wir nicht innerlich akzeptiert haben, nur ein Teil dieser Natur zu sein, werden wir auch keinen Zugang zur Lösung der gewaltigen ökologischen Herausforderungen finden. Ich weiß, daß die Genossinnen und Genossen der »Ökologischen Plattform« sich diese Auffassungen längst zu eigen gemacht haben, ich kann selbstverständlich nicht für die gesamte PDS sprechen. Auf der programmatischen Ebene hat sich diese Erkenntnis jedoch weitgehend durchgesetzt.

(gekürzt)

AUFKLÄRUNG DER NICHT-AUFGEKLÄRTEN

»First«, April 1995

Herr Dr. Gysi, wie beurteilen Sie die historische Rolle der Linken im Umgang mit Lesben und Schwulen?

Hinter der Diskriminierung von Lesben und Schwulen steht letztlich eine tendenziell immer noch vorhandene Abneigung von »fremder« Kultur. So wie z.B. ein fremder Glaube, eine fremde Religion, ein fremdes Ritual zunächst immer auf Ablehnung stoßen, gilt dies auch für eine andere sexuelle Orientierung. Es ist zwar nie logisch gewesen, da ja das gesamte Sexualverhalten von Menschen über Jahrhunderte durch Konkurrenz geprägt war. Das heißt, Männer, die besonders leicht dazu neigen, ablehnend und aggressiv zu reagieren, hätten ja eigentlich die Vorstellung entwickeln können, daß mit einer anderen sexuellen Orientierung potentielle Konkurrenten ausgeschaltet wären. Aber das war nie ihre Vorstellung. Die, die besonders aggressiv und intolerant reagierten, verlangten praktisch die Angleichung an ihre eigene sexuelle Orientierung. Das ist in meinen Augen eine letztlich nicht rational nachvollziehbare Entwicklung gewesen.

Wobei religiöse Gründe sicherlich nicht sekundären Charakter hatten.

... natürlich spielt die Tradition in den verschiedenen Religionen eine wichtige Rolle. Die Religionen haben sich zwar in unterschiedlichen Zeiten unterschiedlich bewegt, aber die Grundhaltung war überall gleich. Mit dieser Haltung zur Homosexualität hat sich vieles in dem Bewußtsein von Menschen gesetzt.

Die Linke, wenn ich jetzt einmal über den Rahmen der DDR hinausgehen darf, hatte immer den Wunsch, Mehrheiten zu erreichen. Sie verstand sich immer als Bewegung – und das gilt für die Sozialdemokraten und in gleichem Maße für den Kommunismus – für eine breite Mehrheit in der Bevölkerung da zu sein und in entsprechender Weise ihre Interessen zu vertreten. Aufgrund der ideologischen Momente erfolgte die Orientierung auf die Arbeiterklasse – wogegen gar nichts zu sagen ist – aber damit war verbunden, daß sie keine herausragende Rolle in Sachen Erziehung der eigenen Anhängerschaft zur Toleranz gegenüber Andersfühlenden einnahm. Die Linke hat sich früher in Kulturfragen, in Fragen der Sexualerziehung, in Fragen des Schutzes von Minderheiten, nicht selten schwer getan. Sie ist aber im Gegensatz zur politischen Rechten nie als Aufhetzer gegen sexuelle Minderheiten aufgetreten, aber sie war auch keineswegs die Vorkämpferin für eine Integration oder Gleichstellung lesbischer Bürgerinnen und schwuler Bürger.

Wobei es beispielsweise mit dem Sozialdemokraten August Bebel schon relativ früh einen Fürsprecher lesbischer und schwuler Lebensweisen gegeben hatte ...

Ja, denn es gab in der Linken auch immer den Ansatz der humanistischen Aufklärung und die Tendenz eines wirklichen Liberalismus. Und ein wirklicher Liberalismus ist etwas, was sehr zu begrüßen ist. Der heutige Begriff des Sozialismus ist auch so zu interpretieren, daß er ein Höchstmaß an Liberalität im positiven Sinne einbeziehen muß. Soweit die Linke diese humanistische, diese aufklärerische, diese liberale Position verinnerlicht hatte, vor allem durch bekannte Persönlichkeiten, war sie auch Vorkämpferin schwul-lesbischer Interessen. Aber es war etwas, was von der humanistisch-aufklärerischen Bewegung in die Linke hineingetragen wurde. Es war nicht ursprünglich in der Linken verwurzelt. Da waren andere Prozesse erforderlich.

Nun zur DDR speziell: Die SED war in erster Linie eine kleinbürgerliche Partei und insofern hat sie natürlich auch in beachtlichem Umfang Positionen des Kleinbürgertums aufgenommen und zum Ausdruck gebracht. Es hat sehr lange gedauert, bis sich eine andere Art, ein anderes Verständnis, eine andere Toleranz in bezug auf Lesben und Schwule durchgesetzt hatte. Das Schlimmste war sicherlich, daß es keine öffentliche Diskussion darüber gegeben hat. Man wünschte sie auch gar nicht. Als 1968 der Paragraph 151 StGB entschärft wurde – wie wenige Jahre später in der Bundesrepublik auch – erklärte die damalige DDR-Justizministerin Benjamin noch vor der Volkskammer, daß homosexuelle Handlungen zwischen Erwachsenen von nun an zwar nicht mehr strafrechtlich verfolgt werden würden, diese aber immer noch unmoralisch seien. Die Rechtsprechung in der DDR wehrte sich ab einem bestimmten Zeitpunkt dagegen, daß homosexuelle Handlungen zwischen Jugendlichen und Erwachsenen strafrechtlich relevant sein sollten. Es gab dann ein Gerichtsurteil auf höchster Ebene, das einen Freispruch für einen 25jährigen aussprach, der sexuellen Kontakt zu einem 16jährigen hatte. Und das war dann das Signal. Später wurde der Paragraph 151 StGB schließlich einkassiert und fortan waren heterosexuelle und homosexuelle Sexualkontakte im Strafrecht gleichgestellt.

Die Aufrechterhaltung der Paragraphen 175 StGB-Bundesrepublik und des Paragraphen 151 StGB-DDR war ein großes Anliegen rechtskonservativer Kreise, um so weiterhin Repressalien auf Schwule ausüben zu können ...

... und vor allem den ideologischen Hintergrund für Diskriminierung aufrechtzuerhalten, selbst wenn Polizei, Staatsanwaltschaft und Bevölkerung mehr und mehr Abstand nehmen. Dieser Paragraph war Ausdruck des Wunsches, patriarchale Strukturen aufrechtzuerhalten, eine Scheinmoral durchzusetzen und sich über Menschen mit anderen sexuellen Neigungen zu erheben. Da reicht es ihnen schon, daß so etwas im Gesetzestext deklariert ist. Und die Deklarierung im Strafgesetzbuch hatte beispielsweise verheerende Wirkungen auf die Rehabilitierung homosexueller Menschen nach Ende des Dritten Reiches. Homosexuelle wurden wie Berufsverbrecher nicht rehabilitiert, denn es blieb strafbar. Erst später gab es Diskussionen darüber. Schlimm war in der DDR beispielsweise, daß Kränze abgeschnitten wurden, die von Schwulenverbänden in den Konzentrationslagern niedergelegt wurden. Interessant war, daß gerade Lesben anfingen, sich gegen diese alltäglichen Repressalien zu wehren. Es waren auch lesbische

SED-Mitglieder, die zu mir in die Sprechstunde kamen. Es kam eines Tages eine Delegation zu mir, sowohl lesbische Frauen als auch schwule Männer. Das Bemerkenswerte daran war, daß es zwar doppelt so viele Männer waren, aber die wenigen Frauen, die dabei waren, verhielten sich doppelt so mutig *(er schmunzelt, die Red.)*. Sie waren es vorher, die mit ihren Anliegen zur SED-Bezirksleitung nach Berlin gegangen sind. Und dort passierte etwas Irrsinniges. Die Genossen waren mit dieser Fragestellung überfordert und sagten, dies sei Sache der Kirche, wendet euch an die *(er lacht, die Red.)*. Wie sie darauf gekommen sind, ist mir bis heute schleierhaft. Wahrscheinlich erklärte man das aus der Not heraus. Ich wurde dann später von der Evangelischen Kirche in Berlin-Mitte zu einer Diskussion eingeladen, irgendwo in einem Hinterhof. Dort waren Lesben und Schwule versammelt, die Rechtsfragen an mich stellten. Der Saal war restlos überfüllt. Ich habe in meinem ganzen Leben noch nie so viel Beifall für eine Rede bekommen wie an diesem Abend. Insgesamt muß man sagen, daß die DDR im Vergleich zur BRD diesbezüglich ihre positiven Seiten hatte, aber zweifelsohne auch ihre negativen. Es war ein sehr langwieriger Prozeß. Zum Schluß gab es dann auch Literatur dazu, es gab Mitte der 80er Jahre sogar einen Beitrag im »Neuen Deutschland«, für DDR-Verhältnisse eine kleine Sensation *(er lacht, die Red.)*. In den Schulen wurden dann auch solche Fragen angesprochen, also enttabuisiert.

Haben wir Sie jetzt richtig verstanden? Hat sich die SED noch vor der Wende zur offenen lesben- und schwulenpolitischen Partei gemausert?

Nein, aber: sie hat sich stillschweigend – so wie sie es immer gemacht hat, wenn sie sich korrigierte – korrigiert *(er schmunzelt, die Red.)*. Ich würde jetzt nicht zu viel Ruhm auf ihr Blatt schreiben. Aber es gab in der DDR immer mehr aufgeklärte Leute, die gesagt haben: So geht's einfach nicht mehr weiter. Und diese Tendenz hat sich positiv auf die PDS ausgewirkt, insofern daß wir wenig Mühe hatten, lesben- und schwulenfreundliche Positionen in unserem Programm festzuschreiben.

Das hat die Bewegung auch mit Wohlwollen zur Kenntnis genommen. Dennoch ist das Verhältnis vieler, vor allem westdeutscher Lesben und Schwulen ambivalent zur PDS. Trotz ihrer progressiven Programmatik und Ihren offen schwulen beziehungsweise lesbischen Kandidaten scheint Ihnen der Durchbruch in Westdeutschland aufgrund der scheinbar unüberwindbaren SED-Hypothek weiterhin verwehrt zu bleiben. Die Tatsache, daß 45 Prozent der Parteimitglieder bereits im Rentenalter sind, macht Sie bei Jugendlichen nicht unbedingt interessanter. Muß die PDS auf immer und ewig mit dieser Hypothek leben?

Glauben Sie nicht, daß es immer die Alten sind, die einer schwul-lesbischen Gleichstellung im Wege stehen. Eher ist meine Generation der eigentliche Problemkreis in der Gesellschaft. Klar, daß es auch bei den Älteren intolerante Sturköpfe gibt. Es gibt gerade in der Linken viele Menschen, die entsetzliche Erfahrungen mit Intoleranz, Ausgrenzung und Faschismus gemacht haben. Und die sind oft offener für diese Problematik als Menschen, die das so nicht erlebt haben. Meine Generation ist durch eine kleinbürgerliche Erziehungsstruktur geprägt, so daß hier Vorbehalte stärker vorhanden sind. Bei den ganz jungen Menschen habe ich den Eindruck, daß sich dieser Trend glücklicherweise nicht fortsetzen wird.

Ihre Partei ist sich nicht ganz einig, wenn es um die Forderung nach Öffnung der Ehe für Lesben und Schwule geht. Teile Ihrer Partei fordern dies, Teile lehnen die Institution der Ehe ganz ab und verlangen die Entprivilegierung. Was will die PDS denn nun?

Diese ganze Diskussion um die Institution der Ehe ist in der Tat innerhalb der PDS noch nicht ausgestanden. Wenn Sie unseren Verfassungsentwurf lesen, so sehen Sie unsere Forderung, alle Formen des Zusammenlebens völlig gleichberechtigt zu behandeln, das heißt, auch die Ehe nicht zu privilegieren. Der Verfassungsentwurf müßte dann in der Einzelgesetzgebung umgesetzt werden, das heißt: im Mietrecht, im Strafrecht, im Erbrecht, im Steuerrecht, im Wohngeldrecht, im Adoptionsrecht etc. Solange es die Ehe gibt, sollte man denjenigen, die den Zugang wünschen, diesen nicht verwehren. Selbst wenn ich für mich in Anspruch nehmen würde, nicht zu heiraten, obwohl ich heterosexuell veranlagt bin, dann billige ich doch anderen Heterosexuellen zu, von diesem Institut Gebrauch zu machen, wenn sie denn wollen. Und da frage ich mich bei den Kritikern der Institution Ehe – solange sie das Institut nicht abschaffen können – warum sie in dieser Phase den gleichgeschlechtlichen Paaren die Heirat verwehren wollen. Was hindert mich denn daran zu sagen: ich bin dafür, daß auch Lesben und Schwule heiraten können, und gleichzeitig kämpfe ich für die Entprivilegierung der Ehe gegenüber anderen Lebensgemeinschaften. Wir müssen nachdenken, warum zu bestimmten Handlungen nur Eheleute befugt sind. Und wenn Sie die verschiedenen Gesetze einmal durchgehen, so werden Sie feststellen, daß es dafür lediglich eine ideologische Barriere gibt. Man will Menschen in eine bestimmte Institution hineinzwingen.

Erlauben Sie uns die polemische Frage: Gregor Gysi befürwortet die Ehe für Lesben und Schwule, um sie dann wieder abzuschaffen?

Ich bin für die Entprivilegierung, nicht für die Abschaffung der Ehe. Und wenn ich heute eher die Heiratserlaubnis für Lesben und Schwule als die Entprivilegierung der Ehe erreiche, dann darf ich doch die Frage nach dem »Zwischenschritt« in den Raum stellen. Um so die Gesellschaft ein wenig durcheinander zu wirbeln, um sie an die Akzeptanz anderer Lebensgemeinschaften zu gewöhnen und darüber hinaus leichter die Frage stellen zu können, welche Privilegien im Zusammenhang mit der Ehe noch gerechtfertigt sind.

Bei Ihrem Bemühen, neue schwul-lesbische Wählerschaften in West-Deutschland zu gewinnen, dürfte es nicht leicht werden. FDP und vor allem die Bündnisgrünen haben sich hier schon fest etabliert. Wie rosig sehen Sie denn die Chancen einer rosa PDS-Wählerschaft im Westen?

Das ist eigentlich nicht die Frage. Ich will endlich, daß es eine Tolerierung in der Gesellschaft für diese Beziehungen gibt. Das sollte zwischen den Parteien kein Streitpunkt mehr sein. Dann gehe ich davon aus, daß uns Lesben und Schwule wählen, weil wir eine vernünftige linke Politik machen. Und nicht so sehr, weil wir uns für ihre Rechte einsetzen. Das wäre dann historisch überholt. Bis dahin gilt: da die FDP eine reine Wirtschaftspartei ist, wird sie sich von diesem Komplex immer weiter entfernen. Dafür wird sie sich am wenigsten einsetzen. Das ist eines der wesentlichen Probleme unserer politischen Landschaft, daß wir eine wirklich liberale Partei nicht mehr haben. Eine Partei, die es mit einer gesellschaftlichen Mehrheit aufnimmt und ausbricht. Nur diese Rolle könnte die FDP spielen, sie hat es auch vor Jahren partiell getan. Nur, diese Rolle hat sie aufgegeben. Und die Grünen bewegen sich ganz allmählich in Richtung Mehrheitspartei und dann wird es für sie auf diesem Gebiet immer schwieriger. Und ich weiß nicht, ob die PDS die Kraft hat, das zu ersetzen.

Warum ist es Ihrer Auffassung nach mit der rechtsstaatlichen Komponente bei der FDP zur Zeit so schlecht bestellt?

Sie hat sich zu sehr auf eine bestimmte Unternehmerschicht konzentriert. Diese Leute haben jetzt das Sagen in der Partei. Und diese Gruppe hat in Sachen Lesben- und Schwulenpolitik kleinbürgerliches Gedankengut und zeigt sich entsprechend reserviert. Gesiegt hat in der FDP die Lambsdorff-Front, die sich in all diesen Fragen sehr distanziert präsentiert.

Unionspolitiker verweigern weiterhin rechtliche Verbesserung für Lesben und Schwule. Zum einen verweist man auf den fehlenden Fortpflanzungsgedanken, zum anderen auf Widerstände in der Bevölkerung. Wie bekommen wir denn nach Ansicht von Gregor Gysi in der Bevölkerung eine Mehrheit für schwul-lesbische Reformvorhaben? Skeptiker sehen darin mittel- bis langfristig ein hoffnungsloses Unterfangen ...

... na, sie müssen zunächst einmal anfangen. Es beginnt im Aufklärungsunterricht in der Schule bei den Jugendlichen, setzt sich damit fort, daß die politischen Parteien, die Gewerkschaften, die Verbände in dieser Frage ganz anders herausgefordert werden müssen. Übrigens auch durch Ihre Zeitung »FIRST« und durch Ihre Verbände. Sie machen ja da mit Ihren politischen Interviews einen Anfang. Sie müssen die Politiker und Funktionäre immer wieder zu diesem Thema stellen, Sie müssen die Leute festlegen. Wenn die Politiker versuchen, vor einem anderen Publikum anders zu reagieren, müssen sie mit Zitaten konfrontiert werden können und ...

Also, Heiner Geißler und Rita Süssmuth bei einer politischen Veranstaltung in einem bayerischen Dorf auf die Lesben- und Schwulenpolitik ansprechen ...

... genau. Die beiden z.B. müssen darauf angesprochen werden können und sie müssen auch zitierfähig angesprochen werden können. Das heißt, sie müssen unter den Druck kommen, ihre Positionen, die sie liberal bei Ihnen vertreten, dort durchzustehen. Dafür muß dann gesorgt werden, d.h. es muß jemanden im bayerischen Dorf geben, der mit Ihnen sympathisiert und der dann entsprechende Fragen formuliert. Hingehen muß er oder sie allerdings auch. Man muß diese Provokation, so nenne ich es einmal, genau dort starten. Aufklärerischer Geist setzt sich nur durch, wenn er den Mut hat, nicht nur bei Aufgeklärten aufzutreten, sondern auch – und gerade – bei Nicht-Aufgeklärten. Das ist sehr viel schwieriger. Es ist aber die eigentliche Herausforderung. Und natürlich müssen rechtliche Schritte gegangen werden, weil das auch Bewußtseinsveränderungen zur Folge hat, das heißt, einen Beitrag zum Abbau der Diskriminierungen in den Köpfen der Menschen zu leisten. Dazu würde auch gehören, daß Menschen, die durchaus populär sind in der Bevölkerung, offener damit umgehen. Diese Menschen, die im Vordergrund der Gesellschaft stehen und die wissen, daß es nach wie vor Diskriminierungen gibt und die auch wissen, daß es nach wie vor Fehleinschätzungen in der Bevölkerung gibt, haben schon die Aufgabe, ihre Popularität zu nutzen, um so schrittweise die Diskriminierungen abzubauen. Und gerade da tun mir einige Personen zu wenig, die eigentlich wesentlich mehr tun könnten.

Aus welchem Lager?

Aus allen. Solche Personen haben eine bestimmte Verpflichtung, der sie ungenügend nachkommen. Auch Medien können helfen: Sendungen über schwule Väter z.B. können etwas im Bewußtsein der Bevölkerung verändern. Medien, Kunst und Film können hier eine Menge tun. Übrigens auch Aufklärung über spezifische Leistungen. Lassen Sie mich ein Beispiel nennen. Es gibt sicherlich Hunderttausende von Freunden des Balletts oder auch der Mode. Man müßte den Menschen einmal historisch verdeutlichen, wo diese Gebiete stünden, wenn nicht gerade Schwule dort wirkliche Fortschritte gebracht und als Ideenspender Unglaubliches geleistet hätten. Man muß versuchen, den gesellschaftlichen Gewinn darzustellen. Wir müssen damit aufhören, diesen ganzen Komplex nur als Frage einer humanistischen Einstellung oder als Frage der Toleranz zu betrachten. Man muß vielmehr den Menschen beweisen, daß heute der gesellschaftliche Stand ein ganz anderer wäre, hätte es diese Menschen mit ihrer Kreativität in Politik, Geschichte, Kunst und Film nicht gegeben. Wir müssen die Menschen wegbringen von ihrer Auffassung, daß es eine ungeheure Leistung sei, Lesben und Schwulen gegenüber tolerant zu sein. So ist es ja heute noch. Allerdings sehe ich auch ein Problem, denn zur notwendigen Akzeptanz anderer sexueller Orientierungen sollte es eigentlich nicht notwendig sein, auf Leistungen solcher Menschen hinzuweisen. Da sie aber vorhanden sind, sollte damit auch offensiver umgegangen werden. Ein Antidiskriminierungsgesetz könnte uns da zusätzlich helfen. So etwas verändert auch Bewußtsein ...

... gerade hier sagt die Union, dafür bestünde keine gesellschaftliche Mehrheit. Auch große Teile der Sozialdemokraten bekommen noch heute Bauchschmerzen bei diesem Gesetzesvorschlag ...

... das ist ja das, was ich damit meine, wenn ich sage, wir brauchen eine liberale Partei, die die großen Volksparteien nach vorne treibt, weil diese nicht wollen bzw. wollen, sich aber nicht trauen. Damit habe ich den Unterschied zwischen CDU und SPD beschrieben. Heraus kommt aber dasselbe. Insofern sind in der politischen Landschaft liberale Vorkämpfer zwingend notwendig, da sie die großen Volksparteien in die Enge treiben können, bis diese nicht mehr anders können, weil sie sonst antiaufklärerisch werden. Eigentlich hat eine Volkspartei nicht einer Mehrheit nach dem Munde zu reden, sondern für Dinge zu streiten, die als richtig erkannt wurden.

(gekürzt – Interview: Schmidt)

ANWALT IN DER DDR

»Frankfurter Rundschau«, 29. Juli 1995

Herr Gysi, wir lesen Ihnen ein Zitat von Gerhard Zwerenz vor. Zu den Bürgerrechlern, die Sie als »Stasi-Spitzel« angreifen, hat er unter Bezug auf Ihre »jüdisch-kommunistische Familie« gesagt: »Hitlers Kinder rächen sich an Hitlers Opfern.« Dann hat er gedroht: »Wir werden die Umtriebe protokollieren für die nächste Wende.« Müssen Sie sich nicht langsam gegen Ihre Verteidiger verteidigen?

Zwerenz ist Manns genug, sich selbst hinsichtlich seiner Erklärung auseinanderzusetzen. Das muß ich nicht übernehmen. Ich weiß, daß Literaten dazu neigen, überspitzt zu formulieren. Das ist nicht mein Stil und wird auch nicht mein Stil werden. Ihm angesichts seiner Biographie diktatorische Methoden zu unterstellen, ist allerdings absurd.

Ohne Zweifel gibt es Leute, die Sie mit den Stasi-Vorwürfen politisch bekämpfen wollen – andererseits wird die PDS ihrem Anspruch, eine offene Diskussion in Sachen Stasi zu führen, nicht gerecht.

Ich finde, daß die PDS mehr zur Aufarbeitung der Geschichte leistet als andere. Von uns kommen wesentlich differenziertere Betrachtungsweisen. Im übrigen macht die Gesamtsituation in dieser Gesellschaft, die Dominanz moralischer und politischer Kriterien aus der alten Bundesrepublik, es für Bürgerinnen und Bürger der DDR ganz schwer, mit ihrer Geschichte umzugehen: weil sie nicht zu Unrecht davon ausgehen, gar nicht verstanden zu werden. Man hat sich schon am 3. Oktober 1990 im Westen entschieden, nur den eigenen Wertkodex zuzulassen. Das verunsichert viele im Osten.

Wenn Sie in Ihrem eigenen Fall zurückschauen: Tut es Ihnen heute leid, daß Sie sich von Anfang an auf das pure Bestreiten der inoffiziellen Stasi-Zusammenarbeit beschränkt haben, statt Ihre Rolle im System DDR offensiv zu vertreten?

Ich finde nicht, daß ich das nicht gemacht habe. Es gab mehrere Vorträge, wo ich darüber gesprochen habe. Ich habe über die Rolle der Rechtsanwälte und auch über meine eigene Rolle gesprochen, zum Beispiel vor der Vereinigung der Juristen. Nur: Das Thema war so sehr nicht gefragt. Sie vergessen, daß die Medien sich auf eine Frage konzentriert haben. Wer hat sich denn dafür interessiert bei Stolpe, was er sonst noch alles gemacht hat. Es ging immer um die eine Frage: Hat er nun 'nen Orden gekriegt oder nicht, von wem und an welchem Tag. Es ist zumindest ein wechselseitiger Prozeß, wo die einen immer nur nach dem einen fragen und die anderen nur zu dieser einen Frage Stellung nehmen, wie sie das Gefühl haben, daß für andere Umstände kein Interesse besteht. Ich habe zum Beispiel von Anfang an versucht, wenigstens darzustellen, welche Kontakte ich zur Partei meines Erachtens haben mußte oder zur Generalstaatsanwaltschaft. Vieles war in der DDR nicht juristisch zu erledigen, wie man das normalerweise vom Anwaltsberuf kennt, sondern konnte nur politisch geklärt werden oder gar nicht.

Die Medien haben's immer gerne ein bißchen schwarz und weiß, obwohl es auch Grautöne gibt. Wir möchten das an ein paar Fragen

durchexerzieren, die Sie bitte nur mit Ja oder Nein beantworten. Erste Frage: Waren Sie IM?

Nein.

Zweite Frage: Gibt es irgendeine Verbindung von Ihnen zu den Namen »Sputnik«, »Gregor« und »Notar«?

Wenn, dann entzog es sich meiner Kenntnis. Denn weder habe ich gewußt, daß gegen mich eine operative Personenkontrolle der Stasi lief, noch habe ich gewußt, daß es vorher einen IM-Vorlauf gab. Das wurde Ihnen nicht schriftlich mitgeteilt vom Ministerium für Staatssicherheit.

Sie hätten mit Ja oder Nein antworten sollen ...

Das kann ich aber in diesem Falle nicht, weil ich den Unterlagen zum Beispiel entnehmen muß, daß die Staatssicherheit ohne mein Wissen tatsächlich einen IM-Vorlauf mit einem vorläufigen Decknamen zu mir angelegt hatte.

Gewinnen Sie jetzt anhand der Akten die Überzeugung, daß Sie zumindest in Teilen mit den Decknamen identisch sind?

Ich bin zumindest sicher, daß das, was meine Person oder mein berufliches Umfeld betraf, durch diese Decknamen mit abgedeckt wurde.

Das ist ja schon zweierlei, die Person und das Umfeld ...

Ja, weil es komplizierter ist ...

Ihre These ist: Hinter den Decknamen verbirgt sich eine Materialsammlung ...

Nein, das ist nicht meine These. Ich habe doch die Unterlagen der

Staatssicherheit nicht angefertigt, ich arbeite auch nicht in der Gauck-Behörde. Und jetzt werde ich immer wie jemand behandelt, der in der Lage sein müßte, jede Unterlage des untergegangenen Geheimdienstes der DDR erklären zu können. Das kann ich nicht. Deshalb habe ich nie eine Theorie aufgestellt, auch nicht die Materialsammlungs-Theorie. Wenn, dann war das eine Theorie des ehemaligen Stasi-Offiziers Lohr und ich habe versucht, anhand der Unterlagen zu überprüfen, ob das stimmen kann oder nicht ...

Das heißt, Sie schließen jetzt, nach den vielen Belegen, die die Gauck-Behörde zusammengebracht hat, nicht aus, daß ...

Welche vielen Belege meinen Sie denn jetzt?

Die 409 Seiten Akten, die den Anhang zu dem Gutachten an den Immunitätsausschuß des Bundestages bilden.

409 Seiten. Wissen Sie, wie viele davon die Quellenbezeichnung »Notar« oder »Gregor« tragen? 13. Bei 409 Blatt. Die Gauck-Behörde hat eine Fülle von Unterlagen übersandt, die zum Teil gar nichts mit mir zu tun haben können oder so weit entfernt etwas mit mir zu tun haben, daß sie zumindest für die Fragen, die Sie jetzt stellen, keine Relevanz besitzen. Es gibt übrigens keinen einzigen Bericht, mit der Quellenbezeichnung »Sputnik«. Die Aussage der Gauck-Behörde, die aus der operativen Personenkontrolle gegen mich mit Abhöraktionen, Brieföffnungen und IM-Berichten versucht, eine Inoffizielle Mitarbeit herauszulesen, ist völlig willkürlich. Auf einem einzigen Blatt Papier unter 409 kommt einmal die Bezeichnung »IM Sputnik« vor und schon bei der Konkretisierung nicht mehr, so daß in der ersten, nicht öffentlichen Fassung des Gauck-Gutachtens gesagt wurde: Den hat es nie gegeben, und es ist eigentlich unerklärlich, wie die Bezeichnung auf dieses eine Blatt kommt. Bei »Gregor« und »Notar« ist es noch etwas anderes, aber »Sputnik« ist nun wirklich idiotisch, denn »Sputnik« war eine operative Personenkontrolle gegen mich ab 1986, und einen IM »Sputnik« hat es dort nie gegeben.

Wir geben Ihnen gerne Gelegenheit, anhand eines Beispiels zu erzählen, wie es wirklich war – aus Ihrer Sicht: Das Gauck-Gutachten zitiert einen Stasi-Bericht: Zwischen Stasi und »IM Notar« wird am 7. April 1981 vereinbart, daß »Notar« die Haltung Robert Havemanns zum nächsten SED-Parteitag und zur Lage in Polen sowie seine eventuellen Absichten zur Kontaktaufnahme mit westlichen Journalisten erkunden soll. Am 9. April verabreden Sie, Gregor Gysi, sich mit Havemann. Am 10. sprechen Sie mit ihm. Und am 11. berichtet »Notar« ziemlich genau über das auftragsgemäß verlaufene Gespräch. Wie kommen Sie hier zu der Behauptung: Gysi und »Notar« seien nicht identisch? Wie kommt der Gesprächsinhalt an die Stasi, wenn nicht von Ihnen?

Sie behandeln mich jetzt schon wieder als Geheimdienst-Organ. Normalerweise müßten Sie die Staatssicherheit fragen, wie sie an Informationen gekommen ist. Abgesehen davon, ich kann es in diesem Fall erklären: Ich wurde zur Abteilung Staat und Recht des Zentralkomitees der SED bestellt, weil die sich Sorgen machten, wie sich Havemann verhalten würde anläßlich des SED-Parteitages, insbesondere ob er versuchen würde, zu westlichen »Bruderparteien« und Journalisten Kontakt aufzunehmen. In den Jahren davor hatte es eine ganze Reihe von Maßnahmen gegen Robert Havemann gegeben, ich erinnere an den Hausarrest und anderes, um zu verhindern, daß er überhaupt wirksam wird, gerade zu solchen Anlässen und in solchen Zeiten. Durch meine Person, was auch die vier Kinder von Robert Havemann bestätigen, war es in den folgenden Jahren gelungen, eine gewisse Verbindung zwischen dem Staatsfeind Nummer eins der DDR und der Partei- und Staatsführung wieder herzustellen, wenngleich ich immer nur mit unteren Mitarbeitern des Zentralkomitees der SED sprechen konnte. Der Parteitag stand bevor und natürlich wollten sie wissen, ob Maßnahmen gegen ihn überhaupt nötig sind. Denn auf der anderen Seite fürchteten sie Ansehensverlust für die DDR. Sie wollten wissen, ob es eine gewisse Chance dafür gab, daß er sich nicht übermäßig provokativ verhält. Das habe ich dann pflichtgemäß meinem Mandanten mitgeteilt. Ich habe ihm gesagt: Die wollen von

Ihnen wissen, wie stehen Sie zu Polen, wie stehen Sie zum SED-Parteitag, haben Sie vor mit den Journalisten ...

Moment: Wer genau wollte etwas wissen?

Abteilung Staat und Recht beim SED-Zentralkomitee. Wir sind beide davon ausgegangen, daß es letztlich Honecker war oder zumindest jemand ganz in seiner Nähe, obwohl der ja nie mit mir gesprochen hat. Havemann konnte mir jetzt Dinge übermitteln, die ich denen sagen sollte, und zwar falsch oder richtig. Wenn richtig, hatte er die Chance, daß die das weitermachen, weil sie die Erfahrung gemacht hatten, ihm glauben zu können. Wenn falsch, wäre ein solcher Versuch nicht wieder gestartet worden, sondern sie hätten einfach auf Grundlage der Informationen, die sie wahrscheinlich von der Stasi hatten, ihre Entscheidungen getroffen, wie mit ihm zu verfahren ist.

Aus Havemanns Antworten war zu entnehmen, daß er interessiert war, daß ich das übermittle, und zwar mit dem Inhalt, den ich übermittelt habe. Es blieben auch Maßnahmen gegen ihn in diesem Zusammenhang aus. Das war, wenn Sie so wollen, die Vermittlung. Und daß das ZK seinerseits die Staatssicherheit informierte, war logisch. Denn wenn irgendwelche Maßnahmen gegen ihn durchgeführt worden wären, hätte sie die Staatssicherheit wohl durchgeführt.

Wir verstehen Sie richtig: Sie sind damals auch davon ausgegangen, daß die Informationen an die Stasi weitergehen, die Sie dem ZK übermitteln?

Ehrlicherweise hat mich das nicht sonderlich interessiert, und ich glaube, Havemann auch nicht – aus einem einzigen Grund: Die führende Rolle in diesem Lande spielte die Partei. Da wir nun mal beim ZK angekommen waren – wen die jetzt wie informierten, die Staatsanwaltschaft, die Staatssicherheit oder die Polizei, das war nicht unser Problem, sondern für uns war wichtig: Muß er jetzt wieder mit Hausarrest rechnen, stellen sie Kolonnen von Polizei um sein Haus auf, damit er nicht herauskommt, hindern die jeden Journalisten daran, ihn auch nur zu besuchen, oder bleibt so was alles aus? Wenn man jetzt einmal erreicht hatte, daß es im wesentlichen ausblieb, hing die Zukunft davon ab, ob er sich tatsächlich so verhielt, wie er es gesagt hatte. Das war gleichzeitig die Enge, und das macht die ganze Kompliziertheit der Situation deutlich. Sie sehen anhand dieses Beispiels, daß das natürlich mit dem Verständnis heutiger anwaltlicher Tätigkeit nichts zu tun hat.

Es war eher eine Vermittlerfunktion?

Ja. Bei Havemann bestand immer ein Konflikt: Er war überzeugter, demokratischer Kommunist. Er wollte die DDR, aber er wollte sie demokratisch sozialistisch und sie von dem ganzen undemokratischen Bürokratismus befreien. Wie weit konnte er gehen in den Angriffen auf diesen Staat, ohne ihn existentiell zu gefährden? Wie lange war seine Kritik geeignet, eine veränderte DDR mit zu erzeugen? Insofern war er ganz froh, denke ich, daß er eine Möglichkeit hatte, über mich bestimmte Signale auszusenden. Er fürchtete Maßnahmen gegen sich nicht, wenn er damit seine politische Auseinandersetzung mit dem Politbüro führen konnte.

In welchem Konflikt ist eigentlich in dieser Situation der Vermittler?

Das hängt ganz davon ab, wo er politisch steht. Mein Standpunkt war damals: Ich wollte die DDR, ich wollte auch eine sozialistische DDR, aber auch eine demokratischere, und ich war deshalb in einem Punkt in einem prinzipiellen Widerspruch mit den Offiziellen: Was nützt der DDR und was schadet ihr? Würde der DDR zum Beispiel eine politische, ideologische und theoretische Auseinandersetzung mit Rudolf Bahro nützen, auch wenn man seine Thesen nicht teilt, oder stabilisiert es sie ernsthaft, ihn einzusperren? Wird über das Einsperren – abgesehen von dem ungerechtfertigten Freiheitsverlust für den Betroffenen – nicht im Innern und im Äußeren ein Ansehensverlust der DDR provoziert, der letztlich nicht zu ihrer Stabilität beiträgt, wie diejenigen, die ihn verurteilten, dachten, sondern zu einer Destabilisierung? Das heißt: Sie konnten Kritik üben über einen positiven Bezug zur DDR. Das ist einer westdeutschen Öffentlichkeit schwer zu erklären.

Ein Beispiel: Wenn Sie Unterlagen lesen, werden Sie feststellen, daß die Staatssicherheit die Absicht hatte, ein Holzhaus auf dem Grundstück von Havemann für operative Zwecke zu nutzen. Und Sie werden feststellen, daß mein ganzes Bemühen darauf gerichtet war, dies zu verhindern. Da gab es für mich innerlich eine Interesseneinheit, denn es war im Interesse von Havemann, daß niemand in sein Holzhaus hineinkommt, und ich fand, es lang auch im Interesse der DDR, zu verhindern, daß die Staatssicherheit ein operatives Zentrum auf seinem Grundstück errichtet.

Das haben Sie aber nicht für sich behalten, sondern ...

... nein. Bei Gesprächen, zum Beispiel in der Abteilung Staat und Recht des ZK oder bei der Generalstaatsanwaltschaft mußte ich natürlich auch in deren Sinne argumentieren, sonst konnte ich bei ihnen nichts erreichen. Der Konfliktpunkt war dann immer der, den ich Ihnen eben geschildert habe. Die erklärten mir zum Beispiel, das Wichtigste sei, zu verhindern, daß Bahro noch mal einen Kassiber schreibt, und ich sagte: Das Wichtigste ist, wenn sowieso schon klar ist, daß Bahro irgendwann in den Westen geht, daß ihr ihn so korrekt behandelt, daß ihr nicht künstlich einen Feind erzeugt.

Kann es nicht auch im Interesse der DDR und der Mandanten gewesen sein, inoffiziell mit der Stasi zusammenzuarbeiten?

Kann.

Warum haben Sie es dann nicht getan?

Das war nicht meine Ebene. Dazu müssen Sie auch wieder ein bißchen die DDR kennen. Wenn Sie zum Beispiel einmal – und das begann erst bei Bahro, und zwar auch erst, nachdem er verurteilt war – Kontakte zur Abteilung Staat und Recht des ZK hatten und die sich jetzt darauf verließen, wenn ich ein gravierendes Problem habe, komme ich, und wenn sie eins haben, rufen sie mich an, dann mochten die auch keine Parallelbeziehungen. Außerdem hatte ich gegenüber SED und Staatanwaltschaft, im Unterschied zur Staatssicherheit, keine Hemmschwelle zu überwinden.

Wie erklären Sie sich, daß laut Akten das Vorgespräch zu Ihrem Besuch bei Havemann in der konspirativen Wohnung »Ellen« stattgefunden hat?

Ist mir völlig schleierhaft. Mit mir hat es bestimmt nicht stattgefunden. Ich bin auch nie in meinem Leben in einer konspirativen Wohnung gewesen. Für mich ist interessant, daß es einen Brief von Reuter gibt, der ja nun als Stasi-Offizier nicht leugnen muß, daß er in konspirativen Wohnungen gewesen ist. Aber er sagt: In dieser war er auch nie. Ich kann es mir nur so vorstellen, daß, wo auch immer, ein Gespräch in diesem Falle zwischen einem Mitarbeiter des ZK und einem der Staatssicherheit stattgefunden hat. Dann war die Staatssicherheit gezwungen, einen solchen Kontakt für die Akten zu konspirieren. Denn Sie wissen ja, daß Mitarbeiter der Partei nicht als inoffizielle Mitarbeiter gewonnen werden und auch als offizielle Quellen in Opferakten wohl nicht in Erscheinung treten durften.

Die Decknamen »Notar« und »Gregor« tauchen nicht nur in diesem Fall als Quellenbezeichnung für Informationen auf, die offenbar von Ihnen stammen.

Ein interessanter Widerspruch: Es gibt vier Berichte, in denen die Quellenbezeichnung »Gregor« eingesetzt ist. Alle liegen vor der Zeit, in der der IM-Vorlauf für mich angelegt wurde, in dem mir der vorläufige Deckname »Gregor« zugeordnet wurde. Der galt sechs Jahre lang, solange der IM-Vorlauf lief, ohne daß es je zu einer Anwerbung meiner Person kam. In diesen sechs Jahren gibt es keinen einzigen »Gregor«-Bericht, nur vorher als der Deckname mir mit Sicherheit nicht zugeordnet war. Das müßte ja zumindest jemanden, der nicht völlig voreingenommen an die Sachen herangeht, stutzig machen. Die Quellenbezeichnung »Notar« wurde verwendet, als mir dieser Deckname ebenfalls nicht zugeordnet war. Das zeigt eine Nähe der nicht registrierten Informanten zu mir und zugleich, daß ich selbst nicht der Informant der Staatssicherheit war. Dem entspricht auch, daß sich in meiner eigenen Akte kein einziger »Gregor«- oder »Notar«-Bericht befindet. Und vergessen Sie nicht, die Staatssicherheit hat den IM-Vorlauf mit der Begründung archiviert, daß ich für eine inoffizielle Zusammenarbeit ungeeignet bin, und zeitgleich mit einer handfesten Begründung eine operative Personenkontrolle gegen mich eröffnet. Alles Fälschungen von 1986? Wenn ich tatsächlich inoffiziell mit der Staatssicherheit zusammengearbeitet hätte, wäre ich davon ausgegangen, es im Interesse meiner Mandanten gemacht zu haben. Dann hätte ich mich auch so von Anfang an verteidigt, ich hätte gewußt, welche Unterlagen auf mich zukommen.

Das wäre die Stolpe-Variante gewesen ...

Wenn Sie mal nicht unterstellen, daß ich ein Vollidiot bin, dann hätte ich mich nicht derart dumm und unlogisch verhalten. Dann hätte ich 1992 gesagt: Sicherlich hatte ich mit der Staatssicherheit auch inoffizielle Kontakte und diese waren auch dringend erforderlich, anders hätte ich dies und jenes für meine Mandanten nicht erricht. Ich sage aber von Anfang an: Ich habe mit Leuten von Partei und Justiz gesprochen. Das können Sie im Grunde genauso angreifen. Aber ich sage: Nur dadurch war mir das und jenes möglich.

Im Gauck-Gutachten heißt es dazu: »Es muß Dr. Gysi klar gewesen sein, daß seine Gesprächspartner MfS-Offiziere waren.«

Das waren sie nicht. Ich kenne doch Herrn Reuter heute, also weiß ich, daß ich Herrn Reuter vor der Wende nie gesehen und nie gesprochen habe.

Und Herrn Lohr?

Herrn Lohr habe ich 1980 gesehen. Aber nur drei-, viermal. Er sagt fünfmal, wobei er sich mir als Staatsanwalt Lohse vorstellte und ab 1981 nicht mehr erschien.

Wir lesen Ihnen noch etwas aus dem Gauck-Gutachten vor: »Der IM-Kandidat ›Gregor‹ wird im Werbungsvorschlag zum Beispiel wie folgt charakterisiert: ›Im Interesse der Einhaltung der Konspiration und der politisch-operativen Notwendigkeit wurden dem Kandidaten bereits im Rahmen der Vorbereitung und Durchführung des Bahro-Prozesses die Aufgaben des MfS eingehend erläutert.'« Frage: Wann und wo?

Lesen Sie mal weiter.

»Auf Grund der beruflichen Tätigkeit und der politischen Zuverlässigkeit erkannte der Kandidat schon damals die Notwendigkeit einer inoffiziellen Zusammenarbeit und Einhaltung der Konspiration.«

Ich habe immer der Begründung zum Werbungsvorschlag widersprochen, weil sie den Tatsachen nicht entspricht. Sie vergessen natürlich schon in Ihrer Fragestellung zu erwähnen, und das Gutachten übrigens auch, daß dieser Werbungsvorschlag von den Vorgesetzen des Herrn Lohr nicht bestätigt wurde, so daß er mich nicht mehr aufsuchen durfte. Wenn ich so ein toller Kandidat gewesen wäre, und wenn ich das alles gemacht hätte, was in diesem Werbungsvorschlag gestanden hat, was sollte dann seinen Vorgesetzten daran gehindert haben, diesen Werbungsvorschlag zu bestätigen? In der ersten, nichtöffentlichen Fassung des Gauck-Gutachtens werden übrigens gleiche Zweifel an dieser Begründung geäußert. Herr Lohr selber hat erklärt, daß er in dieser Werbungsbegründung maßlos überzogen habe, weil er anders keine Chane für seinen Werbungsvorschlag gesehen hat. Er hat ihn geschrieben in der Hoffnung, er wird ihm einfach so bestätigt. Seine Vorgesetzen haben festgestellt, nichts von alldem ist belegt, und so ist die Bestätigung des Werbungsvorschlags versagt worden. Was in gewisser Weise bedauerlich ist: Wenn der Werbungsvorschlag bestätigt worden wäre, wäre es immerhin zu einer Situation gekommen, daß Lohr zu mir gekommen wäre, eine direkte Anwerbung durchgeführt hätte, und ich die Möglichkeit gehabt hätte, ja oder nein zu sagen. Lohrs Eingangstor zu mir war nicht ungeschickt versucht. Er sagte nämlich, bei der Generalstaatsanwaltschaft gebe es eine kleine Arbeitsgruppe, die sich damit befasse, ob ein Verfahren wie das abgeschlossene Verfahren gegen Bahro – das war 1980, Bahro war schon im Westen – sozusagen der DDR eher nutze als schade. Da wären für sie auch die Überlegungen des ehemaligen Verteidigers von Interesse.

Da war er in völliger Seelenverwandtschaft mit Ihnen.

Damit war ich leicht zum Gespräch zu locken, denn das ging mir runter wie Öl.

Was hätten Sie unter diesen Voraussetzungen auf einen konkreten Anwerbungsvorschlag geantwortet – Ja oder Nein?

Ich sage natürlich nein, aber ich kann es Ihnen eben nicht beweisen, das ist das Blöde daran. Ich werde Ihnen aber erklären, warum ich nein gesagt hätte: Gar nicht so sehr aus politischen Gründen, sondern weil es für mich als Anwalt nicht in Frage gekommen wäre. Ich hätte ihm gesagt, wenn ich Probleme habe, gehe ich zur Partei oder zur Staatsanwaltschaft.

Lohr und ich haben auf jeden Fall diese drei, vier Gespräche geführt, und im nachhinein denke ich, daß er ganz interessant versucht hat, mich zu beeinflussen, indem er zum Beispiel sagte: Das, was er macht, ist zwar erlaubt in der Generalstaatsanwaltschaft, das wissen auch die ersten Leute, aber andere wissen es nicht. Und deshalb solle nicht so viel darüber geredet werden. Aber die Gespräche hatten dann doch eher einen oberflächlichen Charakter, und insofern war ich auch nicht unglücklich, als er plötzlich nicht mehr erschien.

(Interview: Stephan Hebel und Axel Vornbäumen)

NACH 5 JAHREN ADIEU DDR

»Neues Deutschland«, 2. Oktober 1995

»Adieu DDR – der Zukunft zugewandt« hieß am 3. Oktober 1990 eine Botschaft. Zu optimistisch?

Ich weiß nicht, ob das etwas Optimistisches ist. Denn jede und jeder von uns hat immer eine Zukunft. Die Frage ist ja nur, wie sie daherkommt und wie wir sie gestalten. In den vergangenen fünf Jahren gab es Entwicklungen, die viele von uns durchaus auch als Zugewinn an Lebensqualität begreifen. Aber es gab wahrscheinlich noch mehr Entwicklungen, die sie zu Recht als Verlust an Lebensqualität empfinden. Also kann die Konsequenz nur darin bestehen, für eine andere Zukunft zu streiten.

Ganz selbstverständlich wurde damals von der »deutschen Einheit« geredet. Gedankenlosigkeit, ein Zugeständnis an Stimmungen oder Ausdruck von Illusionen?

Zunächst war die Einheit ein Fakt im juristischen und politischen Sinne. Das ist ja noch keine Aussage darüber, wie die Menschen sich in einer solchen Einheit fühlen und ob sie sich gegenseitig annehmen. Ich glaube, daß die Bundesregierung eine Politik gemacht hat, die den Ost-West-Konflikt künstlich geschürt und davon abgelenkt hat, daß es die eigentliche Aufgabe gewesen wäre, den Unterschied zwischen oben und unten, zwischen arm und reich zu überwinden und nicht zu schmälern.

Auf »gemischte Gefühle« wurde da verwiesen, auf »Verunsicherung« durch völlig neue Verhältnisse, in denen »Unsicherheit« herrscht, die aber auch ein »Mehr an Demokratie« mit sich brächten. Was fällt 1995 mehr ins Gewicht?

Ich würde gar nicht versuchen, das miteinander abzuwägen. Das Literaturangebot ist zum Beispiel heute viel breiter als zu DDR-Zeiten bis 1989. Bücher sind aber für nicht wenige fast unerschwinglich teuer geworden. Das heißt, während wir es damals mit ideologischen Schranken zu tun hatten, haben wir es jetzt mit sozialen Schranken zu tun. Und ich möchte mich nicht darauf einlassen zu sagen, welche Schranke die angenehmere ist. Sondern ich möchte für eine Gesellschaft streiten, in der es weder ideologische noch soziale Beschränkungen gibt.

»Helden erobern in unserem Jahrhundert nicht mehr, sie demontieren Fehlentwicklungen und Fehlkonstruktionen« wurde damals behauptet. Und: »So gesehen besteht in der Demontage der DDR auch eine Chance.« Wie sehen Sie das heute?

Die Grundaussage ist auf jeden Fall zutreffend, weil es auch heute um festgefahrene gesellschaftliche Strukturen geht. Sie führen dazu, daß vornean die Durchsetzung von Kapitalinteressen steht. Das bringt irgendwann die Konsequenz mit sich, daß wir nicht erneuerbare Ressourcen in einem Umfange verbrauchen, der die Lebensgrundlagen der Menschheit zerstört. Also wäre heute ein Held, wem es gelingt, diese Strukturen einzureißen. Und er hat vielleicht noch gar kein Konzept für das, was danach entsteht. Aber er würde uns erst mal vor großem Schaden bewahren.

Im übrigen lag und liegt zum Teil auch heute noch in der Einheit eine emanzipatorische Chance. Die Bürgerinnen und Bürger der ehemaligen DDR kommen, bei allen Nachteilen, aus einer Gesellschaft, in der das Geld schon nicht mehr die zentrale Rolle spielte. In der soziale Sicherheit für alle schon in einem beachtlichen Maße gewährleistet war. In der Massenarbeitslosigkeit ein Fremdwort war. Und diese Erfahrungen bringen wir mit in diese neue-alte kapitalistische Gesellschaft. Diese Erfahrungen gären wie Hefe. Deshalb bin ich davon überzeugt, daß wir zur Veränderung nunmehr der gesamten Bundesrepublik Deutschland auch einen emanzipatorischen Beitrag leisten können.

Ein bestimmtes Modell des Sozialismus ist gescheitert. Und so, wie es war, sicherlich letztlich auch zu Recht. genau damit ist die Chance verbunden, daß wir eines Tages doch noch einen demokratischen Sozialismus erleben. Denn der Kapitalismus, den wir heute erleben, kann nicht die letzte Antwort der Geschichte sein.

Haben Sie eine Idee, woraus in den Fragen zitiert wurde?

Ich vermute, das war eine Kolumne von mir zum 3. Oktober 1990.

So ist's. *(Interview: Claus Dümde)*

NOCH NIE FRAU GEWESEN

»Marie Claire«, Februar 1996

Wer hat Ihnen das Reden beigebracht?

Ich habe nie einen Kurs besucht oder Bücher über richtiges Reden studiert. Mir hat mal jemand seine Magisterarbeit zugeschickt, in der er meinen Redestil analysiert hat, Verben, Substantive und Satzlängen abgezählt. Habe ich bis Seite fünf gelesen und dann zurückgeschickt mit einem netten Brief.

Was stand da drin?

Daß ich die Arbeit leider nicht lesen könne, weil ich sonst das Reden verlerne. Wenn ein Tausendfüßler darüber nachdächte, wie er geht, würde er sämtliche Beine verknoten.

Warum ist der übliche Redefluß der Politiker so nichtssagend?

Weil die ständig Angst haben, sie würden mit irgendeinem Satz sofort zitiert und zur Rechenschaft gezogen werden. Deswegen sagen sie lieber gar nichts, das aber sehr ausgiebig, weil sie ja in den Medien präsent sein wollen.

Hatten Sie Probleme als alleinerziehender Vater?

Auf der einen Seite ist man privilegiert gegenüber Frauen, die ihre Kinder allein aufziehen. Denn das gilt als derart normal, daß keiner es für nötig befindet, ihnen ernsthaft Hilfe anzubieten. Ein alleinerziehender Vater ist immer noch exotisch, und jeder fragt besorgt: Wie schaffen Sie das bloß? Der Nachteil ist, daß ihr Status einfach nicht ernstgenommen wird. Ich hatte gerichtliche Verhandlungen, die weit über die Zeit hinausgingen, in der der Kindergarten geöffnet hatte. Wenn ich vorher erklärt habe, ich müsse pünktlich raus und meinen Sohn abholen, hat kein Mensch mir geglaubt, weil alle dachten, der hat schon irgendeine Freundin oder Mutter, die das erledigt.

Was bringen Frauen, was Männer nicht leisten?

Männer denken in Durchschnitten. Sie können praktisch jeden Mann durch eine Statistik überzeugen. Eine Frau nie. Wenn Sie einem Mann erklären, daß letztes Jahr eine bestimmte Sozialleistung um zweieinhalb Prozent angehoben worden sei, dann ist das für ihn eine wichtige Aussage, und die genügt ihm. Einer Frau nicht. Die sagt dann: Aber wieviel hat denn nun die alleinerziehende Mutter von drei Kindern in Hamburg wirklich mehr? Frauen gehen viel konkreter und individueller an alle Fragen ran.

Das klingt ja so, als würden Sie an den großen Unterschied glauben. Wo sind Ihrer Ansicht nach Frauen seelisch oder geistig anders gebaut als Männer?

Kann ich nicht sagen, weil ich ein Riesenproblem habe. Ich bin noch nie 'ne Frau gewesen. *(Auszüge – Interview: Eva Gesine Baur)*

SCHWÄCHE FÜR SCHWÄCHEN

»Berliner Kurier«, 2. April 1996

Herr Gysi, sind Sie der bessere Schriftsteller oder Politiker?

Zweifellos der bessere Politiker. Wenn ich schreiben könnte, dann würde ich doch nicht reden.

Was müßte passieren, daß Sie von heute auf morgen aus der Politik aussteigen?

Der Entzug meiner politischen Heimat – also wenn die PDS einen Charakter bekäme, den ich nicht mehr mittragen könnte.

Wieviel Paar rote Socken haben Sie im Schrank?

Gar keine, ich bin ja konservativ, trage immer schwarze Socken.

Erinnern Sie sich an Ihre Parteibeiträge, die Sie seit ihrem Eintritt 1967 in die SED investiert haben: Wie viele Trabis kommen da zusammen?

Puuhh ... Also monatlich habe ich zwischen 100 und 180 Mark gelöhnt. Aber ich will das jetzt wirklich nicht zusammenrechnen, sonst fange ich noch an, darunter zu leiden. Übrigens, nachdem ich PDS-Vorsitzender wurde, habe ich zahlreiche Briefe ausgetretener Genossen bekommen. Die wollten alle ihr Geld zurück und waren sogar in der Lage, mir über 30 Jahre vorzurechnen, was sie an Beiträgen gezahlt haben.

Wann wird zum ersten Mal ein PDS-Vertreter in einer Bundesregierung sitzen?

Wenn es nach mir ginge, sollten wir möglichst lange Opposition bleiben. Aber ich befürchte, daß ich das noch erleben werde.

Was würden Sie als erstes tun, wenn Sie einen Tag lang Bundeskanzler wären?

Das Kanzler-Zimmer umgestalten, unsere Soldaten aus Ex-Jugoslawien zurückbeordern und die gröbsten Sozialbeschneidungen rückgängig machen.

Welche herausragende Persönlichkeit hätten Sie gern in Ihrer Partei?

Harald Juhnke, weil der mich immer so an die PDS erinnert.

Wieso, sind Ihre Genossen auch ständig blau?

Nö, weil er einfach als Typ gut ist. Der hat so 'ne tolle Art, zu all seinen Schwächen zu stehen. Und wir haben doch 'ne Schwäche für Schwächen ...

(Interview: Alexander Bischoff)

POLITIK UND ENTERTAINMENT

»Frankfurter Allgmeine Sonntagszeitung«, 26. Mai 1996

Hat Politik für Sie etwas mit Entertainment zu tun?

Ein bißchen schon, schließlich spielen die Medien eine große Rolle. Und es kommt sehr darauf an, wie man Politik darstellt. Davon hängt auch ab, ob die Inhalte überhaupt beachtet werden.

Daß Sie Ihre Zuhörer gern unterhalten, ist unverkennbar ...

... im Unterschied zu einem nicht ganz unbeachtlichen Teil der Linken bin ich der Meinung, daß Politik ein gewisses Maß an Vergnügen und Unterhaltung nicht ausschließen sollte. Und wenn man Menschen nicht gewinnen kann, kann man auch keine Veränderungen erreichen.

Daß man Ihnen dann gelegentlich vorwirft, Sie schafften es, Ihre Zuhörer einzunebeln ...

... Moment, eines ist doch wichtig: Selbstironie, überhaupt Ironie und sich selbst in Frage zu stellen, finde ich gut. Scherze nur zu Lasten anderer zu machen, finde ich ziemlich mies. Etwa Spott über Sozialhilfeempfänger. Das werden Sie aus meinem Mund nicht hören.

Hat aber auch keiner erwartet. Und wie ist das mit dem Einnebeln? Der Vorwurf stört Sie nicht?

Natürlich stört mich das. Aber das ist doch ein Vorwurf, der letztlich irgendwie, irgendwann, irgendwo alle Politiker trifft.

Mit Blick auf die DDR-Vergangenheit erfahren Sie herbe Kritik. Was ist Ihr Hauptmotiv, trotzdem auf der öffentlichen Bühne zu agieren? Sie könnten auch sagen: Mit mir nicht.

Ich will gar nicht bestreiten, daß es Momente gibt, wo solche Gedanken hochkommen. Ich war bis '89 nicht in der Politik und hab' mir immer vorbehalten, wieder auszuscheiden. Ich will davon nicht abhängig werden und bewahre mir deshalb auch meinen Beruf weiter. Es ist ein großer Unterschied, ob ich gebeten werde zu kandidieren oder ob ich bitten muß, kandidieren zu dürfen, weil ich gar nichts anderes mehr machen kann. Und wenn man einmal dabei ist, dann gibt es auch immer neue Ziele, die zu erreichen sind. Eine Wahl gewinnen, den Sozialabbau verhindern ..., da reist man dann durch die Lande.

... *und stößt hier und da gehörig auf Ablehnung ...*

... auch, aber nicht nur.

Daß Sie immer wieder als Troublemaker auftauchen oder zumindest so gehandelt werden, tut der Lebensfreude keinen Abbruch?

Natürlich nervt mich das auch, so ist das nicht. Ich bin ja auch ein Individuum mit Gefühlen und allem Drum und Dran. Und ich bin auch lieber beliebt als unbeliebt. Es kann hart sein, wenn man auf Ablehnung stößt. Andererseits sage ich mir dann wieder, ich muß da durch. Und es gibt Leute, die spielen einen Haß vor, den sie gar nicht haben, weil sie denken, das gehört zur Politik dazu. Andere, die sehe ich durchaus, haben wirklich Ängste, wenn sie an die PDS oder an mich denken. Ich sage meinen Leuten immer, wir müssen erstmal einen Beitrag leisten, diese Ängste abzubauen, die kann man nicht einfach ignorieren. Wissen Sie, wo ich gelernt habe mit Ablehnung umzugehen?

In der DDR, nehme ich an.

Ja, gelernt habe ich das vor den Gerichten der DDR. Als ich als Anwalt anfing, war der Anwaltshaß noch sehr groß. Da stand man oft vor einer eiskalten Mauer.

Zur PDS: Wie wichtig ist Ihrer Partei eigentlich die Einheit, oder bleibt die PDS eine ewig nörgelnde Truppe aus dem Osten?

Von Nörgeln kann keine Rede sein. Natürlich ist die PDS nach wie vor regional im Osten stark, und ostdeutsche Interessen spielen eine herausragende Rolle für uns. Andererseits sage ich, die PDS hat nur eine Zukunft, wenn sie sich immer stärker bundespolitisch und europapolitisch betätigt, das heißt, wenn sie auch in den alten Bundesländern Akzeptanz findet, wenn sie dort nicht länger als fremd empfunden wird, sondern als zum politischen Spektrum dazugehörig. Das ist was ganz anderes, als gewählt zu werden. Die FDP wird auch nicht von vielen gewählt, aber deshalb gerät ja leider niemand in Panik, wenn sie mitregiert.

Das wäre bei der PDS allerdings anders.

Klar, weil da auch noch eine psychische Fremdheit ist und die Medien uns als Schreckgespenst darstellen. Aber wir machen auch Fehler. Manche Parteimitglieder igeln sich zum Beispiel ein und betrachten den Westen eher als exterritorial, wenn ich das mal etwas übertrieben formulieren darf ...

... und schimpfen auf die Einheit ...

... mehr auf deren Folgen. Natürlich sind die Probleme der Einheit etwas, das die PDS politisch besetzt hat. Aber man kann ihr nicht unterstellen, sie lebe davon. Das wäre so, als unterstelle man der SPD, sie lebe von sozialer Ungerechtigkeit. Wenn man ein Problem aufwirft, will man es ja eigentlich auch gelöst haben. Was wiederum damit verbunden ist, daß dieses Politikfeld auch erledigt wäre. Da muß man halt rechtzeitig ein neues finden, und ich denke, daß eine linke Partei so viele Fragen in dieser Bundesrepublik aufwerfen kann, daß wir nicht allein auf das Thema Einheit angewiesen wären.

Das Sparpaket der Bundesregierung wird von Ihnen in einer Weise kritisiert, daß man den Eindruck hat, da ginge es nicht um Haushaltssanierung, sondern um Klassenkampf. Nicht doch noch alte Bilder im Kopf?

Es geht nicht nur um Haushalt, ich glaube nicht an eine Haushaltskrise. Hier geht es um eine Gesellschaftskrise. Wenn der Gründungskonsens der Bundesrepublik Deutschland, die Sozialstaatlichkeit, derart in Frage gestellt wird, dann wird diese Republik verändert. Es wird nur über bestimmte Kosten geredet, und ich fürchte, das führt dazu, daß die sozial Schwachen als eine nicht mehr zu vertretende Belastung der Gesellschaft empfunden werden. Das ist eine Kulturwende, weit mehr als eine Haushaltsfrage.

Könnte es nicht sein, daß es nur um etwas Banales, nämlich etwas Verzicht geht und nicht um eine Kulturwende?

Wenn es um Verzicht geht, dann wäre es wichtig, daß dieser Verzicht vor allem jene trifft, die sich das leisten können. Im Bundestag wird aber über die Diätenerhöhung gestritten. Wenn die käme, ginge es mir um ein paar Hundert Mark besser. Andere sollen die Einbußen hinnehmen. So darf man einfach nicht Politik machen. Ich kann nur hoffen, daß die Erhöhung verschoben wird. Jedenfalls bin ich da noch optimistisch.

Trotzdem noch keine Kulturwende in Sicht. Oder meinen Sie, die Lockerung des Kündigungsschutzes bei kleinen Betrieben würde das Land auf den Kopf stellen?

Es geht nicht nur um ein paar kleine Betriebe. 80 Prozent der Unternehmen haben zehn oder weniger Mitarbeiter. Und das betrifft 30 Prozent der in Erwerbstätigkeit Beschäftigten. Das heißt, wenn dieses Gesetz durchgebracht wird, sind praktisch 30 Prozent der Beschäftigten ohne Kündigungsschutz. Das ist eine neue Qualität.

Weil damit neue Arbeitsplätze geschaffen würden?

Jetzt passen Sie mal auf, mit der Begründung können Sie natürlich alle Rechte abschaffen. Natürlich ist auch ein Strafverfahren ohne Verteidiger effektiver, der hält bloß auf und stört. Natürlich, wenn ich leichter rausschmeißen kann, kann ich auch leichter einstellen, aber dafür hatten wir mal eine große bürgerliche Revolution, um dieses Denken zu überwinden und uns daran zu gewöhnen, daß es Bürgerrechte gibt, auch solche, die ein bißchen wehtun und die das Ganze komplizieren. Dafür haben Generationen gekämpft, und davon sollte man sich nicht verabschieden, nur weil es im Augenblick eng und schwierig wird. Und dann kommt noch eins hinzu, wenn Sie dieses Faß aufmachen, was erklärt man dann dem Mittelständler, der mehr als zehn Angestellte hat? Der nächste Schritt, den Kündigungsschutz weiter zu lockern, ist doch schon programmiert.

Wo würden Sie sparen?

Bei bestimmten Großprojekten. Transrapid zum Beispiel. Der Berlin-Umzug könnte bescheidener ausfallen. Subventions- und Bürokratieabbau. Und dann müßten die Besserverdienenden etwas mehr zahlen. Wenn jemand 60.000 Mark netto oder mehr im Jahr verdient – wohlgemerkt netto, ich bin da milder als die SPD, da heißt es brutto – wer also 60.000 Mark netto im Jahr hat, das heißt 5000 Mark netto im Monat, der gehört wirklich zu den Besserverdienenden. Von dem möchte ich in dieser Zeit nicht mehr als 10 Prozent auf die Steuerschuld. Das heißt, wenn einer 10.000 Mark Steuern bezahlt, soll er dann 11.000 bezahlen.

Furchtbar, als ob die Steuer- und Abgabenlast nicht schon hoch genug wäre.

Ach, das halten wir beide aus.

(Interview: Wolfgang Wischmeyer)

FLIRT AUS NOT

Cosmopolitan, August 1996

Die »Viva«-Moderatorin und Schauspielerin Heike Makatsch durfte sich auf Einladung von »Cosmopolitan« jemand aussuchen, mit dem sie über Liebe plaudern wollte. Sie wählte Gregor Gysi. Ihr Fazit am Schluß: »Jetzt weiß ich wenigstens, daß jemand, der doppelt so alt ist wie ich, auch nicht mehr über die Liebe weiß.« Und Ihre letzte Frage an Gregor Gysi: »Ihr Sohn und ich, würden wir uns verstehen?« Gregor

Gysi: »Ich fürchte, ja.« Worüber sonst noch gesprochen wurde – ein Auszug:

Cosmo: Flirten ist erlaubt?

Makatsch: Ich habe das Flirten in den letzten Jahren ein bißchen verlernt.

Gysi: Ich weiß nicht genau, was Sie meinen mit Flirt. Ich versuche es mal mit einem Beispiel: Ich bin bei einer Podiumsdiskussion und da sitzen sechs Leute, meistens Männer, und quatschen dummes Zeug. Ich muß da eine halbe Stunde zuhören und habe das alles schon hundertfünfzigmal gehört. Plötzlich sehe ich eine Frau im Saal und nehme Blickkontakt auf. Dann beschäftige ich mich so zehn Minuten mit diesem Blickkontakt, bis ich wieder reden muß. Ist das schon Flirt?

Makatsch: Ist das schon Flirt? Das ist ja wohl die Reinform des Flirtens! Also das mache ich nicht mehr.

Gysi: Sie sitzen ja nicht in Podiumsdiskussionen. Das ist ein Flirt aus Not. Ich würde das strafmildernd für mich in Anspruch nehmen.

Makatsch: Das könnte selbst Ihre Frau verstehen?

Gysi: Will ich hoffen.

Makatsch: Ist nur traurig für die Frau, die Sie anflirten, daß das nur eine Notstandsflirterei ist.

Gysi: Die will ja auch nicht mehr.

Makatsch: So eine Selbstdarstellung und die *compliments* einfahren mag ich nicht. Wenn ich auf eine Flirterei eingehe, ist es meist so langweilig, daß ich sage: »Ich muß mal auf die Toilette« und komme nie wieder.

Gysi: So machen Sie das? Ich stelle mir gerade die Männer vor, die alle noch in irgendwelchen Kneipen sitzen, weil sie denen gesagt haben, Sie gehen mal kurz auf die Toilette.

Makatsch: Genau. Bitte melden Sie sich.

AM ENDE DER »WAHRHEIT«

»stern«, 8. August 1996

Interview anläßlich der Einstellung der von Lenin gegründeten »Prawda«

Ist die »Prawda« eingegangen, weil Sie das Abo nicht bezahlt haben?

Daran kann es nicht gelegen haben, denn die Zeitung hat ja auch die 70er und 80er Jahre als orthodoxes Linienblatt überlebt – und da habe ich schon nicht bezahlt.

Aber zu DDR-Zeiten haben Sie das Blatt gelesen?

Das war ja nicht nötig. Alles, was wichtig war, stand am nächsten Tag übersetzt im »Neuen Deutschland«.

Wie praktisch.

Und hilfreich. Bei meinen Russischkenntnissen hätte ich mir doch einiges abgebrochen.

Wie war denn Ihre Russisch-Note?

Jedenfalls so, daß ich über ihre Verjährung glücklich bin.

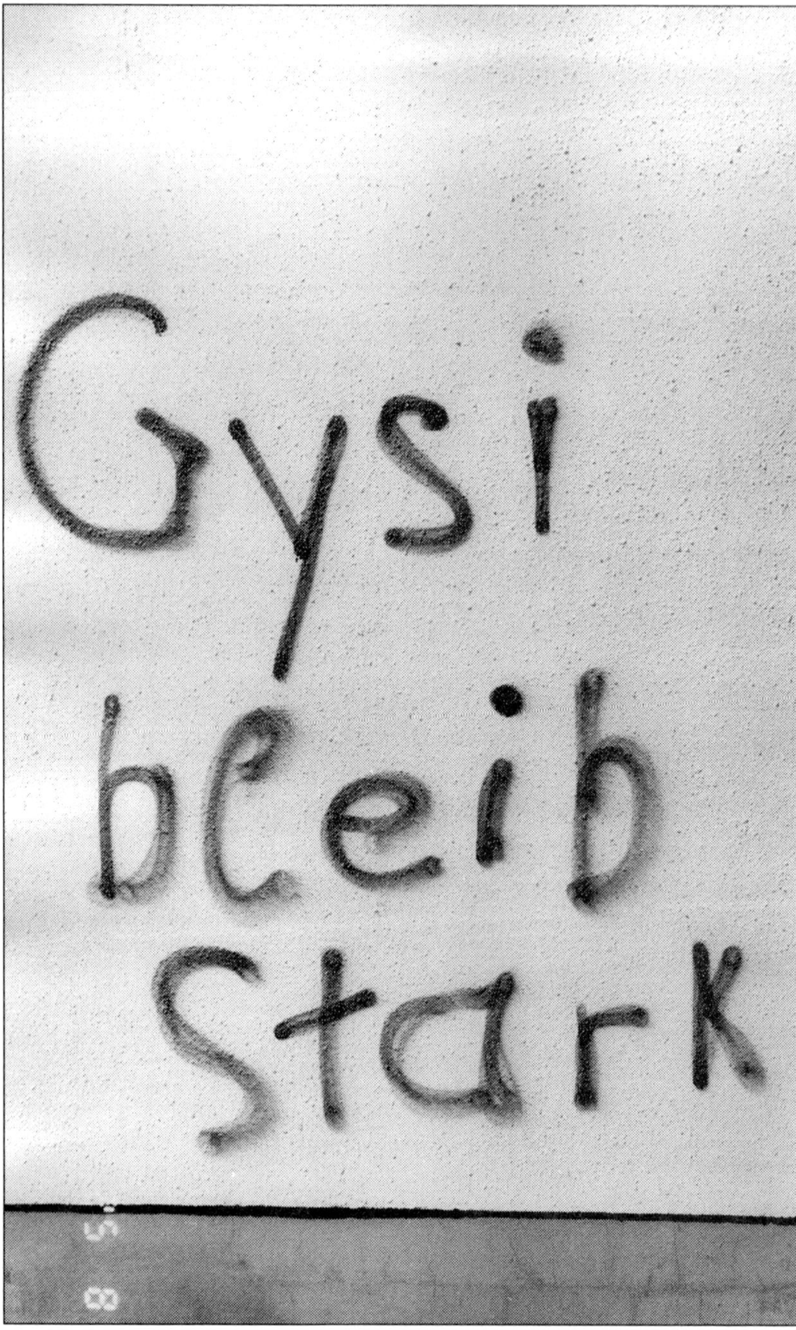
Gysi
bleib
Stark

Kam das Ende des Parteiblattes für Sie überraschend?

Nein. Es ist nur traurig, daß die ideologisch bornierte »Prawda« mehr als zwölf Millionen Leser hatte, und jetzt, wo sie endlich interessant geworden ist, stirbt sie.

Früher hieß es ja: »Von der Sowjetunion lernen heißt siegen lernen«. Hat das Verschwinden der »Prawda« Konsequenzen für das »Neue Deutschland«?

Bestimmt nicht. Der Titel »Neues Deutschland« ist ja auch nicht so vermessen wie »Die Wahrheit«.

AUF DER AUTOBAHN

»Die Zeit«, 15. November 1996

Herr Gysi, Sie sind nicht leicht zu erreichen.

Das liegt an meinen vielen Aufgaben. Ich muß ostdeutsche Interessen vertreten und mithelfen, die PDS in den alten Bundesländern aufzubauen. Ich fahre die ganze Zeit herum.

Wo sind Sie jetzt?

Ich bin auf der Autobahn. Ich werde in Dresden an einer Unicef-Veranstaltung über Kinderrechte teilnehmen.

Was haben Sie als Politiker dort zu suchen?

Ich stelle die Positionen meiner Partei vor wie andere Politiker auch.

Müssen Sie jeden Klamauk mitmachen? In der »Harald Schmidt Show« haben Sie kürzlich eine Kuh gemolken.

Man hatte mich darum gebeten, weil ich gelernter Rinderzüchter bin. Ich habe dort aber auch das Sparpaket kritisiert. Was soll ich anderes machen, wenn die PDS in Nachrichtensendungen kaum vorkommt?

Für einen Politiker sind Sie manchmal richtig komisch. Haben Sie das als Schauspieler bei der Defa geübt?

Ich habe nur einmal als Kind in einem Fernsehspiel mitgemacht. Wie man in der Öffentlichkeit auftritt, habe ich als DDR-Anwalt gelernt, denn vor Gericht mußte ich mindestens dreimal so gut argumentieren wie der Staatsanwalt. Kalte Ablehnung ist seitdem für mich nicht neu.

Sie werden geliebt und gehaßt. Einig sind sich die meisten Bundesbürger nur in einem: 72 Prozent finden Sie einer Umfrage zufolge gut gekleidet. Was haben Sie gerade an?

Ich trage einen grauen Anzug. Auf dem Etikett steht »Dormeuil«, das wird wohl eine französische Firma sein. Ich glaube, ich habe 800 Mark dafür bezahlt. Früher bin ich zu einem Schneider gegangen, jetzt kaufe ich meine Anzüge in einem Laden am Prenzlauer Berg.

Ihr schönstes Stück ist die Bert-Brecht-Brille. Haben Sie die gewählt, weil Sie damit so intelligent aussehen?

Das Modell stammt aus den Siebzigern. Ich fand schon damals, daß sie den Intellekt unterstreicht, und kaufe mir immer wieder die gleiche Fassung. Die Brille ist ein Markenzeichen geworden, ich werde kaum jemals eine andere tragen können.

Sie sind nur 1,64 Meter klein, inszenieren sich aber ganz groß. Sie haben sogar schon eine Autobiographie verfaßt.

Das waren nur autobiographische Notizen, ich habe sie auf Druck von außen geschrieben. Wegen meiner Länge habe ich bestimmt keinen Komplex

Es ist kein Wunder, wenn der Riese Helmut Kohl achtlos an Ihnen vorbeigeht.

Wenn wir mal ein gutes Wahlergebnis haben, muß er mir mit gesenktem Haupt ein Stück näherkommen.

(Interview: Jörg Burger – erschienen in der Rubrik »Helden der Popkultur«)

VEREINE MIT FAHNEN UND LIEDERN

»stern«, 24. November 1996

Wo liegt das Problem der SPD?

Die SPD muß ihre Politikfähigkeit unter Beweis stellen, im Sinne einer wirklichen Reformfähigkeit. Das genau tut sie nicht. Wir leben einerseits in einer stark politisierten Zeit und befinden uns zugleich in einer scheinbar apolitischen Situation. Es fehlen politische Ziele und Konzepte.

Was ist die historische Aufgabe der Sozialdemokraten?

Eine soziale, ökologische und libertäre Wende. Aber die SPD läßt sich mißbrauchen, um den Sozialabbau glaubwürdiger zu machen. Alle sagen: »Sozialabbau widerspricht der Tradition der SPD.« Wenn sie ihn macht, muß er ja unausweichlich sein.

Warum hat es die SPD im Osten so schwer?

Weil Kohl ein besseres Gespür für die Mentalität der Menschen hat. Er brauchte nur die Politik der SED fortzusetzen.

Wie bitte?

Ganz einfach: Die SED hatte als Hauptmentalität ausgegeben: »Ich sorge für euch.« Kohl hat im ganzen Jahr 1990 nichts anderes gesagt: »Ich mache das schon. Vertraut mir. Wählt mich, und ich sorge wieder für euch.«

Gibt es bei der SPD eine charismatische Persönlichkeit?

Sicherlich. Lafontaine, Schröder, Simonis oder Stolpe haben schon Charisma. Sie strahlen eine gewisse Souveränität aus, auch intellektuell. Aber die Souveränität von Strauß und Wehner und solchen Leuten gibt es nicht mehr.

Wo sehen Sie Gemeinsamkeiten zur SPD?

In der Kultur, der Tradition der Arbeiterbewegung. Es sind beides Vereine mit Fahnen, Symbolen und Liedern, das prägt. Inhaltlich: Beide Parteien fordern die soziale, kulturelle und ökologische Ausgleichsfunktion des Staates.

PARTIELLE VERKLÄRUNG

»die tageszeitung«, 15. Januar 1997

In der PDS nimmt die Verklärung der DDR wieder zu. Die PDS-Bundestagsgruppe faßt 1996 Beschlüsse, in denen sie feststellt, daß die DDR nicht demokratisch war. Muß die Parteispitze ihren Mitgliedern neuerdings wieder klarmachen, daß die DDR gescheitert ist?

Ich erinnere mich noch sehr gut daran, wie ich auf dem SED-Sonderparteitag im Dezember 1989 daran gedacht habe, Egon Krenz zu schützen, weil ich nicht nur verbale, sondern auch körperliche Übergriffe befürchtet hatte. Das, was Sie in Ihrer Frage unterstellen, ist nicht ganz falsch – aber es greift zu kurz. So einfach verändert sich historisches Bewußtsein nicht. 1990 konnten die meisten Ostdeutschen gar nicht schnell genug ihre DDR-Identität verlieren. In den Jahren danach war das vorherrschende Grundgefühl im Osten die Fremdbestimmung durch den Westen. Daraus resultiert, daß sie die DDR heute anders bewerten und damit auch ihr Leben in der DDR.

Aber in der PDS geht diese differenzierte Bewertung der DDR in Verklärung über.

Weil diese Entwicklung, die für den ganzen Osten steht, in einer Partei wie der PDS in besonderer Weise kulminiert. Politisch fatal ist, daß viele unserer Mitglieder sich auf einen Vergleich von DDR und BRD einlassen. Und sie glauben auch noch, das ist besonders schlau. Dabei gibt es nichts Aussichtsloseres, als nachträglich die DDR gewinnen lassen zu wollen. Wenn also einer an diesem Vergleich Interesse hat, dann ist es die CDU. Denn wenn die PDS die DDR-Partei ist, dann ist die CDU die BRD-Partei, und sie kann sich getrost auf diese Auseinandersetzung einlassen.

(Auszug – Interview: Jens König)

EINE UNZULÄSSIGE FRAGE

Extra Drei / NDR 3, 15. Mai 1997

Was werfen Ihnen Ihre Gegner vor?

Alles mögliche. Ich glaube, ich bin für sie einfach insgesamt der falsche Typ. Ich bin für sie nicht der typische Ostdeutsche, ich habe zu viel Selbstironie. Dann mögen sie nicht, wo ich herkomme. Dann kennen sie meine Biografie nicht und urteilen vorschnell darüber, weil sie sich das zusammenstricken, wie das gewesen sein müßte, weil ich anders gar nicht gewesen sein könnte, wie ich bin ...

Gut, eines haben Sie vergessen, Mediengeilheit wirft man Ihnen vor.

Das weiß ich gar nicht. Die reden da immer von »Star«, wobei ich gar nicht weiß, wodurch man ein Medienstar wird. Der Kanzler ist viel öfter in den Medien als ich, aber deshalb ist er doch noch kein Star. Also ich weiß gar nicht genau, wie so'n Titel zustandekommt. Außerdem, wenn Sie wüßten, wie viele Sendungen ich schon abgesagt habe, würden Sie diesen Vorwurf ...

Danke, ja, danke! Die Frage war nicht zulässig. Vielen Dank. Keine Komplimente an falscher Stelle.

(Auszug – Interview: Hans-Jürgen Börner)

SCHLITZOHR GYSI SCHWIMMT NICHT

ARD-Morgenmagazin, 16. Mai 1997

Wolfgang Korruhn: Ich habe ja gedacht, der Gysi, dieses alte Schlitzohr, der droht wieder mit Rücktritt, weil er wahrscheinlich wieder etwas taktisch durchdrücken will.

Gregor Gysi: Das ist falsch, ich habe nicht mit Rücktritt gedroht, ich habe gesagt, ich kandidiere nicht neu 98 – also das war mein Wunsch ...

Wolfgang Korruhn: Aber Sie operieren schon taktisch ...

Gregor Gysi: Nein, nein, das stimmt in diesem Fall nicht ...

Wolfgang Korruhn: Ich habe Sie für einen großen Taktiker gehalten ...

Gregor Gysi: Das kann ja auch sein, aber in dieser Beziehung nicht. Ich hatte wirklich einmal das Bedürfnis nach einer Pause. Warum können Sie denn nicht akzeptieren, daß es einfach menschliche Regungen gibt, selbst bei Politikern? In diesem Fall fällt alles aus, was in Richtung Schlitzohrigkeit, in Richtung Taktik undsoweiter geht.

Wolfgang Korruhn: Ach, jetzt enttäuschen Sie mich aber schwer ...

Gregor Gysi: Ich muß Sie ja auch ab und zu mal enttäuschen ...

Wolfgang Korruhn: Das finde ich furchtbar. Ich habe gedacht: der Gysi, ein Schlitzohr. Und ich muß sagen, ich hätte es sehr vermißt, wenn ich diese frechen Sprüche und das Grinsen und die runde Brille nicht mehr gesehen hätte im Bundestag.

Gregor Gysi: Na, das baut mich aber auf.

Wolfgang Korruhn: Das baut Sie auf?

Gregor Gysi: Ja.

Wolfgang Korruhn: Was hätten Sie denn vermißt, wenn ...

Gregor Gysi: Aber dann müssen Sie auch den Mut haben, uns zu wählen, sonst ist es inkonsequent.

Wolfgang Korruhn: ... na, da ist die Kamera! – Das war schön, Beginn des Wahlkampfes, was?

Gregor Gysi: Naja – entweder oder – nicht?

Wolfgang Korruhn: Sie sind selbstironisch. Können Sie einen Witz über Gysi machen?

Gregor Gysi: Könnte ich ...

Wolfgang Korruhn: Machen Sie doch mal!

Gregor Gysi: Nööö ...

Wolfgang Korruhn: Warum denn nicht?

Gregor Gysi: Weil ich dazu jetzt gar keine Lust habe. Außerdem sind die Witze über mich ja nicht gut.

Wolfgang Korruhn: Nee? Ich kenne gar keinen über Sie.

Gregor Gysi: Aaah, ich kenne welche.

Wolfgang Korruhn: Ach, erzählen Sie doch mal 'nen Gysi-Witz.

Gregor Gysi: Hmmm – warten Sie mal ...

Wolfgang Korruhn: Jetzt muß er überlegen ...

Gregor Gysi: Also – 1990 haben sie erzählt, daß ich angeblich am Müggelsee in Berlin stehe und mit Jesus spreche und sage, daß ich hier überhaupt nicht mehr weiter weiß, und er soll mir doch mal helfen, irgendein Wunder zu vollbringen. Und da sagt er: Na, ist gut, lauf' los, du wirst sehen, du kannst über den See laufen und die Leute werden staunen. Ich laufe los, laufe auch tatsächlich über den See – was sagen die Leute im Hintergrund? Kiek mal, schwimmen kann er ooch nich! *(gekürzt)*

DIE LINKE UND DER EURO

»die tageszeitung«, 26. Juli 1997

Edmund Stoiber ist gegen den Euro, Peter Gauweiler, Hans Tietmeyer – und die PDS. Macht Sie diese Anti-Euro-Front stutzig?

Natürlich. Sie erfordert, sehr genau zu argumentieren und aufzupassen, daß man nicht in ein falsches Fahrwasser gerät. Aber das gilt für die andere Seite genauso. Die Deutsche Bank, die Dresdner Bank, Daimler-Benz und Siemens sind ganz scharf auf den Euro – wenn ich wollte, könnte ich das Joschka Fischer zum Vorwurf machen.

Diese eigenartige Links-rechts-Koalition ist aber zumindest ein Beweis dafür, daß die Debatte komplizierter ist, als nur zu sagen, auf dem Altar des Euro wird der Sozialstaat geopfert.

Das ist richtig. Aus sehr unterschiedlichen Ängsten können ähnliche Positionen resultieren: Die einen hängen an ihrer Macht in Währungsfragen, die anderen am Nationalstaat. Die einen haben Angst um die Sparguthaben der kleinen Leute, die anderen vor einem Abbau von sozialen und demokratischen Rechten. Und alle sind sie am Ende gegen den Euro.

Die PDS als Retter der D-Mark?

Das ist doch Unsinn. Wir haben ja noch nicht einmal eine emotionale Bindung an die D-Mark. Also wollen wir sie auch nicht retten.

Aber Sie sagen nein zum Euro und machen sich auch schon mal Sorgen, daß der kleine Mann auf der Straße mit der D-Mark sein Erspartes verliert.

Wir sagen: »Euro – so nicht!« Das ist ein kleiner, aber wesentlicher Unterschied. Wir sind nicht prinzipiell gegen die Idee einer europäischen Währungsunion. Wir sagen nur, daß die Bedingungen der Währungsunion nicht stimmen. Im übrigen ist es falsch, die Ängste der Menschen nicht ernst zu nehmen, dazu ist das Thema viel zu sensibel.

Was haben Sie gegen den Euro?

Mein erster Einwand ist ein verfassungsrechtlicher. Mit dem Europa von Maastricht wird eine demokratische Grundstruktur aufgegeben – die Teilung der Gewalten. Wir haben keine europäische Verfassung, keine europäische Regierung und keine europäische Legislative, trotz des Europäischen Parlaments. Die wichtigen Entscheidungen fällen die nationalen Regierungen im EU-Ministerrat, und die nationalen Parlamente können darauf nicht mehr Einfluß nehmen. Sie können nur noch ratifizieren, also ja oder nein sagen. Es gibt somit eine Verschiebung von der Legislative hin zur Exekutive. Deswegen wollen wir, daß die Bürger über die Einführung des Euro selbst entscheiden können. Die PDS will einen Volksentscheid.

Also sehen Sie im Euro auch Chancen?

Kaum. Der Euro spaltet Europa. Wir kriegen jetzt das, was Schäuble schon immer wollte: ein Kerneuropa. Die Folge davon ist, daß die politischen und ökonomischen Spannungen zwischen den europäischen Staaten zunehmen, vor allem zwischen den Ländern, die nicht an der Währungsunion teilnehmen, dies aber wollen. Außerdem führt der Euro zu Sozialabbau und Lohndumping. Und schließlich wird er die Hauptausrede aller Regierungen dafür sein, daß sie sich in den und den Sachzwängen nur so und nicht anders verhalten konnten. Das macht Politik fast unmöglich. Wenn sich dieses Grundgefühl durchsetzt im Bewußtsein der Bevölkerung, dann gibt es keine Politikverdrossenheit, sondern eine Demokratieverdrossenheit. Ich garantiere Ihnen, daß wir dann Tausende von Gauweilers kriegen. Die werden einfach sagen: Als wir noch ein richtiges Deutschland waren, gab's das alles nicht. Lohndumping fördert Ausländerfeindlichkeit.

Das mögen berechtigte Kritikpunkte an Maastricht sein, aber das sind keine Argumente gegen eine europäische Integration.

Ich bin ja für eine europäische Integration – aber für einen anderen Weg dorthin als den über Maastricht. Aus Europa muß wieder ein politisches Projekt werden, an dessen Ende erst eine gemeinsame Währung steht. Die sozialen, ökologischen und juristischen Standards, die Löhne und Steuern der einzelnen Länder müssen vorher angeglichen werden, Schritt für Schritt. Den umgekehrten Weg zu gehen ist falsch. Wer meint, man müsse erst eine Währungsunion machen und alle politischen, sozialen, verfassungsrechtlichen Fragen ließen sich hinterher regeln, der macht sich Illusionen. Der Markt wird die Angleichung der unterschiedlichen Standards erzwingen – und angeglichen wird immer nach unten.

Die europäische Integration ist relativ weit fortgeschritten und gleichzeitig nicht unumstritten. Bestünde bei einer totalen Umkremplung von Maastricht nicht die Gefahr, daß man das europäische Projekt auf Jahrzehnte hinaus vergessen kann?

Der Euro als letzte Chance für Europa?

Wenn Sie so wollen.

Und was tun wir, wenn der Euro aufgrund der von mir beschriebenen Folgen in den einzelnen Ländern einen Nationalismus produziert, der nicht mehr zu stoppen ist?

Sie sehen Maastricht nur als Chiffre für die große Misere und Europa nur als Synonym für Neoliberalismus. Aber Maastricht ist nicht die Ursache des Neoliberalismus, sondern dessen Folge. Also gilt auch: Die Macht des Ökonomismus ist nur in einem vereinten Europa zu brechen.

Daran glaube ich nicht. Wir verfügen doch auf europäischer Ebene über gar keine politischen Instrumente zur Regulierung dieser Prozesse. Nehmen Sie das Beispiel Beschäftigungspolitik. Beim EU-Gipfel in Amsterdam ist ein Beschäftigungspakt verabschiedet worden, aber es wurde gleichzeitig festgelegt, daß er nichts kosten dürfe. Bei den Regierungen herrscht also in Wirklichkeit die Vorstellung vor, dieses Problem sei national zu lösen. Das ist es natürlich nicht, erst recht nicht, wenn wir den Euro haben. Aber was soll unter diesen Voraussetzungen auf europäischer Ebene passieren? Es gibt kein europäisches Instrumentarium zur Bekämpfung der Arbeitslosigkeit.

Die globalisierten Märkte interessieren sich aber nicht für die nationalen Ökonomien. Und in der Situation kommen Sie mit dem Nationalstaat?

Eben nicht. Ich sage doch, daß die nationalen Instrumentarien nicht ausreichen. Wir brauchen europäische soziale Grundrechte, eine europäische Verfassung, eine Steuerharmonisierung und einen funktionierenden europäischen Gerichtsweg – aber vor der Währungsunion. Einfach zu sagen, jetzt lasse ich den Euro erst mal kommen, und der Rest wird sich schon irgendwie zusammenschieben, das halte ich für ziemlich unverantwortlich.

(Interview: Jens König)

6.

NACHGEFRAGT

Phantasie überfordert

Zunächst war für mich allein die Tatsache, daß ich im Bundestag bin, ein Umstand, der fast schon meine Phantasie überforderte. Vor sechs Jahren hätte ich jegliche Vorstellungen in diese Richtung als völlig absurd betrachten müssen. Zwei Reden, die ich gehalten habe, waren mir besonders wichtig: Die Rede zum Golfkrieg und die Rede bei der Änderung des Artikel 16 Grundgesetz. Enttäuscht hat mich die Atmosphäre, die politische Kultur und die Tatsache, daß häufig Politikerinnen und Politiker wichtiger genommen werden als die Sache.

(auf eine Anfrage des »Bundestagsreport« zu einer persönlichen Bilanz am Ende der 12. Legislaturperiode des Bundestages, 26.9.1994)

Etwas schlechter, etwas besser

Frage: Das herausragende Ereignis 1995?

Gregor Gysi: Das wichtigste und für mich zugleich verheerendste Ereignis des Jahres 1995 war die Entscheidung des Bundestages, den internationalen Einsatz der Bundeswehr auch im Rahmen von Kampfeinsätzen zu befürworten.

Frage: Ihr wichtigstes Ziel 1996?

Gregor Gysi: Für 1996 wünsche ich mir, daß die militärische Selbstbeschränkung Deutschlands wieder zur politischen Selbstverständlichkeit wird, der Sozialabbau gestoppt und endlich energische Schritte beim Abbau der Massenarbeitslosigkeit erkennbar werden. Außerdem wünsche ich mir, daß es den Reichen und Vermögenden etwas schlechter, den Armen deutlich besser und mir gleich gut geht.

(Frankfurter Allgemeine Sonntagszeitung, 31.12.1995)

Ausblick

Die FDP ist nur noch Gegenstand prähistorischer Forschungen und in Bayern kandidiert erstmalig eine Ostdeutsche für das Amt der Ministerpräsidentin. Die Koalition aus CDU/CSU und Grünen gerät wegen ihrer Pläne zur Einführung einer Fußgängersteuer unter heftigen Druck der PDS, die bei der letzten Bundestagswahl zur stärksten Oppositionsfraktion geworden ist. Der neue Intendant der ARD, Otto Waalkes, hat angekündigt, daß er die »Tagesthemen« zukünftig selbst moderieren will, und Bayern München ringt bereits zum dritten Mal mit FV Zeulenroda um die Tabellenführung in der Zweiten Bundesliga. Ansonsten ist alles wie vorher.

(Antwortschreiben auf eine Umfrage von »Die Woche«, was in der Bundesrepublik zur Jahrtausendwende los sein wird, 20.12.1995)

Über alles nichts, über nichts alles

Warum soll man überhaupt studieren? Besonders heute?
»Man« soll und muß nicht, »man« kann, wenn »man« will. Die Frage ist nur individuell beantwortbar.

Wo Geisteskräfte sinnlos walten – welches Fach würden Sie heute wählen bzw. empfehlen und warum?
Ökologie und Recht. Wir können unsere Welt nur bewahren, wenn ökologische Notwendigkeiten und Visionen auch im Recht Verankerung finden.

... mehr, als unsere Studienweisheit sich träumen läßt: Schlagen Sie bitte ein Studienfach vor, daß es noch nicht gibt, aber geben sollte.
Vielleicht sollten eher Studienfächer auf ihre Tragfähigkeit geprüft werden, denn immer mehr wissen über alles nichts, aber über nichts alles.

Ist nur das Wissen ein sanftes Ruhekissen? Was war für Sie in Ihrer Ausbildung besonders wichtig?
Charakter, Offenheit, Ehrlichkeit, Menschlichkeit.

Welche Qualitäten sollten Studierende vor allem haben?
Den Optimismus und den Willen, einen eigenen Beitrag zu leisten, das Leben in der ganzen Welt zu erhalten und menschenwürdiger zu machen.

Welche Eigenschaften vermissen Sie an der heutigen Studentengeneration?
Oppositionelles Querdenken und –verhalten, Mut zur Zivilcourage.

Erst das Vergnügen und dann die Arbeit? Worin liegt der Hauptunterschied zwischen Studium und Beruf?
Das Studium ist die einzige Phase des menschlichen Lebens der uneingeschränkten Möglichkeit, Wissen zu akkumulieren und auf keine Vorgesetzten politisch und theoretisch Rücksicht nehmen zu müssen.

Wie könnte das Studentenleben endlich wieder ein »lustiges« werden?
Mir fällt es leider schon schwer zu verstehen, was für Studentinnen und Studenten heute »lustig« ist.

*»Im ganzen – haltet euch an Worte«. Geben Sie bitte den Studenten ein Motto mit auf den Weg.*Nichts Menschliches ist mir fremd (oder: Denken ist die erste Bürgerpflicht).

Das schließt den Bogen. Welche Frage haben Sie an die Studierenden von heute?
Nicht eine (oder: leider nicht nur eine), sondern einen ganzen Sack voll.

(Fragebogen von »Unicum«,
Studierendenzeitung Bochum, Februar 1996)

Schlagfertigkeitstest in Schwaben

Als Gast der »Friedensgruppe Ent-Rüstung« und der SchülerInnen-Arbeitsgemeinschaft »Treffpunkt Politik« in Sindelfingen ergänzte Gregor Gysi Satzteile, die ihm von zwei Jugendlichen vorgegeben wurden.

Links von der PDS – sieht es ziemlich düster aus.

An der Bundesrepublik Deutschland gefällt mir – die Generation, in der demokratische und tolerante Werte schon eine ziemlich stabile Substanz haben.

Ich bin vielen Menschen sympathisch – wahrscheinlich, weil ich ja selber sympathisch bin, das gehört doch irgendwie zusammen.

Soldaten – einer der schrecklichsten und nutzlosesten Berufe, und ich hoffe, daß ich es noch erlebe, wenn es diesen Beruf nicht mehr gibt.

An Helmut Kohl gefällt mir – die Art, wie er wegsteckt, wie er im Kabarett behandelt wird.

An Sahra Wagenknecht gefällt mir – ihre Jugend, weil sie mich hoffen läßt.

Wenn ich an die Grünen denke – naja, dann mach' ich mir auch Sorgen, wo die mal landen werden. Und ich denke, ein bißchen Druck von links kann denen auch nicht schaden.

Bei der letzten Bundestagswahl haben wir – den Stimmenanteil im Westen verdreifacht – von 0,3 auf 0,9 Prozent.

Wer wird nach der nächsten Bundestagswahl die Bundesrepublik regieren? Ich fürchte, immer noch die Deutsche Bank, Daimler Benz und andere Einrichtungen.

(zitiert nach Leonberger Kreiszeitung, 19.4.1996)

FÄHIG, MIT SEINER SEELE ZU REDEN

Gysis linke Hand wird foto-gelesen

Eine Handleserin bekam im Mai 1997 im Auftrag von »Bild am Sonntag« Fotos von den Händen verschiedener prominenter Personen vorgelegt, ohne zu wissen, wem sie gehören. Aus der linken Hand von Gregor Gysi las sie folgendes:

Diese zur Eckigkeit tendierende Handform gehört meist zu einem geradlinigen, ordnungsliebenden, fleißigen, pünktlichen Menschen. Der sehr sensibel ist – er schlägt nur ungern mit der Faust auf den Tisch, verrät die abgeflachte Daumenbeere. Besonders auffällig: Saturn- und Apollofinger neigen sich zueinander hin: Der Handeigner ist dazu geschaffen, seinen Ernst, seine Verantwortung in den Dienst von Idealen oder Ideen (Kunst, Religion, Politik, Soziales) zu stellen. Da der Apollofinger fast ähnlich lang wie der Jupiterfinger ist, sollte der Handeigner seine Fähigkeit, für andere da zu sein, sogar noch wichtiger nehmen als seine Selbstverwirklichung, um sich wohl und zufrieden zu fühlen. Der starke Venusberg weist auf eine leidenschaftliche Liebesfähigkeit hin, die weder richtet noch wertet. Der starke, breite Merkurberg bedeutet Rede- oder Schreibgewandtheit, Kommunikationstalent, der fehlende Apolloberg eher Askese als Genußsucht. Die anfängliche Verkettung von Kopf- und Lebenslinie können eine starke Kindheitsprägung sein: Entweder durch trauriges Alleinsein oder schönes Nestgefühl. Es kann auch als Zeichen für Introvertiertheit gedeutet werden. Die scharfe Kopflinie endet unter dem Apolloberg: Das scharfe Denkvermögen (verbunden mit Herzenwärme und Gefühl, verrät der Ast zur Herzlinie) dient Idealen – aber das Umsetzen in finanzielle Vorteile könnte ausbleiben. Da die Kopflinie abknickt in Richtung Mondberg, ist der Handeigner fähig, mit seiner Seele zu reden, sein Gemüt zu nutzen. Der ausgeprägte Uranusberg symbolisiert Einfälle, Gedankenblitze, plötzliche Gedankenwechsel – aber oft erst, nachdem über eine Sache gut nachgedacht wurde.

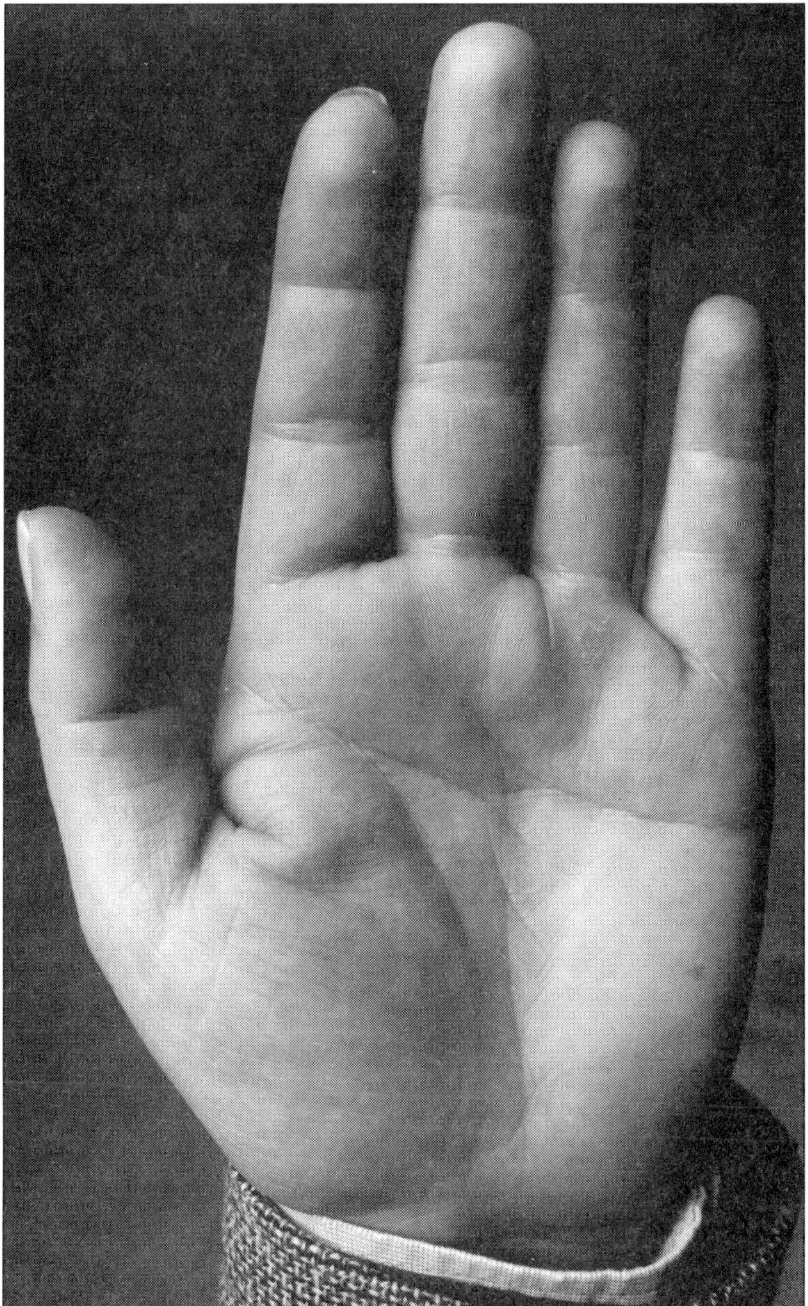

Gregor Gysi schrieb folgende Randnotiz an den ihm zugeschickten Text: Das Ergebnis verbietet jede Kommentierung und Bewertung durch mich. Auf jeden Fall werde ich in Zukunft nur noch meine linke Hand zeigen.

Topfit mit Problem

Frage: Wie wollen Sie Deutschland fit machen für den internationalen Wettbewerb?
Gregor Gysi: Angesichts eines Exportüberschusses von 100 Milliarden Mark ist Deutschland geradezu topfit für den internationalen Wettbewerb. Darin liegt eher ein Problem: Wenn einige Länder sehr hohe und noch ständig steigende Exportüberschüsse erzielen, müssen andere Länder hohe und steigende Defizite haben. Bei der heutigen Globalisierung der Märkte muß darum viel mehr über Alternativen für einen gerechten Austausch in der Welt nachgedacht werden. In der Konsequenz heißt das auch, daß die reichen Industrienationen ihre Überschüsse teilen müssen. Mit der jetzigen Regierung geht das weder innergesellschaftlich noch international.

(Stern, 25.7.1996)

Neue Moral

Frage: Geht Geschäft vor Moral?
Gregor Gysi: Offensichtlich. Und Kohl verliert das Recht zu moralischen Urteilen über Menschen, wenn er sie stets erst dann fällt, wenn sie ohne ökonomische und politische Macht sind. Moral gegen Mächtige wäre eine neue Qualität.

(Wochenpost, 31.10.1996)

Gefühltes Alter

Frühmorgens fühl' ich mich wie 60, mittags wie 40, am frühen Abend wie 20, und dann geht es im rapiden Tempo wieder auf die 60 zu. Nur Silvester ist es anders, da bin ich immer zwölf.

(stern, 23.1.1997)

Heimlich bleibt heimlich

Sind Sie Frühaufsteher oder Nachtschwärmer?
Auf jeden Fall kein Frühaufsteher.

Was war ihr schlimmster Alptraum?
Ich bitte um Verständnis, daß ich ihn durch Erzählung nicht noch einmal erleben will.

Worüber haben Sie zuletzt gelacht?
Über die ersten Gehversuche meiner Tochter.

Worüber können Sie sich schwarz ärgern?
Über mich.

Was macht Sie verlegen?
Peinliches.

Wann hätten Sie gern Gedächtnislücken?
Wenn ich über die Vernachlässigung meiner Angehörigen nachdenke.

Bei wem möchten Sie mal Mäuschen spielen?
Ich glaube, ich will das bei niemandem.

Was machen Sie nur heimlich?
Damit es heimlich bleibt, wird darauf nicht geantwortet.

Welche Schwäche anderer Menschen tolerieren Sie am ehesten?
Außer Intoleranz kann ich fast alles tolerieren.

Wer hat bei Ihnen zu Hause den Hut auf?
Weder meine Frau noch ich tragen Hüte.

Wofür würden Sie ein Vermögen ausgeben?
Um mir das zu überlegen, müßte ich erstmal eins besitzen.

Worauf können Sie am ehesten verzichten?
Ich verzichte überhaupt nicht gern.

Wofür möchten Sie endlich mal genug Zeit haben?
Für alles, was ich so treibe.

Wen würden Sie zu einer Tafelrunde nach Sanssouci einladen?
Ich könnte lauter Leute benennen, denen ich damit erheblich schaden würde. Aber ich bin ja nicht gemein.

Welche kulinarischen Genüsse schätzen Sie?
Wenn es Genüsse sind, schätze ich sie alle.

Wen oder was würden Sie auf eine einsame Insel mitnehmen?
Meine Frau, meine Kinder, die Bibel, ein Taschenmesser, eine Angel, ein Feuerzeug und ein Kopfkissen.

Welches Buch lesen Sie gerade?
Ein Buch über die Geschichte Chicagos von D'Eramo.

Wie halten Sie sich fit?
Ich bin fit, dazu muß ich mich nicht halten.

Haben Sie einen Vogel?
Zumindest keinen, der fliegt.

Was wollten Sie Ministerpräsident Stolpe schon immer mal fragen?
Was ich wissen wollte, habe ich ihn schon gefragt.

(Fragebogen der »Märkische Oderzeitung«, 16.8.1997)

Was ist heute noch links?

Das Vermögen der 137 Dollar-Milliardäre entspricht in etwa den Sozialprodukten der 45 ärmsten Staaten in dieser Welt. Spätestens hier müßten sich viele Menschen fragen, warum sie (noch) *nicht* links, *keine* Sozialistinnen oder Sozialisten sind. Weniger empirisch ausgedrückt heißt das, die soziale Frage stand und steht im Zentrum der linken Bewegung.

Während die neoliberalen Fundamentalisten die Marktkräfte beschwören und die soziale Frage auf ihre Art zuspitzen, die Konservativen die gegebenen Macht- und Herrschaftsstrukturen bewahren wollen und allenfalls bereit waren – gegenwärtig sind sie es immer weniger –, die bestehenden sozialen Widersprüche durch sozialstaatliche Kompromisse abzufedern, halten Linke demgegenüber an der grundlegenden Überwindung der kapital- und profitdominierten gesellschaftlichen Verhältnisse fest. Das geht nicht ohne Veränderung von Wirtschafts-, Eigentums- und Demokratiestrukturen.

Ausgangspunkt linken Denkens ist die freie Entfaltung des Individuums als Voraussetzung und Bedingung der Befreiung aller. Menschliche Emanzipation schließt den Kampf um die Gleichberechtigung der Geschlechter ein und erfordert ein hohes Maß an Demokratisierung und Dezentralisierung von gesellschaftlichen Entscheidungsprozessen, an gesellschaftlicher Partizipation in allen gesellschaftlichen Bereichen und Strukturen.

Die soziale Frage ist heutzutage untrennbar mit den globalen Fragen verbunden, der immer weiter auseinandertreibenden Schere von Entwicklung und Unterentwicklung, der ökologischen Krise und den wachsenden Kriegsgefahren. Sie verlangen nach Lösungen, die den nationalstaatlichen Rahmen sprengen. *(Umfrage in »konkret« 10/97)*

7.

KOMMENTIERT

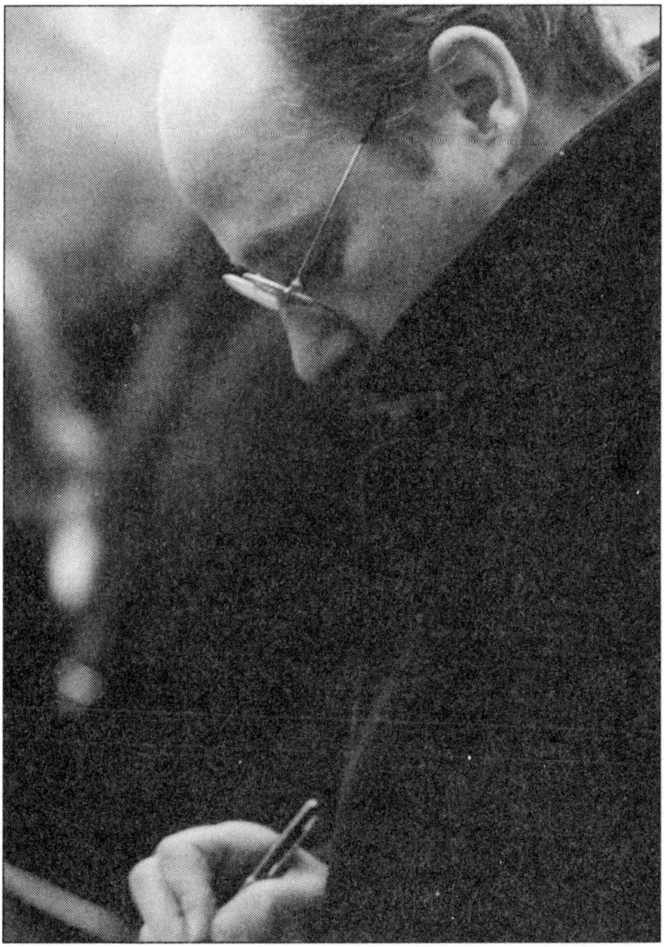

ZWISCHENRUFE IM RHEINLAND

1994 schrieb Gregor Gysi eine regelmäßige Kolumne für das Anzeigenblatt »Wochenpost«, das im Raum Köln-Düsseldorf-Wuppertal als Hauswurfsendung verteilt wird. Eine Auswahl:

Geschäft mit der Arbeitslosigkeit

Sollen Arbeitslose zukünftig zum privaten Arbeitsvermittler statt zum Arbeitsamt gehen? Die Regierungsparteien wollen das. Sie halten die Privatisierung für ein Allheilmittel gegen die wirtschaftliche Krise. Das aber ist ein Irrtum, der für die Betroffenen schlimme Folgen haben wird: Ein Privatvermittler macht nichts umsonst. Wenn die Arbeitsvermittlung zum Geschäft wird, dann muß irgendjemand das auch bezahlen. Der Staat wird es nicht tun. Er will privatisieren, um Ausgaben loszuwerden. Und die Arbeitgeber werden es auch nicht tun: Sie wollen ihre Ausgaben ebenfalls senken.

Also werden es die Betroffenen sein, die den privaten »Dienst« der Arbeitsvermittlung in Anspruch nehmen. Sei es durch Gebühren oder Lohnabzüge.

Und es kommt hinzu: Private Arbeitsvermittler werden sich vor allem um solche Arbeitslose und solche freien Stellen kümmern, mit denen ein möglichst hoher Gewinn zu machen ist. Auf der Strecke blieben diejenigen, denen es eh am schlechtesten geht.

Private Arbeitsvermittlung bekämpft keine Arbeitslosigkeit, sondern erlaubt das Geschäft mit ihr.

(Februar 1994)

Politik gegen Kultur

Das Grundgesetz schützt unser Kulturgut vor Abwanderung ins Ausland. Wovor es die Kultur nicht schützt, ist der Entzug staatlicher Mittel. Eigentlich sollte eine demokratische Verfassung das Gebot enthalten, das kulturelle Leben zu fördern und allen einen freien Zugang zu Kunst und Kultur zu sichern. Der letzte Zweck von Politik muß ein Mehr an Kultur sein.

In Ostdeutschland wurden in den vergangenen vier Jahren viele kulturelle Einrichtungen zerstört. Bibliotheken, Jugendclubs, Theater und Orchester wurden reihenweise geschlossen. Die Politik gegen die Kultur hat sich mittlerweile auch nach Westen ausgedehnt. 1992 haben Bund, Länder und Kommunen noch 1 % ihrer Haushalte für Kultur aufgewendet, 1994 werden es nur noch 0,5 % sein.

Dabei ist klar: Kulturförderung schafft Arbeitsplätze, Kulturabbau verödet das Leben. Und schwächt die Demokratie: Wer der Kultur das Geld nimmt, räumt dem Rechtsextremismus das Feld. Spielhölle statt Kino und Jugendclub – auch daran nähren sich Perspektivlosigkeit und Politikverdrossenheit.

(März 1994)

Ungeist

»Im Namen des Volkes« hat ein Mannheimer Gericht dem NPD-Vorsitzenden Deckert, der die Massenmorde an den Juden während der Nazi-Zeit leugnete, wertvolle Charaktereigenschaften zugeschrieben und Verständnis gezollt. Zwei Richter wurden, nachdem es in der demokratischen Öffentlichkeit große Empörung darüber gab, versetzt – wegen »dauernder Krankheit«. Die Begründung ist unehrlich und beschönigend. Sie suggeriert, daß es sich wirklich nur um »einen Ausrutscher« gehandelt habe.

Wenn es doch nur so wäre! Aber der Geist, der aus diesem Urteil spricht, existiert ja nicht nur in einem oder zwei Richterköpfen, sondern leider in etlichen Köpfen mehr – auf der Straße, in Kneipen und auch in manchen Behörden und Dienststellen. Das ständige »Beruhigt euch«, das regierende Politiker und vorgesetzte Dienstherren mit halbgeistigen Verlautbarungen und halbherzigen Maßnahmen absetzen, stumpft ab. Es beläßt die Menschen in dieser Gesellschaft als bloße Zuschauer gegen die Gefahr von rechts. Sie alle, wir alle, gehören in dieser Angelegenheit aber in die Arena, nicht auf die Tribüne.

(August 1994)

ABENDS IN BAYERN

Seit 1991 schreibt Gregor Gysi alle zwei Monate eine Kolumne in der Münchener »Abendzeitung«. Eine Auswahl:

Gefährliches Roulette

Die Wette gilt – und ein altehrwürdiges Londoner Bankhaus wurde das Opfer wilder Spekulationen eines 28jährigen Zockers, der bei seinen Termingeschäften mal eben 1,4 Milliarden Dollar in den Sand setzte.

Auch hierzulande erfreut sich das Spiel an den internationalen Waren-, Devisen- und Finanzmärkten großer Beliebtheit, vorausgesetzt, das nötige Kleingeld ist dafür vorhanden. Die Metallgesellschaft schrammte nur knapp an einem Konkurs vorbei, nachdem sie sich ihre Finger an Öltermingeschäften gehörig verbrannt hatte. Nur durch die finanziellen Spritzen der Deutschen Bank konnte der Konkurs und der Verlust von Arbeitsplätzen abgewendet werden.

Termingeschäfte oder sogenannte »Derivate« sind nichts anderes als Wetten. Der Käufer oder die Käuferin wettet darauf, daß die erworbenen Optionen auf Aktien, ausländische Devisen oder Waren zu einem bestimmten späteren Zeitpunkt im Wert steigen, während die Verkäufer darauf wetten und hoffen, daß die Werte sinken.

Wenn sich allein durch unregulierte Spekulationen größere Gewinne erzielen lassen als durch Investitionen in Produkte, dann kostet das nicht nur Arbeitsplätze, sondern verweist darauf, daß nicht nur Milliarden, sondern Billionen von Dollars und D-Mark der Wirtschaft, d.h. den Gütermärkten entzogen und fehlgeleitet sind.

Mindestens zwei Konsequenzen ergeben sich spätestens aus dem Konkurs der Barings-Bank. Erstens müssen die internationalen Termin- und Spekulationsgeschäfte besteuert werden. Würde nur ein halbes Prozent Steuern auf diese Wetten erhoben, kämen pro Jahr 360 Milliarden Dollar zusammen, mit denen ein erheblicher Beitrag zur Bekämpfung von Armut und Arbeitslosigkeit geleistet werden könnte. Ein durchaus wünschenswerter Nebeneffekt wäre, daß durch die steuerlichen Sanktionen spekulativen Kapitals Anreize für Spekulationsgeschäfte reduziert und dadurch Investitionen in die Gütermärkte lohnender werden würden. Das schafft oder sichert zumindest Arbeitsplätze. Zweitens sollte die Spekulation für Industrie-Unternehmen generell verboten werden. Es macht einen himmelweiten Unterschied, ob eine Privatperson Roulette spielt oder sich auf riskante Optionsgeschäfte einläßt. Sie oder er kann dabei gewinnen oder verlieren. Bei Unternehmen jedoch geht es um Arbeitsplätze von vielleicht Tausenden, die durch die Wettsucht an den internationalen Geldmärkten gleich mit aufs Spiel gesetzt werden. Täglich. Dem sollte endlich ein Riegel vorgeschoben werden.

(Abendzeitung, 20.3.95)

Hilfe für vergessene NS-Opfer

Das 50. Jahr der Befreiung Deutschlands vom Nationalsozialismus ist Anlaß der Erinnerung, der Schuld, der Scham und des Gedenkens der Opfer der NS-Diktatur. Es böte endlich die Gelegenheit, Gruppen von Verfolgten des NS-Regimes zu entschädigen, die unberücksichtigt blieben.

Kommunisten der Alt-BRD, Zwangssterilisierte, »Euthanasie«-Geschädigte, Homosexuelle, Sinti und Roma, Obdachlose, Wehrmachtsdeserteure und Kriegsdienstverweigerer warten vergebens auf ein Zeichen.

So haben Nazi-Richter über 30.000 Deserteure, Kriegsdienstverweigerer und »Wehrkraftzersetzer« Todesurteile verhängt, etwa 22.000 wurden vollstreckt. Die Überlebenden gelten bis heute als vorbestraft, weil die Konservativen eine Anklage gegen die Kriegsgeneration wittern. Sie wollen eine entwürdigende Einzelfallprüfung, ob das Urteil von NS-Juristen rechtmäßig war oder nicht. Damit bestreiten sie die von Militärhistorikern nachgewiesene Tatsache, daß Urteile der Wehrmachtsjustiz Unrecht bedeuteten und der von Hitler entfesselte Angriffskrieg völkerrechtswidrig war. Wer sich ihm entzog, handelte objektiv rechtmäßig.

Es reicht nicht aus, wenn der Opfer des NS-Regimes auf zahlreichen Veranstaltungen »gedacht« wird, aber ihre Rehabilitierung und Entschädigung von der schwarz-gelben Koalition blockiert wird.

Der heutige Umgang mit den überlebenden Nazi-Opfern zeigt, wie wir mit unserer Geschichte tatsächlich umgehen. Es wäre ein Beitrag zur politischen Kultur, die Opfer schnell zu rehabilitieren und ihnen eine Rente zuzubilligen. Ansonsten bleibt der fade Nachgeschmack, daß Opfer der NS-Diktatur auch nach 50 Jahren auf Anerkennung vergebens warten.

(Abendzeitung, 15.5.95)

Wenn Stoiber eine Frau wär

Die Regierenden in der Münchner Staatskanzlei suchen mittlerweile die ständige Konfrontation mit Grundgesetz und höchstrichterlichen Entscheidungen. Erst legten sie sich mit dem »Kruzifix«-Urteil der Karlsruher Richterinnen und Richter an.

Nun will die Bayerische Staatsregierung noch vor der Sommerpause grundgesetzwidrig Bundesrecht brechen lassen. Nach dem geplanten bayerischen Sondergesetz soll eine Frau entgegen Bundesrecht nur dann eine vorgeschriebene Bestätigung über die vor ihrem Schwangerschaftsabbruch durchgeführte Pflichtberatung erhalten, wenn sie vor der Ärztin oder dem Arzt auch die Gründe für ihren Entschluß mitteilt.

Nun hat die PDS zwar gegen das Bundesgesetz gestimmt, weil wir für das Selbstbestimmungsrecht der Frauen und damit gegen das Strafrecht und die Beratungspflicht eintreten. Die Bayerische Staatsregierung will aber noch weiter gehen als der Bundestag und den Frauen abverlangen, ihre höchstpersönlichen Gründe und Motive mitzuteilen. Was geht es eigentlich den Staat, was geht es die überwiegend männlichen Politiker an, warum sich Frauen trotz Beratung zur Abtreibung entscheiden? Wieso maßt sich die CDU an, Frauen bevormunden zu wollen? Würde Herr Stoiber, wenn er nicht männlichen Geschlechts wäre, ein solches Gesetz über sich ergehen lassen? Wohl kaum.

Das geplante Abtreibungsrecht in Bayern wäre nicht nur eine Zumutung für die Frauen, sondern auch für viele Ärztinnen und Ärzte. Sie müßten nicht nur in beratender Weise tätig werden, sondern, ginge es nach dem Willen der CSU, die dargelegten Gründe der Frauen für eine Abtreibung prüfen und letztendlich auch darüber mitentscheiden, ob die Gründe ausreichend sind oder nicht. Und stets stünden sie unter der Drohung, sich selbst strafbar zu machen.

Die Absicht der Bayerischen Staatsregierung wird hier vollends klar. Es werden sich kaum Ärztinnen und Ärzte finden lassen, die unter diesen restriktiven Bedingungen noch bereit wären, den Eingriff vorzunehmen. So wird das ohnehin eingeschränkte Selbstbestimmungsrecht der Frau weiter ausgehöhlt. Den betroffenen Frauen bliebe dann nur noch die Wahl, in ein anderes Bundesland auszuweichen, wenn sie sich den von der Staatsregierung geplanten Einmischungen in höchst private Sphären entziehen wollen.

(Abendzeitung, 17.6.96)

Man kann nicht nur Goethe klonen

Mit dem geklonten Schaf »Dolly« ist es Wissenschaftlern erstmals gelungen, durch ungeschlechtliche Vermehrung eine genetisch identische Kopie eines ausgewachsenen Schafs herzustellen. Damit wird es im Prinzip möglich sein, erbgleiche Kopien von Lebewesen in beliebiger Zahl herzustellen.

Zu diesen Lebewesen gehört auch der *homo sapiens.* Unisono erklären die Gentechniker und Reproduktionsmediziner zwar, daß sich das Klonen von Menschen verbiete, aber ebenso wahr ist leider auch, daß sich letztlich wissenschaftliche *Machbarkeit* und neue Zukunftsmärkte der Pharma-Industrie gegenüber wissenschaftlicher und gesellschaftlicher *Verantwortbarkeit* durchsetzen.

Geklonte Schafe, Schweine oder Rinder könnten alsbald als lebende Arzneimittelerzeuger, Organbanken oder genetisch identische Versuchstiere dienen. Wenn heute schon Leihmutterschaften üblich sind und Großmütter ihre Enkel austragen – wäre es nicht morgen schon denkbar, daß eine Tochter ein Duplikat ihres Vaters zur Welt bringt? Oder daß ein vermögendes Ehepaar, dessen Kind bei einem Unfall ums Leben kam, sich ein geklontes Ersatzkind leistet? Verständlich?

Geklont werden könnte aber nicht nur ein Goethe, sondern auch ein Mengele. Offensichtlich ist, daß menschliche Eingriffe in natürliche Kreisläufe immer fragwürdiger werden. Die BSE-Seuche konnte nur entstehen, weil den grasfressenden Rindern Tiermehl ins Futter gemischt wurde.

Daß in Deutschland strengere Maßstäbe in der Reproduktionsmedizin angelegt werden als in Ländern mit »unbegrenzten Möglichkeiten« wie den USA oder Großbritannien, hat auch etwas mit Geschichte zu tun. Die menschenverachtenden wissenschaftlichen Experimente an Menschen im Nationalsozialismus sollten uns ein warnendes und abschreckendes Beispiel bleiben.

James Watson, der die menschliche Erbsubstanz DNS entschlüsselte, hatte vor 25 Jahren bereits *»Kopien von wirklich außerordentlichen Menschen«* zur Lösung kommender Probleme gefordert.

Wie die Atombombe gehören auch die Eingriffe in menschliche Keimzellen weltweit gesellschaftlich geächtet und gesetzlich verboten.

(Abendzeitung, 10.3.97)

Tabu-Thema Tod

Die übergroße Mehrheit der Abgeordneten des Bundestages hat eine nach dem derzeitigen Erkenntnisstand vernünftige Lösung gefunden, für alle Beteiligten einer Transplantation mehr Rechtssicherheit zu gewährleisten – für die potentiellen Organspender und ihre Angehörigen, für die Empfänger und die Ärzte.

Die Schwierigkeiten dieser Debatte sind, daß medizinische, rechtliche, ethische, weltanschauliche religiöse Fragen mit kommerziellen Interessen und Nützlichkeitserwägungen zusammenfallen. Daraus resultiert der Argwohn bei vielen, die kritisieren, es gehe nur darum, der Transplantationsmedizin, der »Verteilungsgerechtigkeit« von Angebot und Nachfrage nach Organen eine rechtliche Legitimation zu verschaffen.

Die mit großer Mehrheit getroffene Entscheidung, den Tod allein nach medizinischen Kriterien – dem endgültigen Hirntod – zu definieren, ist sinnvoll. Es entspricht dem Erkenntnisstand und blendet bewußt weltanschauliche und religiöse Fragen aus, die jede und jeder für sich allein zu entscheiden und die der Gesetzgeber nicht zu definiern hat.

Hier setzt ein Problem kultureller Art ein. Der Tod wird gesellschaftlich tabuisiert, verdrängt. Zur Verdrängungsleistung gehört dann eben auch, daß nicht ethische, weltanschauliche und sonstige Fragen im Vordergrund stehen, sondern die kommerziellen Interessen und Nützlichkeitserwägungen, die bei nicht Wenigen eine Abwehrhaltung provozieren. Die Gefahren einer Instrumentalisierung sind nicht von der Hand zu weisen, wie der sprunghaft angestiegene illegale Organhandel vor allem mit Entwicklungsländern beweist.

Unabhängig davon sollte jede Frau und jeder Mann für sich entscheiden, ob Niere, Herz oder Lunge unter den geregelten Voraussetzungen einen anderen Menschen retten soll. Dazu tut Aufklärung not, die versäumt oder häufig auf kommerzielle Aspekte verkürzt wird.

Wer sich ganz individuell für oder gegen eine spätere Organentnahme entscheidet, der nimmt auch seinen Angehörigen eine Last, die ansonsten stellvertretend eine Entscheidung – u nter Berücksichtigung des »mutmaßlichen Willens« – der oder des Verstorbenen nach dem betroffenen Gesetz treffen können.

Der Gesetzgeber hat einen gesetzlichen Rahmen beschlossen, der sinnvoll ist. Er kann aber eine notwendige gesellschaftliche Aufklärung und Debatte über alle Aspekte der Frage des Todes und einer Organspende nicht ersetzen.

(Abendzeitung, 30.6.97)

Kälte, Rohheit und Hemmungslosigkeit

Für eine gemeinsame Ausgabe von La Repubblica (Italien), Le Monde (Frankreich), El Pais (Spanien) und The Independent (Großbritannien) wurde Gregor Gysi um einen Beitrag zu der Frage gebeten: Welches ist Ihrer Meinung nach das größte Risiko bzw. die größte Gefahr für das Deutschland von morgen?

Die größte Gefahr für die gesellschaftliche Entwicklung in der Bundesrepublik Deutschland sehe ich darin, daß eine Haltung des »Wir sind wieder wer!« um sich greift, innenpolitisch und außenpolitisch.

Innenpolitisch ist dies seit der Vereinigung vor allem durch ein bedrohliches Anwachsen rassistischer und rechtsextremistischer Gewalttaten deutlich geworden, woran die Politik der konservativen Regierung nicht schuldlos ist. Die jahrelange Verunglimpfung von Asylsuchenden als »Schmarotzer« und die faktische Abschaffung des Asylrechts haben die Hemmschwelle für diese Gewalttaten gesenkt. Mittlerweile ist diese Gewalt so alltäglich geworden, daß sie in den Medien kaum noch registriert wird, was fälschlicherweise zu dem Eindruck verleitet, die Gefahr sei gebannt. Die CDU/CSU versucht jetzt eine ähnliche Stimmung gegen Linke zu erzeugen. Und im Grunde ist es dieselbe Mentalität, .dieselbe Rücksichtslosigkeit, dieselbe Herren-Attitüde, mit der die Regierung die soziale Kluft in der

Gesellschaft weiter vertieft, und mit der sie versucht, über die Klammer der Nationalität soziale Beruhigung zu schaffen.

Außenpolitisch zeigt sich das »Wir sind wieder wer!« in zunehmend anmaßenderen Ansprüchen der Bundesregierung, Europa nach deutschen Interessen neu zu ordnen. Die Welt hat – bei allen Problemen – in den letzten 50 Jahren keinen Nachteil davon gehabt, daß Deutschland keinen ständigen Sitz im UN-Sicherheitsrat hatte und deutsche Soldaten nicht zur »Krisenbekämpfung« in andere Länder geschickt wurden. Das sollte so bleiben.

Es sind, kurz gesagt, in erster Linie die wachsende Kälte, Rohheit und Hemmungslosigkeit im größer gewordenen Deutschland, die mir Sorgen machen. *(13.9.94)*

Mit 16 hat man schon Träume

Es gibt eine Vielzahl wissenschaftlicher Untersuchungen, die nachweisen, daß die politische Reife Sechzehn- und Siebzehnjähriger in den letzten Jahren beachtlich zugenommen hat und deshalb die Voraussetzungen vorliegen, das Wahlalter zu senken. Bundesregierung und Bundestag treten dafür ein, die Verantwortung von Jugendlichen zu erhöhen. Mit dieser Begründung wird zum Beispiel dafür plädiert, höhere Jugendstrafen einzuführen. Es geht aber nicht an, ständig die Pflichten von Jugendlichen zu erhöhen, ihnen aber wesentliche Grundrechte vorzuenthalten. Für ein aktives Wahlrecht der Sechzehn- und Siebzehnjährigen spricht auch, daß leider nur auf die Art und Weise erreicht werden kann, daß die Probleme der Jugendlichen stärkeres Gewicht in der Politik erhalten. Die Interessen von Menschen, die kein aktives Wahlrecht besitzen, werden von vielen Parteien leider weitgehend ignoriert. Aus all diesen Gründen steht mein Name unter dem Entwurf eines Gesetzes zur Senkung des Wahlalters auf 16 Jahre.

(Stellungnahme für »Jugendpolitik« 2/1996,
Zeitschrift des Deutschen Bundesjugendringes, 12.4.96)

Zusammenhang und Widerstreit von Geschichte und Politik werden wohl niemals wertfrei zu verstehen sein. Dies erfordert, andere Meinungen und Haltungen tolerant zur Kenntnis zu nehmen. Das gilt auch für die Gründung der SED vor nunmehr 50 Jahren. Auch wenn der Streit um Worte ein Streit um politische Inhalte ist, für die Diskutanten seitens der PDS bedeutet das: Aus der Sicht der verhafteten und persönlich bedrängten Sozialdemokratinnen und Sozialdemokraten, vom Standpunkt der ausgeschalteten Kommunistinnen und Kommunisten, aus der Sicht all jener, die – durch wen auch immer – persönlich in die Enge getrieben wurden oder Repressionen ausgesetzt waren, ist der Begriff »Zwangsvereinigung« zutreffend, verständlich und nachvollziehbar.

Aus der Sicht jener aber, die zur Zusammenarbeit und zur Vereinigung bereit waren, weil in ihren Köpfen die gemeinsamen und unterschiedlichen Fehler beider Parteien in der ersten Hälfte des 20. Jahrhunderts präsent waren, weil sie sich und anderen geschworen hatten, nie wieder Faschismus und Krieg zuzulassen, nie wieder Bruderkampf zu dulden, aus der Sicht all derer, die eine neue, eine sozialistische Gesellschaft wollten, ist das Pauschalurteil »Zwangsvereinigung« schwer verdaulich und aus eigenem Erleben nicht nachvollziehbar.

Für sie ist dieser Begriff eine fremdbestimmte Korrektur ihrer Biographie. Historisch bleibt unbestritten: sowohl SPD als auch KPD wollten – allerdings zu unterschiedlichen Zeiten – nicht nur die Vereinigung, sondern auch die Vorherrschaft in der vereinigten Partei, und das ist das eigentliche Übel der Geschichte, Zusammenarbeit anzustreben in der Hoffnung, den Partner zu dominieren und irgendwann auszuschalten. Deshalb ist der historische Prozeß der Vereinigung differenzierter gewesen, als daß er mit einem Wort zu kennzeichnen wäre. Die historische Interpretation des Jahres 1946 ist bei manchem zur Glaubensfrage, bei anderen zur Legitimationsformel politisch-taktischer Winkelzüge in der bundesdeutschen Innenpolitik verkommen.

Die einen brauchen das, um mit vermeintlich weißer Weste in die Geschichte einzugehen, andere, um zu begründen, was man in der Tagespolitik macht oder unterläßt, und wiederum andere, um Antworten auf quälende Fragen zu erhalten. Es gibt auch einige wenige, die fordern, daß sich Fünfzigjährige bei Fünzigjährigen für das entschuldigen, was vor 50 Jahren geschehen ist. Das Opfer-Täter-Syndrom der DDR-Geschichte feiert sechs Jahre nach deren Untergang anhand der Diskussion um die »Zwangsvereinigung« fröhliche Wiederauferstehung. Das primäre Recht auf Aussagen haben allerdings die Zeitzeugen beider Parteien. Es scheint, sie sind zu wenig befragt worden.

Parteien sollten den Boden für Forschung, Aufklärung und Dialog schaffen, daran sind sie zu messen und zu kritisieren. Das Ausmaß des Zwangs und Druckes, dem die SPD ausgesetzt war, ist nicht in Zweifel zu ziehen. Und doch erinnern die historischen Vorgänge und die aufgefundenen Quellen aus den Jahren 1945/46 an eine moderne Interpretation des märchenhaften Vorgangs, »halb zog es sie, halb sank sie hin, da ward's um sie geschehen ...«

Wie komplex historische Vorgänge sind, illustriert u.a. die Tatsache, daß der führende SPD-Politiker Gustav Dahrendorf, der den Begriff der »Zwangsvereinigung« zum erstenmal benutzt hat, zuvor über viele Monate einer der engagiertesten sozialdemokratischen Befürworter der Vereinigung gewesen und dafür werbend landauf und landab gezogen war. Für die SPD verbindet sich mit diesem Begriff offensichtlich so etwas wie eine bewahrte Ehre und Standhaftigkeit vor kommunistischer Verführung, für manche in der PDS ist dieser Begriff so etwas wie das Kainsmal, das letztendlich Brudermord bedeutet. Kain erschlug Abel, und doch waren sie gleicher Geburt. Wie oft haben in der deutschen Geschichte Kommunisten Sozialdemokraten und umgekehrt erschlagen, sinnbildlich und tatsächlich? Wer ist heute legitimiert, das aufzurechnen?

Die PDS entstammt beiden Traditionen und hat eigentlich keinen Grund, parteiisch zu sein. Und dennoch ist die Frage der Legitimation der Punkt, aus dem die Kontroverse aus der Vergangenheit die Aktualität und Brisanz in der Gegenwart gewinnt. Die Frage lautet:

Wie ehrlich hältst du es mit deiner eigenen Geschichte, der Geschichte deiner Partei? Und da stehen Fragen für PDS und SPD. Die Antworten für beide sind – bei nicht zu wiegenden Unterschieden – nicht schmerzfrei. Ohne Zweifel: Die Erklärung der Historischen Kommission der PDS ist nicht die letzte Antwort auf die Fragen der Herkunft der PDS. Und dabei geht es um weitaus mehr als nur um den Begriff der »Zwangsvereinigung«. Die PDS hat keine Perspektive, wenn sie nicht bereit ist, sich für die Antworten zu ihrer Geschichte und ihren Wurzeln zu quälen. Das ist unsere Verantwortung, die uns keiner abnehmen wird.

Die Spaltung der deutschen Arbeiterbewegung aber resultiert aus der Haltung der Mehrheit der rechten SPD-Führung zur kaiserlichen Kriegsinszenierung. Nicht vergessen ist, daß Teile der SPD-Führung die Spaltung gesucht und Liebknecht und andere Oppositionelle aus der Reichstagsfraktion ausgeschlossen haben, nachdem diese in der Frage der Kriegskredite die Fraktionsdisziplin verletzt hatten. Auch was danach geschah, ist nicht vergessen, einschließlich der Ermordung von Liebknecht und Luxemburg.

Um nicht mißverstanden zu werden: Es geht nicht um die Aufrechnung von historischer Schuld. Es geht um den ehrlichen Weg zur Annäherung an die historische Wahrheit.

In der PDS werden heute mehr Traditionselemente der alten, 1946 ausgeschalteten SPD bewahrt, als die SPD zugeben will und als in der 1989 neu gegründeten SPD der protestantischen Pfarrer und Individualisten sich bündelten.

SPD und PDS sind heute konkurrierende, gelegentlich auch kooperierende Parteien. Das gibt der Auseinandersetzung die aktuelle politische Bedeutung. Dies kann aber nicht verwischen, daß es für KPdSU und KPD 1945/46 offensichtlich völlig inakzeptabel war, politische Machtpositionen auch nur zum Teil wieder aufzugeben. Auch dann nicht, wenn durch eine Urabstimmung im Osten Deutschlands über Pro und Contra der Vereinigung diese nicht zustandegekommen wäre. Unter den gegebenen Umständen wäre die SPD dann eine sozialistische Blockpartei geworden. Sie hätte das Schicksal der anderen Blockparteien geteilt. Und die SPD in der Bundesrepublik hätte sie nach der staatlichen Vereinigung, die übrigens ebenfalls ohne Urabstimmung erfolgte, in ihre Arme nehmen müssen.

Die offen erklärte Absicht einiger Sozialdemokraten, eine eventuelle Zusammenarbeit mit der PDS mit dem Ziel anzustreben, sie historisch zu erledigen, ist ein moderner Versuch – demokratisch verbrämt und ohne Repressalien – der »erzwungenen« Vereinigung.

PDS und SPD haben heute Chancen, wenn sie sich als politische Partner und Konkurrenten akzeptieren und die Gemeinsamkeiten und Unterschiede zur Kenntnis nehmen. Zusammenarbeit muß heute heißen, Unterschiede nicht zu verwischen und dennoch Gemeinsamkeiten im Interesse der Menschen zu nutzen, diese Interessen in den Vordergrund zu stellen, und nicht die eigene Partei zum Selbstzweck zu erklären.

Die Lehre aus 1946 lautet, die Unterschiedlichkeit beider Parteien als Bereicherung des gesellschaftlichen Lebens zu begreifen und nicht als irgendwie zu überwindendes Übel.

(Neues Deutschland, 20.4.96)

Wie kommt die CDU in die Opposition?

Als die PDS in den zurückliegenden Wahlen mit der Aussage antrat, eine Stimmabgabe für die PDS sei eine Stimmabgabe für eine Stärkung der Opposition, da wurde ihr von den anderen Parteien vorgeworfen, sie drücke sich vor der »Verantwortung« in einer parlamentarischen Demokratie.

Als die PDS sich in Sachsen-Anhalt zur Tolerierung der Minderheitsregierung von SPD und Grünen bereitfand, da teilten sich schon die Kommentare: während die einen ihr weiterhin mangelnde Bereitschaft zur Übernahme von »Verantwortung« vowarfen, begannen die anderen, genau davor zu warnen. Seitdem in der PDS die Debatte darüber angefangen hat, ob ihr Stimmenzuwachs im Osten und die daraus erwachsenden Erwartungen ihrer WählerInnen dazu veranlassen müßten, die Möglichkeiten einer Zusammenarbeit mit SPD und Grünen auszuloten, schnellen fast überall die abwehrenden Hände hoch: Die PDS ist nicht koalitionsfähig, vor allem aus moralischen Gründen!

Es mag sein, daß die PDS noch viel im Umgang mit sich selbst, mit ihren politischen Konkurrenten und mit der gesellschaftlichen und politischen Verfaßtheit der Bundesrepublik lernen muß. Sicher ist, daß die anderen dies auch müssen. Ihr Umgang mit der PDS ist – bis auf wenige Ausnahmen – nicht ehrlich, nicht von den politischen Notwendigkeiten, sondern vom parteitaktischen Kalkül bestimmt. Selbst diejenigen, die – wie Kerstin Müller und Jürgen Trittin – mit ihrer Absage zurückhaltender sind, bleiben in der Regel bei einem anmaßend erzieherischen Grundton, der uns als bloßes Objekt *ihrer* Gedankenspiele behandelt, und in dem uns allerlei Mahnungen und Weisungen erteilt werden, die die Grünen sich in besseren Zeiten verbeten haben, als die SPD sie noch an ihre Adresse richtete. Offenbar sind die Denkverbote und Zwänge so groß, daß sie sich allenfalls zur gleichermaßen banalen wie eigensüchtigen Floskel durchringen können, man dürfe die PDS nicht länger ausgrenzen, weil es ihr WählerInnen »zutreibt«, man müsse sich mit ihr auseinandersetzen – ohne dies in der Sache endlich zu beginnen.

Die PDS könnte es sich einfach machen: Da die anderen nicht mit ihr zusammenarbeiten wollen, braucht sie dieses Thema auch nicht zu erörtern. Sie könnte – *wenn* sie die Angelegenheit ebenfalls nur taktisch und zur Aufrechterhaltung innerer Ruhe behandeln würde.

Die Frage richtet sich aber an *alle* drei Oppositionsparteien in Bonn, ob und wie sie dazu beitragen werden, eine Reformstimmung in der Bevölkerung hervorzurufen und eine Regierung in den Ruhestand zu schicken, die zunehmend maßloser eine Umverteilung von unten nach oben betreibt, die an einer ökologischen Neuorientierung der Wirtschaftspolitik völlig desinteressiert ist, die das Grundgesetz zum Steinbruch macht, die patriarchalische Verhältnisse mit Macht verfestigt bzw. restauriert, die die östlichen Bundesländer wie eine billig ersteigerte Immobilie behandelt, in der sich überflüssigerweise auch noch Leute tummeln. Die PDS hat in allen diesen Bereichen Vorschläge erarbeitet, die für eine Reformalternative stehen. Welche

Schnittmengen und welche Differenzen es dabei mit der SPD und mit den Grünen gibt, bliebe einer detaillierten Diskussion vorbehalten. Diese Diskussion wird aber von den anderen beiden Oppositionsparteien gescheut.

Vielleicht deswegen, weil sich die Frage der Verläßlichkeit dann eher an ihre Adresse richten würde? Denn wie verläßlich ist die SPD, wenn die WählerInnen sie praktisch vor die Alternative stellen, in der Großen Koalition mit der CDU/CSU den Sozialraub fortzusetzen oder in Zusammenarbeit mit Grünen und PDS für mehr soziale Gerechtigkeit zu sorgen? Und wie verläßlich sind die Grünen, wenn sie vor der Alternative stünden, zusammen mit der PDS ein stärkeres Gewicht in die Waagschale werfen zu können, um die Emanzipation der Geschlechter voranzutreiben, oder ohne sie die Kompromisse täglich lauer zu gestalten? SPD und Grüne mögen sich ja wünschen, daß ihnen diese Alternative erspart bleibt – aber was, wenn nicht?

Nicht die Thematisierung einer Reformalternative von SPD, Grünen und PDS sichert den Konservativen den Fortbestand ihrer Macht über die Jahrtausendwende hinaus, sondern die gedankenlose Zurückweisung dieser Debatte. Wenn Joschka Fischer im »Spiegel« sagt, ihm sei eine Zusammenarbeit mit der PDS »nicht zumutbar«, dann ist zu fragen, seit wann die Befindlichkeiten grüner Politiker ausschlaggebend sein dürfen, lieber die CDU an der Regierung zu belassen. Das heißt nicht, daß ich die Befindlichkeiten von BürgerrechtlerInnen oder SozialdemokratInnen nicht verstehe. Es bedeutet nur, diese nicht zum Maßstab von Politik zu machen, nicht als Ausrede für den Verzicht auf notwendige gesellschaftliche Veränderungen zu nutzen. Für eine Partei mit Anspruch auf politische Reformen wäre das verantwortungslos den Menschen gegenüber, die ihre Stimme den Grünen oder der SPD ja nicht deswegen geben, damit alles beim Alten bleibt.

Mit einiger Vernunft kann die PDS es schaffen, die Fehler zu vermeiden, die die Grünen bei *ihrer* Debatte um Opposition, Tolerierung und/oder Koalition auf allen Flügeln gemacht haben, nämlich diese Debatte überwiegend ideologisch zu führen, als Glaubensstreit um den »einzig richtigen« Weg. Es kann der PDS nicht darum gehen, eine positive oder negative Rangfolge im Gebrauch dieser Mittel zuzulassen. Je nach politischer Konstellation, die aus einer Wahl hervorgeht, je nach gesellschaftlicher Bewegung, die Druck auf die Parteien entfaltet, je nach dem Ausmaß der Übereinkünfte, die zwischen den betreffenden Parteien erzielt werden können, wird die PDS entscheiden müssen, welche Rolle mehr zur Durchsetzung der von ihr vertretenen Anliegen beiträgt.

Demokratische SozialistInnen werden weiter lernen, mit den zu lösenden Problemen pragmatisch umzugehen. Das nimmt ihren grundsätzlichen Auffassungen nicht den oppositionellen Charakter in dieser Gesellschaft (und auch nicht im Parlament) – dafür sorgen schon ihre politischen GegnerInnen.

*(Gastkommentar für »die tageszeitung«,
ungekürztes Manuskript, 30.8.96)*

Der Euro und der Frieden

Der Vorstandssprecher von Bündnis 90 / Die Grünen, Jürgen Trittin, hat erklärt, daß die Frage der Einführung oder Nichteinführung des Euro eine Frage von Krieg und Frieden sei. Die Gegnerschaft der PDS zu diesem Vorhaben wertet er als Ausdruck eines Rechtspopulismus dieser Partei.

So einfach wie Jürgen Trittin die Welt sieht, ist sie m.E. nicht. Gegenwärtig besteht keine akute Kriegsgefahr zwischen Frankreich und Deutschland oder Frankreich und Großbritannien oder Italien und Spanien, obwohl es in diesen Ländern verschiedene Währungen gibt. Und umgekehrt ist es noch nicht lange her, daß ein furchtbarer Krieg im ehemaligen Jugoslawien tobte, obwohl man zu Beginn des Krieges in Zagreb, Sarajewo und Belgrad mit Dinar bezahlte. Die gemeinsame Währung hat den Krieg dort nicht verhindert.

Das bedeutet zumindest, daß bei der Zuspitzung politischer, ökonomischer, sozialer und ethnischer Probleme eine Kriegsgefahr innerhalb der EU auch dann entstehen könnte, wenn es eine einheitliche

Währung gäbe. Allerdings sehe ich eine solche Gefahr in absehbarer Zukunft nicht, und zwar weder mit noch ohne Euro.

In einem anderen Sinne kann aber gerade durch den Euro die Kriegsgefahr zunehmen. Der Euro soll ja nicht in ganz Europa eingeführt werden, nicht einmal in allen Mitgliedsländern der Europäischen Union, sondern nur in den sogenannten Kernländern der Europäischen Union, die bestimmte Kriterien erfüllen. Damit wächst die Spaltung zwischen diesen Staaten und jenen, die vor der Tür bleiben. Und zwischen ihnen werden sich die ökonomischen und sozialen Widersprüche verschärfen.

Trittin selbst räumt ein, daß sich das politische und ökonomische Gewicht der Eurostaaten erhöhen wird. Aber das bedeutet dann eben, daß jene Staaten, die am Euro nicht teilnehmen können, an Gewicht verlieren. Damit verbunden ist eine Festigung von Großmachtkontrollen auf unserem Planeten und nicht etwa deren schrittweise Zurückdrängung.

Der Euro birgt eine weitere Gefahr in sich. Die Stabilitätskriterien sind allein von Deutschland bestimmt worden. Deutschland hat durchgesetzt, daß es eine abhängige europäische Zentralbank geben wird, auf die die Politik keinen Einfluß nehmen soll. Es ist auch kein Zufall, daß der Sitz dieser Zentralbank in Frankfurt/Main sein wird. Wer also glaubt, daß über die Einführung des Euro sich Deutschland europäisch einordnen und jedes Hegemonialstreben aufgeben wird, ist zumindest naiv. Ich glaube, daß die Produktivitätsunterschiede zwischen den Eurostaaten dazu führen werden, daß außerhalb Deutschlands eine Art Verostdeutschung stattfinden wird, weil die anderen Länder im Produktivitätswettbewerb nicht mithalten können, sie aus den deutschen Stabilitätskriterien der Währung nicht mehr herauskommen und es für sie keine Korrekturmöglichkeit mehr gibt, durch Änderung der Wechselkurse eine deutsche Wirtschaftsexpansion zu stoppen. Ganze Regionen werden auf diese Art und Weise veröden, und die Bedingungen für Transferleistungen sind noch schlechter als im gegenwärtigen Deutschland. Das Interesse an Ostdeutschland wird mit erheblichen Folgen für diese Region weiter sinken.

Auf der anderen Seite ist es aber ein einzigartiger ökonomischer

Anachronismus, einen Binnenmarkt mit Binnenwährung einführen zu wollen, ohne vorher eine Harmonisierung der Steuern, der sozialen und ökologischen Standards und juristischer Verfahren herbeigeführt zu haben. Die zum Teil erheblichen Unterschiede, die diesbezüglich zwischen den Eurostaaten existieren, sind unter den Bedingungen einer Binnenwährung nicht aufrechtzuerhalten.

Die Angleichung kann aber nicht nach oben erfolgen, weil das die Mehrzahl der Mitglieder der Europäischen Währungsunion restlos überfordern würde. Die Angleichung nach unten ist zu erwarten, weil der Kostendruck im Rahmen des Wettbewerbs genau in diese Richtung zielt. Über die Einführung des Euro werden also eine Steuerharmonisierung, eine Angleichung sozialer und ökologischer Standards und eine Vereinheitlichung juristischer Verfahren erzwungen werden, und zwar dahingehend, daß die Steuern sich auf dem niedrigsten Level einpegeln, daß dort, wo heute noch relativ hohe soziale und ökologische Standards gelten, diese nach unten nivelliert werden, und für juristische Verfahren wird gelten, je weniger und je einfacher, desto besser. Der Druck hinsichtlich der Senkung von Steuern wird dazu führen, daß die Staaten – auch Deutschland – deutlich ärmer werden und ihre soziale, kulturelle und ökologische Ausgleichsfunktion kaum noch wahrnehmen können. Und die anderen Nivellierungen stellen die Sozialstaatlichkeit restlos in Frage, bedeuten Lohndumping, ökologischer Rückschritt und Abbau von Rechtsstaatlichkeit. Mit alledem ist auch eine ernstzunehmende Demokratiegefährdung verbunden.

Wer eine solche Politik betreibt und gutheißt, leistet in Wirklichkeit dem Rechtspopulismus und damit einem erfolgreichen Rechtsextremismus Vorschub. Denn wenn es im Zusammenhang mit der Einführung des Euro zu sozialen Verwerfungen in Deutschland kommt, dann hat der Rechtsextremismus leichtes Spiel. Als Ursache des Sozialabbaus wird er den Abbau von Nationalstaatlichkeit ausmachen, und dies wird den Alltagserfahrungen der Menschen entsprechen. Auf dieser Grundlage wird es leicht möglich sein, dem Nationalismus zu neuer Blüte zu verhelfen. Und über Lohndumping läßt sich leider auch Rassismus schüren.

Wer heute ja sagt zum Euro, der sagt auch ja zu deutscher Vorherrschaft, zu tieferer Spaltung Europas, zu Sozialabbau und zur Zunahme von Massenarbeitslosigkeit. Wer all dies nicht will, muß einen anderen Weg beschreiten. Er muß eine wirklich gesamteuropäische Integration anstreben, muß dafür kämpfen, daß die politischen, ökonomischen, steuerrechtlichen, sozialen und ökologischen Voraussetzungen für eine solche Integration geschaffen werden, an deren Ende irgendwann auch die Währungsunion stehen kann, aber erst dann, wenn die Bedingungen dafür gegeben sind.

(Neues Deutschland, 2.5.97)

Jagd- oder Rechtsbewußtsein?

Seitdem es Recht gibt – zumindest ein solches, das den Namen verdient – gibt es auch Verjährungen. Ob im Zivilrecht oder im Strafrecht oder auf anderen Rechtsgebieten, irgendwann verjähren Ansprüche. Dahinter steht die Überlegung, daß mit einem bestimmten Zeitablauf die Regelung eines Sachverhaltes an Bedeutung verliert, sich gegebenenfalls sogar ins Gegenteil verkehren kann. Verjährungsfristen dienen der Rechtssicherheit und dem Rechtsfrieden.

Von besonderer Bedeutung ist das Rechtsinstitut der Verjährung im Strafrecht. Ein Täter soll möglichst zügig negative Konsequenzen aus begangenen Straftaten spüren. Findet die strafrechtliche Verantwortlichkeit erst nach vielen Jahren statt, gibt es in der Regel keinen Strafzweck mehr. Würde zum Beispiel ein Dreißigjähriger für einen Diebstahl bestraft werden, den er mit achtzehn Jahren begangen hat, würde das Strafverfahren gegen eine Person durchgeführt werden, die mit der, die den Diebstahl begangen hatte, kaum noch etwas zu tun hätte. Hinzu kommt, daß mit dem Zeitablauf die Rekonstruktion von Taten immer schwieriger wird. All diese Überlegungen haben dazu geführt, daß die Gesetzgeber in allen Ländern sich entschieden haben, die Möglichkeit der Strafverfolgung an bestimmte Fristen zu binden.

Nach der Vereinigung der beiden deutschen Staaten stand der Gesetzgeber vor der Frage, wie er mit solchen Taten umgeht, die in der DDR begangen, dort aber aus politischen Gründen nicht verfolgt wurden (zum Beispiel Wahlfälschung). Der Gesetzgeber entschied sich für eine außergewöhnliche Maßnahme. Obwohl in diesen Fällen häufig bereits Verjährung eingetreten war, regelte er, daß für solche Straftaten die Verjährungsfrist neu zu laufen beginnt. Diese Entscheidung erscheint in Anbetracht der konkreten Umstände nicht völlig abwegig. Es bestand also die Chance einer umfassenden und durch Verjährungsfristen nicht beeinträchtigten strafrechtlichen Aufarbeitung. Da die Verjährungsfristen für einzelne Taten nur neu zu laufen begannen, unterschieden sie sich in ihrer Dauer nicht von jenen, die für entsprechende Straftaten der alten Bundesrepublik gelten. Daraus resultierte, daß die Verjährungsfrist für sogenannte mittelschwere Delikte am 31. Dezember 1995 abgelaufen gewesen wäre. Mit großem politischen und moralischen Pathos wurde dann dafür gesorgt, daß speziell für das »Beitrittsgebiet« eine weitere Sonderregelung geschaffen wurde, wonach dort begangene mittelschwere Delikte faktisch erst nach sieben Jahren verjähren sollten, während für Bürgerinnen und Bürger der alten Bundesrepublik es bei gleichen Delikten bei der Fünfjahresfrist blieb.

Natürlich konnten im StGB keine unterschiedlichen Fristen geregelt werden, so daß man sich zu dem Trick entschloß, die fünfjährige Verjährungsfrist für Delikte im »Beitrittsgebiet« nunmehr erst ab 1. Januar 1993 laufen zu lassen. Hier wurde – wie in vielen anderen Fällen auch – Sonderrecht für Ostdeutschland geschaffen. Die wesentliche Begründung damals lautete, daß es bei der Aufarbeitung der Akten der SED und des MfS zeitliche und technische Schwierigkeiten gegeben habe, daß der Aufbau der Sonderstaatsanwaltschaft nicht planmäßig verlaufen wäre etc. Mit anderen Worten: Es wurden organisatorisch-technische Schwierigkeiten in der Justiz bzw. in anderen Behörden als Begründung benutzt, eine gesetzliche Verjährungsfrist zu verlängern. Das ist sicherlich einmalig in der Geschichte, aber wäre bald auch Geschichte gewesen, denn nunmehr liefe am 31. Dezember 1997 die verlängerte Verjährungsfrist für mittelschwere

Delikte im »Beitrittsgebiet« ab. Und wieder gibt es einen Antrag und den moralischen und politischen Ruf, die Verjährungsfrist erneut zu verlängern, diesmal um drei Jahre und wiederum nur für das »Beitrittsgebiet«.

Dabei muß man wissen, daß es zahlreiche Vorschriften im Strafgesetzbuch der BRD gibt, nach denen die Verjährung gehemmt oder unterbrochen wird. Immer dann, wenn Ermittlungsverfahren eingeleitet sind, kann auch noch nach dem 31. Dezember 1997 jahrelang weiter ermittelt werden, ohne daß eine Verjährung eintritt. Die Verjährung bezöge sich also nur auf Täter, die erst nach dem 1. Januar 1998 bekannt würden und auf Taten, die länger als den genannten Zeitraum zurücklägen, so daß zu diesem Zeitpunkt kein neues Ermittlungsverfahren mehr eingeleitet werden könnten.

Es ist interessant, sich mit den Argumenten der Befürworterinnen und Befürworter einer Verlängerung der Verjährungsfrist auseinanderzusetzen.

Die Landesregierung Thüringen hat einen entsprechenden Gesetzesantrag im Bundesrat eingebracht. Landesminister Otto Kretschmer begründete die Initiative in der Bundesratssitzung vom 17. Oktober 1997. Er selbst mußte einräumen: »Beachten Sie aber auch, daß der weitaus größte Teil der in Thüringen zu verfolgenden Taten aus dem Bereich des SED-Unrechts und der vereinigungsbedingten Wirtschaftskriminalität bereits aufgearbeitet ist. Dasselbe gilt, soweit ich es beobachten kann, auch für die Lage in den übrigen neuen Bundesländern.« Und weiter heißt es: »Würden wir das Problem allein statistisch betrachten, hätte der Eintritt der Verjährung zum 31. Dezember 1997 in Thüringen – ebenso wie in den übrigen jungen Ländern – keine gravierenden Folgen. Es wäre hiervon allenfalls noch eine geringe Zahl an Straftaten betroffen.«

Der Initiator der Verlängerung der Verjährungsfrist räumt also selbst ein, daß die praktische Wirkung äußerst gering wäre. Weshalb also dann die Verlängerung der Verjährungsfrist? Minister Otto Kretschmer begründet dies wie folgt: »In Anbetracht der besonderen Sachlage in den neuen Ländern, der Befindlichkeit der Bürgerinnen und Bürger, auch ihrer Einstellung dem Rechtsstaat gegenüber, muß dabei vor allem berücksichtigt werden, daß die Argumentation, die Tat könne deswegen ungesühnt bleiben, weil sie aus dem Bewußtsein der breiten Öffentlichkeit geschwunden sei, keine Bedeutung hat. Selbst eine kleine Zahl nach Ablauf der Verjährung bekannt werdenden Taten wird das Rechtsbewußtsein in den neuen Ländern außerordentlich erschüttern – ja, gegen den Rechtsstaat angeführt werden. Man stelle sich die Wirkung vor, wenn jemand, der sich zur Zeit der Wende durch kriminelle Machenschaften ›eine goldene Nase verdient‹ hat, der ›abgezockt‹ hat, sich nach Ablauf der Verjährungsfrist seiner Taten rühmen und etwa seine Memoiren veröffentlichen kann, während weite Teile der Bevölkerung mit den schwierigen wirtschaftlichen Bedingungen der Einheit zu kämpfen haben.«

Im ersten Satz erklärt der thüringische Minister, daß die Bürgerinnen und Bürger in den neuen Bundesländern eine andere Befindlichkeit hätten als die Bürgerinnen und Bürger in den alten Bundesländern. Während die in den alten Bundesländern damit leben könnten, daß Straftaten zu irgendeinem Zeitpunkt verjähren, ertragen dies seiner Meinung nach Bürgerinnen und Bürger in den neuen Bundesländern nicht. Deren weit zurückliegende Taten werden auch nach dem 31.12.1997 nach seiner Auffassung nicht aus dem Bewußtsein der breiten Öffentlichkeit geschwunden sein und müssen schon deshalb weiter verfolgt werden.

Im zweiten Satz erklärt er, daß auch dann, wenn es nur um eine kleine Zahl von Taten geht, diese unbedingt noch strafrechtlich geahndet werden müßten, mit anderen Worten das Ziel besteht, daß keine einzige Tat je der Verjährung unterliegt.

Und im dritten Satz unterstellt er dann, daß Täter, die in den Vorteil der Verjährung kämen, sich anschließend ihrer Taten rühmen könnten, etwas, was er als völlig unerträglich betrachtet. Dieses dritte Argument wird von anderen noch dahingehend ausgebaut, daß man sich einmal vorstellen solle, wie es von den Menschen zu ertragen wäre, wenn ein Täter ab 1. Januar 1998 mit dem unrechtmäßig erworbenen Geld wedelnd durch die Straßen zöge und sich seiner Taten rühmen würde. Dieses Argument ist natürlich blanker Unsinn. Denn es verjährt ja nur die Strafverfolgung. Daraus ergibt sich keinesfalls, daß ein Täter Eigentümer von unrechtmäßig erworbenem Gut wird. Auch nach der Strafverfolgungsverjährung ist es jederzeit bei entsprechender Feststellung möglich, unrechtmäßig erworbenes Gut über ein Verwaltungsrechts- oder Zivilrechtsverfahren dem Geschädigten wieder zur Verfügung zu stellen. Sollte also tatsächlich ein Täter so dämlich sein, wedelnd mit dem Geld durch die Straßen zu ziehen, dann würde er es mit Sicherheit verlieren, und das wäre ja nicht das schlechteste. Und deshalb wird es auch niemanden geben, der sich in seinen Memoiren solcher Taten rühmt, weil er wüßte, daß er das unrechtmäßig erworbene Gut wieder verliert.

Aber auf all das kommt es in Wirklichkeit nicht an, denn was Minister Kretschmer beschreibt, gilt doch für jede Verjährung von Strafverfolgung. Weshalb ist es erträglich, daß sich ein Westdeutscher nach Ablauf von fünf Jahren seiner Tat rühmen dürfte, aber unerträglich, wenn dies ein Ostdeutscher tun würde? Weshalb darf Jahr für Jahr eine große Zahl von Betrugs- oder Untreuedelikten in den alten Bundesländern verjähren, ohne daß das Rechtsbewußtsein in den alten Ländern »außerordentlich erschüttert« wird? Alle Argumentationen, die für eine Verlängerung der Verjährungsfristen unterbreitet werden, sind Angriffe auf das Rechtsinstitut der Verjährung an sich. Denn Verjährung ist selbstverständlich nie gerecht, nur sinnvoll und zweckmäßig. Wer zum Opfer einer Körperverletzung wird, ärgert sich regelmäßig, wenn nach Ablauf einer bestimmten Frist der Täter nicht mehr verfolgt werden kann, aber dies unabhängig davon, wo die Körperverletzung stattfand und wer der Täter war. Die Argumente von Minister Kretschmer würden sich deshalb eignen, das Rechtsinstitut der Verjährung überhaupt in Frage zu stellen. Sie sind aber völlig unglaubwürdig, wenn sie dazu herhalten sollen, nur für Ostdeutschland die Verjährungsfrist zu verlängern, die Fristen für Westdeutsche aber beizubehalten, wie sie sind.

Und da es auch nach Auffassung von Minister Kretschmer nur noch um wenige Taten geht, muß noch auf etwas anderes hingewiesen werden. Wenn der Gesetzgeber eine Verjährungsfrist festlegt, dann trifft er damit zwei Entscheidungen. Zum einen legt er fest, daß innerhalb der Frist eine Strafverfolgung stattfindet, zum anderen legt er fest, daß danach Verjährung eintritt und eine Strafverfolgung ausgeschlossen ist. Und wenn ich die Argumente der Befürworterinnen und Befürworter richtig interpretiere, dann sagen sie, daß die Verjährungsfrist deshalb verlängert werden müsse, weil jetzt das passiere, was der Gesetzgeber damals entschieden hat, nämlich die Verjährung eintreten könnte. Es stellt sich also heraus, daß der Gesetzgeber eine Verjährungsfrist in der Absicht festgelegt haben soll, daß keine Verjährung eintritt. Dann aber ist die Festlegung einer Verjährungsfrist völlig überflüssig, denn deren Ziel besteht ja nun einmal darin, ab einer bestimmten Frist Straftaten verjähren zu lassen. Wenn dies dann aber nicht geschehen darf, dann spricht das gegen jede Verjährungsfrist, auch die neu angepeilte. Denn nach weiteren zwei Jahren stehen wir vor derselben Situation. Auch dann könnte es noch einen geben, dessen Straftat nicht ermittelt ist. Auch dann könnte wieder die Gefahr bestehen, daß er sich in seinen Memoiren dieser Straftat rühmt. In Wirklichkeit geht es also um Politik. Die Ostdeutschen sollen spüren, daß Regelungen im Westen für sie noch lange nicht gelten, nicht einmal Verjährungsfristen.

Und wegen der »schwierigen wirtschaftlichen Bedingungen der Einheit« sind und bleiben solche Strafverfahren wichtige Ablenkungsmanöver, und zwar nach dem Motto: »Die waren es, nicht wir!«. Und dafür soll in Kauf genommen werden, daß in Ostdeutschland faktisch eine Verjährungsfrist von zehn Jahren gelten würde, die in Westdeutschland nur fünf Jahre beträgt, daß also Artikel 3 Absatz 1 des Grundgesetzes verletzt wird, wonach alle Menschen vor dem Gesetz gleich sein sollen. Man wird sehen, was obsiegt, Jagd- oder Rechtsbewußtsein.

(Neues Deutschland, 3.11.97)

Der Mangel nach Willy Brandt

Mit dem Tode von Willy Brandt ist eine bestimmte Art von Biographien in der deutschen Politik ausgeschieden. Willy Brandt hatte eine Biographie, die von zahlreichen internationalen und nationalen Erfahrungen geprägt war – Kampf gegen Nationalsozialismus, Emigration, Verständnis für Kulturen anderer Völker. Auch die Souveränität, die mit solchen Biographien verbunden ist, wird es in dieser Form nicht mehr geben, weil das Leben der nächsten Generation völlig anders verlaufen ist. Heute ist die typische Karriere die über die Jungsozialisten oder die Junge Union oder die Jungen Liberalen, über ein Kommunalparlament, Landesparlament, irgendwann hin zum Bundestag, ohne daß man so geprüft wurde im Leben, wie das im Leben von Willy Brandt und anderer seiner Generation der Fall war. Ich glaube, daß sich dieser Mangel auswirkt, und zwar dahingehend, daß es weniger Nachdenklichkeit gibt, auch weniger Souveränität,

weniger Verständnis für Schwächen, die in solchen Biographien auch immer drinsteckten, weniger Angst vor Verlust, auch weniger Kraft, um das, was wirklich bewahrenswert ist, auch zu erhalten. Deshalb bleibt, was Willy Brandt betrifft, eine gewisse Sehnsucht, eine Sehnsucht nach einem komplizierten, schwierigen, mit Rückschlägen verbundenen, aber insgesamt spannenden Leben. Ich glaube, es gibt heute in der Politik eine Angst vor Langeweile. Das Leben von Willy Brandt zeichnete sich durch vieles aus, aber nie durch Langeweile.

(Bayerischer Rundfunk / Hörfunk, 8.10.97, anläßlich des 5. Todestages von Willy Brandt)

Wie wählt man Kohl ab?

I. »Wer PDS wählt, wählt Kohl.«?

Wolfgang Thierse (SPD) und Jürgen Trittin (Bündnis 90 / Die Grünen) haben mehrfach für ihre Parteien davor gewarnt, bei der Bundestagswahl 1998 PDS zu wählen. Das ist unter den Bedingungen politischer Konkurrenz nachvollziehbar, wenngleich es sinnvoller erschiene, sie würden in erster Linie versuchen, die Bürgerinnen und Bürger davon abzuhalten, CDU/CSU, FDP oder Schlimmeres zu wählen.

Bemerkenswert ist vor allem ihre Begründung. Sie argumentieren nicht damit, man solle die PDS wegen ihrer Politik nicht wählen, sondern mit der Aussage: »Wer PDS wählt, wählt Kohl«. Potentielle Wählerinnen und Wähler der PDS könnten geschockt reagieren. Glaubten sie bisher, mit ihrer Stimme Leute wie Christa Luft, Lothar Bisky oder auch mich zu wählen, so soll es plötzlich Kohl sein. Aber jede Aufregung ist unnötig, Kohl kandidiert nicht für die PDS, sondern nach wie vor direkt und auf Liste für die CDU. Ich räume ein, einen Moment gezögert zu haben, als ein Fan von Kohl mich anrief und fragte, ob es stimme, daß er PDS wählen müsse, damit Kohl Kanzler bliebe. Aber ich dachte mir dann, wir schaffen es auch ohne Mogeln.

Sind die sympathische Inkarnation westlicher Arroganz Jürgen Trittin und der sonst so moralisierende Wolfgang Thierse einfach einer Zeitungsente aufgesessen oder haben sie gar geschwindelt und meinen etwas anderes? Offenbar letzteres, aber was?

II. Wer könnte Kohl im Bundestag erneut zum Kanzler wählen?

Wie könnte es zur Wiederwahl Kohls als Bundeskanzler nach der Bundestagswahl 1998 kommen?

1. Würden CDU/CSU allein oder mit der FDP erneut die absolute Mehrheit der Bundestagsmandate erringen, würde Kohl von ihnen sicher wiedergewählt werden, und SPD, GRÜNE und PDS blieben in ihrer bisherigen Rolle. Nur hätte dies mit den Stimmen für die PDS nichts zu tun. Diese Konstellation können Thierse und Trittin also nicht gemeint haben.
2. In Frage käme, daß Thierse und Trittin sich sorgen, die PDS bekäme nicht genügend Stimmen, um in den Bundestag einzuziehen. Dadurch könnten SPD und GRÜNEN Stimmen gegen Kohl fehlen. Um dies zu verhindern, müßten sie aber aufrufen, verstärkt PDS zu wählen, damit die Stimmen nicht verloren gehen. Also können sie auch das nicht gemeint haben.
3. Bliebe die Möglichkeit, daß CDU/CSU mit oder ohne FDP in die Minderheit gerieten. Ich frage mich, wie Kohl dann zum Kanzler gewählt werden könnte. Die PDS-Abgeordneten würden ihn bestimmt nicht wählen. Kohls Wahl wäre also nur mit Hilfe grüner oder sozialdemokratischer Abgeordneter denkbar, denn: Erreichte die SPD die absolute Mehrheit, wird sie ihren Kandidaten zum Kanzler wählen, die PDS bildete die linke Opposition, von einem Kanzler Kohl keine Spur. Verfehlte die SPD die absolute Mehrheit, suchte sie sich einen oder mehrere Koalitionspartner. Ob mit GRÜNEN und/oder FDP – wieder gäbe es keinen Kanzler Kohl. Aber selbst bei einer großen Koalition könnte die SPD den Kanzler stellen, wenn sie stärker wäre als CDU/CSU. Und wenn nicht, Kohl würde für eine große Koalition nicht zur Verfügung stehen. Der Kanzler hieße dann Schäuble.

Thierse und Trittin können also gar nicht Kohl gemeint haben, sondern eher Politik à la Kohl. Und die könnte es tatsächlich geben, auch wenn nicht Kohl regierte, und zwar sowohl bei einer SPD-Alleinregierung als auch bei einer Koalition von SPD und GRÜNEN und am deutlichsten, wenn die SPD mit der FDP oder mit der CDU/CSU koalieren würde.

Und hier meinen Thierse und Trittin offenbar eine Verantwortung der PDS zu entdecken. Verfügten SPD und GRÜNE nicht über die absolute Mehrheit, sondern nur gemeinsam mit der PDS, so triebe es die SPD nach Auffassung der beiden an die Seite der FDP oder der CDU/CSU, weil SPD und GRÜNE eine Zusammenarbeit mit der PDS ablehnten. Da aber die PDS zur Zusammenarbeit mit SPD und GRÜNEN bereit ist, wären es doch nicht die Stimmen für die PDS, sondern die Stimmen für SPD und GRÜNE, die die SPD in eine solche Koalition führen könnten. Durch die PDS gäbe es einen diesbezüglichen Druck nicht, im Gegenteil. Für Ausgrenzungsentscheidungen tragen jene die Verantwortung, die sie treffen, nicht die Ausgegrenzten.

Für Thierse ist die Argumentation besonders schwierig, weil er einen Willen der SPD zur Koalition mit den GRÜNEN unterstellen muß, der keineswegs ausgemacht ist. Die SPD trifft aus guten Gründen vor der Wahl keine Koalitionsentscheidung. Zur beabsichtigten Politik Schröders würden nämlich Partner wie FDP oder CDU/CSU nicht schlecht passen.

Für Trittin ist die Argumentation nur möglich, weil er die Geschichte der GRÜNEN ausblendet. Über viele Jahre hat die SPD in Bezug auf die GRÜNEN so wie heute beide in Bezug auf die PDS argumentiert. Sie warnte vor einer Stimmabgabe für die GRÜNEN, weil die SPD mit diesen nicht regieren wollte, bei einer Wahl der GRÜNEN aber ohne sie eventuell nicht könnte. Damals wiesen die GRÜNEN diese Argumentation als undemokratisch, anmaßend und ausgrenzend zurück.

III. Warum und wen stört die PDS im Bundestag und welche Folgen hätte ihr Ausscheiden?

Auf jeden Fall sind sich SPD und GRÜNE einig, die PDS soll aus dem Bundestag verschwinden. Diesen Wunsch teilen sie mit CDU/CSU und FDP, also in ganz großer Koalition. Klaus-Jürgen Scherer vom Wissenschaftsforum Sozialdemokratie erklärte vor der Universität von Reading im September 1997 auf einer Konferenz über die PDS: »Selbstverständlich ist es eines der Wahlziele der SPD, daß die PDS am 27. September 1998 nicht wieder in den Bundestag einzieht und auf höchstens ein oder zwei Berliner Direktmandate beschränkt bleibt.«

Die SPD folgt damit ihrer Tradition seit 1990. Im Zusammenhang mit dem Beitritt der DDR zur BRD wurde die SPD vor allem in zwei Fragen aktiv. Sie drohte den Einigungsvertrag abzulehnen, wenn – wie ursprünglich vorgesehen – die Bestimmungen des Parteiengesetzes der DDR zur faktischen Enteignung der PDS nicht in Bundesrecht übernommen würden, und setzte sich durch. Darüber hinaus wollte sie den Wahlvertrag ablehnen, weil er für Ost und West getrennte Zählgebiete vorsah und damit ihrer Meinung nach die PDS begünstigte. Die Regierungen beider Länder gaben nach und schlossen einen verfassungswidrigen Wahlvertrag, der eine sofortige einheitliche Fünf-Prozent-Hürde und eine Sonderklausel zugunsten der rechten DSU, die die SPD selbstverständlich akzeptierte, festlegte. Der Vertrag wurde später vom Bundesverfassungsgericht aufgehoben und noch in der Verhandlung bat die Vertreterin der SPD allein mit Hinweis auf die PDS um Bestätigung des grundgesetzwidrigen Vertrages.

Hätte die SPD dieselbe Konsequenz gegen das Prinzip »Rückgabe vor Entschädigung«, die Warteschleife im Öffentlichen Dienst, das Rentenstrafrecht, die mangelnde Rentenüberleitung und viele andere Punkte an den Tag gelegt, wie anders wäre die Vereinigung verlaufen? In allem stimmte die SPD zu, sorgte zum Teil noch für Verschärfung. Ihre einzige bedingungslose Fixierung bestand im gewünschten Ausschluß der PDS.

Aber wenn SPD und Grüne das bundespolitische Verschwinden der PDS zusammen mit CDU/CSU und FDP betreiben wollen, dann müssen sie sich fragen lassen, ob sie auch die Folgen verantworten und die PDS ersetzen könnten.

Jede Benachteiligung Ostdeutscher, die im Bundestag thematisiert wurde, wurde von der PDS zur Sprache gebracht. Gelegentlich folgten andere (zum Beispiel die SPD beim Rentenstrafrecht, aber erst 1994). Den Kampf um die Respektierung ostdeutscher Biographien führt die PDS allein. Im Konfliktfall ist hinsichtlich ostdeutscher Interessen nur auf die PDS Verlaß. Ohne die PDS im Bundestag würden ostdeutsche Fragen dort marginalisiert werden. Die kulturellen Auswirkungen für Millionen Ostdeutsche, auch für solche, die nicht PDS wählen, wären erheblich. Aber das scheint der SPD und den GRÜNEN egal zu sein, Hauptsache, ihre Wahlarithmetik geht auf.

Das Bundesverfassungsgericht hat in seinem Urteil zur Direktmandatsklausel darauf hingewiesen, daß das Wahlrecht nicht nur dem Funktionieren des Parlaments, sondern auch der Repräsentanz relevanter Bevölkerungsgruppen zu dienen habe und daß die PDS genau diese Funktion erfülle. Aber SPD und GRÜNE wünschen, daß ca. 20 Prozent der Ostdeutschen nicht im Bundestag vertreten sind. Sie behaupten, daß die PDS eine »Milieupartei« sei, wollen dieses »Milieu« vom Bundestag ausschließen, es aber auch nicht mitvertreten, weil sie es ablehnen.

Die Bedeutung der PDS besteht unter anderem darin, daß sie die einzig sichtbare politische Ausnahmestruktur zur Vereinigungskonzeption der Bundesregierung darstellt. Bei allen anderen Parteien im Bundestag, bei den Gewerkschaften, Kirchen, Medien, wissenschaftlichen und kulturellen Einrichtungen, Verwaltungen, der Justiz, dem Recht, vielen Vereinen und der Wirtschaft ging das Konzept der Bundesregierung auf: die Ein- und Unterordnung Ostdeutscher. Und in dieser Frage sind sich von der CSU bis zu den GRÜNEN im Bundestag alle einig, es soll keine Ausnahme, keine ostdeutsch dominierte Partei im Bundestag geben. Verantwortbar ist diese Haltung allerdings nicht.

Die PDS hat die weitere – ebenfalls von SPD und GRÜNEN in dieser Hinsicht nicht leistbare – Aufgabe, ihren Beitrag zur westeuropäischen Normalisierung der BRD zu leisten. Denn nur in der BRD grassiert ein derart irrationaler Antikommunismus, der sogar funktioniert, wenn es kaum noch Kommunistinnen und Kommunisten gibt. Er richtet sich heute vornehmlich gegen die demokratischen Sozialistinnen und Sozialisten der PDS. Dafür gibt es historische Ursachen, aber die sind am 3. Oktober 1990 entfallen. Während in fast allen anderen Ländern Westeuropas eine Partei links von der Sozialdemokratie als zum politischen Spektrum dazugehörig von der Bevölkerung und der politischen Klasse akzeptiert wird, setzt die politische Klasse der BRD ihren diesbezüglichen Sonderweg, das heißt den Kalten Krieg, fort und versucht, mit allen Mitteln eine solche Akzeptanz in der Bevölkerung zu verhindern. Im Osten ist sie damit schon gescheitert, im Westen ringt sie um die Fortsetzung der Nichtakzeptanz.

SPD und Grüne berufen sich bei ihrer Ablehnung einer Zusammenarbeit mit der PDS vor allem auf deren mangelnde Akzeptanz im Westen, vergessen jedoch darauf hinzuweisen, welchen Beitrag sie dazu leisten.

Dabei geht es nicht nur um die PDS, nicht nur um die Gesellschaft in der BRD. Deutschland spielt im Rahmen der Europäischen Union eine dominierende Rolle. Und wenn in Deutschland eine politische Kraft links von der Sozialdemokratie nicht akzeptiert wird oder gar bundespolitisch verschwindet, dann hat das Auswirkungen auf die Linke in Europa, auf die Akzeptanz eines breiten politischen Spektrums in anderen europäischen Ländern.

Die PDS betreibt demokratisch-sozialistische Politik. Nichts dergleichen ist von der SPD und den GRÜNEN zu erwarten. Sie können auch diesbezüglich die PDS nicht ersetzen. Während es ihnen um soziale oder ökologische Korrekturen an der neoliberalen Politik der Bundesregierung geht, geht es der PDS um Alternativen. Es gibt kein Feld der Politik, in dem die PDS nicht andere Ansätze hat, zumindest wesentlich konsequenter auftritt. Das gilt für Antirassismus und Antimilitarismus ebenso wie für Demokratisierung und vor allem die Sozial- und Arbeitsmarktpolitik, die Wirtschafts- und Steuerpolitik. Nur die PDS lehnt einen EURO ab, der zu Lohn- und Sozialdumping, zum Abbau ökologischer, demokratischer und juristischer Standards führen muß und darüber hinaus Europa eher spaltet als eint.

Die Politik der SPD ist Bestandteil der herrschenden Politik, die der GRÜNEN nähert sich ihr in rasantem Tempo an. Zum Teil sind die GRÜNEN schon näher bei CDU/CSU und FDP als die SPD. Das gilt zum Beispiel für ihre Bereitschaft zur Senkung des Rentenniveaus und des Spitzensteuersatzes für Großverdiener bei der Einkommensteuer.

Die radikalen Umverteilungsvorschläge bezüglich der Einkommen und Güter in der Erfurter Erklärung werden mehrheitlich von der SPD und den GRÜNEN abgelehnt. Ihnen dient der Hinweis auf die PDS zur Ablehnung dieser Erklärung nur als Ausrede.

Die PDS ist also auch inhaltlich durch SPD und GRÜNE nicht ersetzbar, weil sie wie keine andere Partei die soziale Frage aufwirft und für soziale Gerechtigkeit streitet. Sie ist und bleibt die entschiedenste Oppositionskraft im Bundestag gegen die zunehmende Ungerechtigkeit und Kälte.

IV. Welche Wählerinnen und Wähler in Deutschland entscheiden über bundespolitische Kompetenz?

Bemerkenswert ist eine Begründung, die Thierse in einem Interview mit der »Frankfurter Rundschau« vom 19.12.1996 dafür gab, daß die PDS auf Bundesebene nicht »verantwortlich« mitwirken könne:

»Als nur in den ostdeutschen Ländern tatsächlich vertretene Partei verfügt sie (...) über kein demokratisches Mandat durch und für die Bürgerinnen und Bürger der ganzen Bundesrepublik. Bundespolitische Verantwortung kann aber keine Partei übernehmen, die nur regionale Interessen vertritt und im größten Teil des Landes keine Akzeptanz findet.«

Unabhängig davon, daß die PDS 1998 in Bonn nicht regieren will und selbst sagt, sie müsse ihre Akzeptanz im Westen erhöhen, ist die Begründung Thierses wert, analysiert zu werden. Dabei will ich vernachlässigen, daß für ihn nur das Regieren und nicht das Opponieren etwas mit Verantwortung zu tun hat. Der PDS bestreitet er die Legitimation zur Regierungsbeteiligung in Bonn, weil sie nur regional verankert sei. Das ist die CSU auch, ohne daß Thierse deren Legitimation je bestritten hätte. Natürlich kann man einwenden, daß die CSU im Unterschied zur PDS eine starke Schwesterpartei in den anderen Bundesländern habe. Thierse bezweifelt aber auch die Legitimation der FDP nicht. Und hier lohnt ein Vergleich. Die FDP erzielte bei der Bundestagswahl 1994 in den neuen Bundesländern und Ostberlin 302.262 Stimmen, die PDS in den alten Bundesländern und Westberlin 337.585 Stimmen. Beides nicht berauschend, beides weit davon entfernt, als Verankerung angesehen werden zu können. Nur daß eben der FDP die Verankerung im Osten wie der PDS die Verankerung im Westen fehlte. (Das Wahlergebnis der GRÜNEN im Osten sprach übrigens auch nicht gerade für eine dortige Verankerung).

In Thierses Argumentation zeigt sich, daß das »ostdeutsche Mundwerk« – so Grass über Thierse in Auseinandersetzung mit Stefan Heym – schon völlig westabhängig denkt. Eine überwiegende Verankerung im Osten reicht für ihn zur bundespolitischen Legitimation nicht aus, eine im Westen allemal. Wäre in Anbetracht der sozialen und kulturellen Verwerfungen im Osten nicht die umgekehrte Logik angebracht? Warum kommt Thierse nicht auf die Idee zu sagen, daß es 1998 höchste Zeit wäre, eine vorwiegend ostdeutsch verankerte Partei neben anderen Parteien in »bundespolitische Verantwortung« zu nehmen? (Sie würde diese »Verantwortung« ja nicht allein tragen).

Der Gedankengang Thierses ist auch in anderer Hinsicht bestürzend. Einmal angenommen, FDP und PDS bekämen 1998 je fünf Prozent der Stimmen, die FDP überwiegend im Westen, die PDS überwiegend im Osten. Dann würde nach Thierse nur der PDS die bundespolitische Legitimation fehlen, weil sie die Stimmen nach seiner Meinung am falschen Ort bekommen hätte. Das Denken von Thierse ist nicht nur westdominiert, sondern auch weit von einem Einheitsdenken entfernt. Das Bundeswahlrecht geht von der formalen Gleichheit der Stimmen aus. Bei einer Partei, die die im Wahlrecht vorgesehenen Hürden überschreitet, ist es juristisch völlig irrelevant, ob die Stimmen aus Leipzig oder Stuttgart kommen. Thierse hebt diese Gleichheit politisch auf und erklärt die Stimmen aus Stuttgart für bedeutender als die aus Leipzig, weil die einen für die Wahrnahme »bundespolitischer Verantwortung« sprächen, die anderen nicht. Für einen »Ostpolitiker« eine bedenkliche Einstellung.

V. Wer verantwortet welche Entscheidung nach der Bundestagswahl?

Nutzen nach der Wahl 1998 SPD und GRÜNE eine eventuell gegebene Möglichkeit für gesellschaftliche Veränderungen nicht, dann müßten sie das verantworten und nicht, wie sie hoffen, die PDS. Sollten sie dann erklären, daß ihnen die CDU/CSU oder die FDP näher stehe als die PDS, würde dies wenig über die PDS, aber eine Menge über SPD und GRÜNE aussagen. Das wissen auch Thierse und Trittin, und deshalb fürchten sie eine solche Entscheidungssituation. Aber die PDS wird sie daraus nicht entlassen.

Die PDS sollte den Wahlkampf eigenständig und um jede Stimme führen, deutlich machen, daß an ihr ein Regierungswechsel nicht scheitert, daß sie zur Zusammenarbeit mit SPD und GRÜNEN in Bonn ebenso bereit bleibt, wie sie sich das Recht nimmt, sie auch deutlich zu kritisieren, was jede Form von Anbiederung ausschließt.

Vielleicht tue ich ja Thierse und Trittin Unrecht. Durch die elende deutsche Neigung zu unvollständigen Sätzen haben sie sich womöglich nur falsch ausgedrückt. Sie wollten gar nicht sagen, »Wer PDS wählt, wählt Kohl«, sondern »Wer PDS wählt, wählt Kohl ab«. Der Satz würde auf jeden Fall eher stimmen, nur dann sollten Thierse und Trittin ihn künftig auch vollständig aussprechen.

Wirklich vollständig müßte der Satz allerdings lauten:

»Wer PDS wählt, wählt nicht nur Kohl ab, sondern auch Kohl'sche Politik«. Das ist etwas anderes und etwas mehr, als SPD und GRÜNE zu bieten haben.

(Neues Deutschland, 21.11.97)

8.

FEIERLICH

Zur 100. Ausgabe der »Woche«

Bonn, 15. Dezember 1994

Sehr geehrter Herr Bissinger,

schätzen gelernt habe ich DIE WOCHE, als sie – in einer ihrer ersten Ausgaben – die Nullsteuer großer deutscher Konzerne enthüllte. Ich hoffe, daß in Ihrer Zeitung auch dann noch gegen den Strom geschwommen wird, wenn sie hochbetagt ist. Aber bis dahin ist ja noch etwas Zeit.

Herzlichen Glückwunsch zu Ihrer hundertsten Ausgabe!
Ihr Gregor Gysi

Grußwort für eine Informationsschrift des CB-Funker Stammtisch Haunstetten / Augsburg

In Zeiten, in denen multimedial gearbeitet, vernetzt und kooperiert wird, scheint der Funkamateur wie ein verlorener Rufer in der Wüste. Was die modernste Technik aber nicht bieten kann, ist das Prickelnde, das Ungewisse, das Überraschende und schließlich das Erfolgserlebnis des Funkens.

Über Uhrzeiten, Ländergrenzen und Kontinente hinweg bis in die verschwiegensten Zipfel dieser Welt sucht und findet der Funker Kontakt zu anderen Menschen und leistet auf unterschiedlichste Art humanitäre Hilfe. In diesem Sinne dient das Funken – anders als die modernste Technik es vermag – der Verständigung der Menschen in einer friedlichen Welt.

Bonn, 2. Februar 1996
Gregor Gysi

Zur Volljährigkeit der »tageszeitung«

taz? Es gibt wahrscheinlich Überflüssigeres in Deutschland. Glückwunsch!

(die tageszeitung, 18.4.96)

Mehr als nur Gewicht
Zum »Adenauer-Jubiläum« von Bundeskanzler Kohl

Selbst wenn es schwerfällt, auch wenn man nicht zu seinen Freunden gezählt wird – Respekt kann man Helmut Kohl nicht versagen. Sich über 5000 Tage und Nächte als deutscher Kanzler behauptet zu haben, verlangt mehr als nur Gewicht. Geschick und eine politische Nase, eine glückliche Hand bei der Auswahl seiner Berater und ein wenig Intrige, Machtinstinkt und Poltergeist gehören wohl zu den Eigenschaften, aus denen heute Jahrzehnte-Kanzler geschnitzt sein müssen.

Auf der Strecke bleiben dabei Demokratiefähigkeit und Reformfreudigkeit. Die CDU ist heute Kohl und Kohl zum Synonym für die CDU geworden. Das Schicksal hat sie mit dem Makel eines Kanzlerwahlvereins belegt. Aus der international viel gerühmten deutschen parlamentarischen Demokratie ist dank Helmut Kohl eine eher autoritäre Kanzlerdemokratie geworden. Der »Bürger-King«, wie ihn ein ihm nahestehendes Politikmagazin tituliert, gibt sich für den Mann auf der Straße einfach und gelassen, überlegen, gelegentlich etwas geschwätzig und nachdenklich, in der Wahl seiner Worte volkstümlich und bescheiden, mitleidig und milde lächelnd und nur selten aufbrausend. Entschlossen wirken seine Spurts über Marktplätze, nach Eierwürfen auf ihn.

Konflikte in seiner Partei wälzt er nieder, in der Politik sitzt er sie vielfach aus. Die Innenpolitik interessiert ihn nach der deutschen Einheit kaum noch, er läßt sie machen, wie er seine Memoiren aufschreiben läßt. Heute ist sein Arbeitsfeld der rote Teppich der Außenpolitik, will er doch auch noch als Kanzlervater der europäischen Einheit in die »Weltgeschichte« eingehen.

Die medial verordnete Ehrfurcht vor seiner Leistung läßt zunehmend seine Kritiker schweigen, selbst die Witze über ihn sind rar geworden.

Ich wünsche ihm alles Gute, Gesundheit, persönliches Glück – mehr soziales Gewissen und keinen Eifer, nach Adenauer auch noch Bismarck in der Regentschaftsdauer überbieten zu wollen.

(Stellungnahme gegenüber »Associated Press«, 15.10.96)

Ein karnevalistischer Vorschlag auf der Schnieken Prunz Sitzung in Köln

Ich muß mich bei Ihnen erst mal entschuldigen. Eigentlich war der Bundeskanzler eingeladen, hier eine Rede zu halten. Aber leider hat ihm jemand verraten, daß der WDR diese Veranstaltung aufzeichnet. Neulich bei Biolek hat er das ja nicht gewußt. Er hatte Biolek mit Jörg Wontorra verwechselt, und von dem weiß er, daß der bei seinem Haussender SAT-1 auftritt. Also, der Kanzler kommt nicht zum WDR, auch wenn ihn jetzt erstmalig ein SPIEGEL-Redakteur auf einer Auslandsreise begleiten durfte. Das muß für die nächsten 14 Jahre reichen.

Das Festkomitee hatte daraufhin bei Rudolf Scharping angefragt. Aber das ging auch schief. Scharping macht nämlich keinen Schritt, den die CDU ihm nicht ausdrücklich erlaubt.

Dann hatten sie Wolfgang Gerhardt gebeten. Diejenigen hier im Saal, die ihre Eintrittskarte von der Steuer absetzen können, werden sicher wissen: das ist der FDP-Chef. Der war sich aber nicht sicher, ob das nicht eine Intrige von Jürgen Möllemann ist. Und da das bis zur Stunde nicht geklärt werden konnte, braucht niemand jetzt eine Pinkelpause einzulegen. Er kommt nicht.

Deswegen stehe ich nun hier und soll der Veranstaltung einen Sinn geben. Daß es so schlimm um den rheinischen Karneval bestellt ist, hätte ich mir vor 1989 auch nicht träumen lassen. Obwohl: daß die kapitalistische Gesellschaft ihrem Zusammenbruch nahe ist, hat man uns natürlich gesagt. Nur nicht, daß das ausgerechnet heute hier in Köln-Bocklemünd stattfindet. So wie Sie hier das Bier wegputzen, wird doch die Hälfte von Ihnen morgen nicht zur Arbeit gehen können. Ich will Ihnen das jetzt nicht im Einzelnen erklären, aber damit sind Sie alle dafür verantwortlich, daß die Staatsschulden weiter wachsen. Zwei Billionen DM haben wir doch schon. Da kann die Bundesrepublik mit manch untergegangenem Staat mühelos mithalten. Und nun erwartet der Sitzungspräsident von mir, daß ich Ihnen sage, wie wir da wieder rauskommen. Na gut, mache ich auch gleich. Aber vorher muß ich noch was zur Bundesregierung sagen.

Seitdem der Umzug von Bundestag und Bundesregierung nach Berlin beschlossen ist, bemüht die Bundesregierung sich ja, internationale Einrichtungen nach Bonn zu locken. Bonn ist jetzt z.B. Sitz des UNO-Sekretariats der Konvention über wildlebende und freilebende Tierarten – der sogenannten »Fledermauskonvention«.

Als nächstes will die Bundesregierung das Sekretariat der Wüstenkonvention der UNO nach Bonn holen. Da haben sich manche gefragt: Wüstensekretariat? Warum ausgerechnet in die Bundesrepublik? Dabei liegt das auf der Hand: Algerien hat zwar die Sahara, Israel die Negev-Wüste und die Mongolei hat die Wüste Gobi. Aber die Bundesrepublik hat die frühere DDR. Und jetzt ist auch klar, warum die Bundesregierung den »Aufbau Ost« so gemacht hat, wie sie ihn gemacht hat. Sie wollte sich damit nur um den Sitz dieses Wüstensekretariats bewerben. So schafft der »Aufbau Ost« letztlich doch noch ein paar Arbeitsplätze.

Das reicht aber nicht. Und damit komme ich jetzt zu meinem Vorschlag, wie wir uns vor dem drohenden wirtschaftlichen und finanziellen Zusammenbruch retten können. Wir haben bei der Vereinigung nämlich einen Fehler gemacht. Und den müssen wir jetzt wieder rückgängig machen. Wir haben uns einfach für die falsche Währung entschieden.

Überlegen Sie mal: Wenn wir jetzt nicht 2 Billionen DM Staatsschulden hätten, sondern 2 Billionen DDR-Mark, da stünden wir doch blendend da. Wir müssen das einfach wieder umdrehen. Das würde auch gleich eine Menge anderer Probleme lösen. Was glauben Sie denn, warum es in der DDR keine Bankraube und kein hartes Drogenproblem gab? Das lag an der Währung. Die wollte doch niemand haben, nicht mal geklaut. Und glauben Sie im Ernst, daß irgendein Dealer noch Heroin verkaufen würde, wenn er dafür nur diese Alu-Chips bekäme?

Na also. Es gibt für die meisten Probleme eine recht einfache Lösung. Aber auf mich hört der Bundeskanzler ja nicht. Apropos Bundeskanzler – eines sollte ich Ihnen von ihm noch ausrichten: Tschüß!

(Redemanuskript, 28.1.97)

Jugendweihe in Hellersdorf/Marzahn, 26. April 1997

Liebe Mädchen und Jungen, liebe Eltern, liebe Großeltern,
liebe Geschwister und alle anderen Angehörigen,
liebe Bekannte und Freunde, liebe Lehrerinnen und Lehrer,

heute werden Sie – ich will das jetzt schon mal üben mit dem Sie, damit Sie sich daran gewöhnen, das ewige Geduze hört jetzt auf – heute werden Sie in den Kreis der Erwachsenen aufgenommen und ich denke, es ist für Sie auch ein besonderer Tag, natürlich auch für Ihre Eltern und Ihre Angehörigen. Denn ab jetzt bekommt Ihr Leben Schritt für Schritt doch einen neuen Charakter.

Nicht, daß bisher alles leicht für Sie gewesen wäre, aber die Verantwortung für das eigene Leben und auch für das Leben anderer nimmt zu. Ab jetzt hat der Gesetzgeber Ihnen zum Beispiel zivil- und strafrechtliche Verantwortlichkeit auferlegt, Ihr Handeln wird nun anders beurteilt, die moralischen Ansprüche wachsen.

Aber Bange machen gilt nicht, Sie sollen sich auf das Leben ja auch freuen. Und Sie sollen nicht die Ängste meiner Generation übernehmen und schon gar nicht unsere Fehler wiederholen. Sie werden allerdings vor eigenen nicht verschont bleiben. Schon in Kürze werden Sie vor ganz schwierigen Fragen und Entscheidungen stehen, wenn es um Berufsausbildung oder Studium geht. Ich kann nur hoffen, daß Sie wenigstens vor solchen schwierigen Fragen und Entscheidungen stehen.

Hohe Bildung befreit, denn nur sie ermöglicht es, mit Sachkenntnis zu entscheiden. Ihr Leben wird mit Fragen sozialer Ungerechtigkeit und Arbeitslosigkeit konfrontiert sein und Sie sollten nicht ruhen, bis beides überwunden ist.

Ich komme aus einer Gesellschaft, in der der Mensch in erster Linie als soziales Wesen und viel weniger als Individuum galt. Sie wachsen in eine Gesellschaft hinein, in der der Mensch in erster Linie als Individuum und viel weniger als soziales Wesen gilt. Ich denke, wir sollten uns dafür engagieren, daß der Mensch in seiner Ganzheit wahrgenommen wird, das heißt als Individuum und als soziales Wesen.

Aber Sie werden auch erleben, wie sich Nationalstaatlichkeit abbaut und ein neuen Europa entsteht. Vielleicht entwickeln Sie schon ein europäisches Bewußtsein, das endlich Krieg in Europa ausschließt. Es besteht aber auch die Gefahr, daß wir einen Kampf um Vorherrschaft erleben wie der Krieg im ehemaligen Jugoslawien gezeigt hat. Und Europa ist nicht nur Mittel-, West- und Nordeuropa, sondern auch Ost- und Südeuropa. Und dann gibt es noch die sogenannte Dritte Welt, für deren Entwicklung wir alle mit Verantwortung tragen. So lange es Hunger, Krieg, Elend, Not und Flucht auf dieser Erde gibt, so lange klopfen sie auch an Ihre Tür.

Heute vor 60 Jahren wurde die kleine Stadt Guernica im Baskenland durch Bomben dem Erdboden gleich gemacht, von einer deutschen Legion, der Legion Condor. Es war nicht mal ein Krieg zwischen Deutschland und Spanien, aber es war der Beginn eines grausamen Luftkrieges in den späteren Jahren. Wir sollten solcher Ereignisse gedenken und sie nicht vergessen und dafür streiten, daß Krieg irgendwann aus dem Leben der Menschheit für immer verbannt wird.

Aber gefährdet sind auch unsere natürlichen Lebensgrundlagen. Wir, meine Generation, wie sind noch in dem Bewußtsein aufgewachsen, Herr der Natur zu sein, und so sind wir auch mit ihr umgegangen. Ich hoffe, Sie verstehen sich als Teil der Natur. Wir als Menschen dürfen von der Natur nehmen, aber wir müssen ihr auch geben und sie erhalten, sonst wird es irgendwann die Gattung Mensch nicht mehr geben.

Ich will hier aber keine ewig lange Rede halten, weil ich weiß, Sie haben heute noch anderes vor und es soll ja nicht der Tag werden, an dem Sie sich lange Reden anhören müssen. Sie sehen mir ja an, daß bei mir die Jugendweihe auch noch nicht lange her ist, und deshalb habe ich daran noch eine gewisse Erinnerung, daß es mir auch nicht gepaßt hätte, wenn die Reden ewig gedauert hätten, weil man eigentlich feiern und fröhlich sein will. Lassen Sie mich deshalb am Schluß noch einige Bitten an Sie äußern.

Bewahren oder entwickeln Sie Toleranz, beurteilen Sie Menschen nie nach ihrer Hautfarbe, ihrer Herkunft, ihrer Nationalität, ihrer Religion oder Weltanschauung, auch nicht nach ihrer Art zu lieben. Beurteilen Sie Menschen nach ihrem Charakter, nach dem was sie tun und was sie unterlassen. Bewahren oder entwickeln Sie eine tiefe demokratische Gesinnung, was vor allem bedeutet, die Rechte anderer zu respektieren, auch die von Minderheiten, und anderen seinen Willen nicht aufzuzwingen. Bewahren oder entwickeln Sie ein partnerschaftliches Verhältnis zwischen den Geschlechtern.

In einer Männergesellschaft, in der wir immer noch leben, werden Mädchen und Frauen nicht nur benachteiligt, auch die Männer können nicht frei werden und unterliegen ebenso einem unbegründeten Rollenzwang. Die Befreiung des Menschen findet nur statt, wenn auch die Frauen befreit werden. Bewahren oder entwickeln Sie die Fähigkeit zu lieben. Denn nur so können Sie hoffen, geliebt zu werden. Bewahren oder entwickeln Sie ein soziales Gewissen und solidarische Fähigkeiten. Nur, wer sich solidarisch verhält, wird auch Solidarität erfahren.

Sie sollen, wenn es nach mir ginge, mit meiner Generation kritisch aber auch nachsichtig umgehen. Und Sie werden es irgendwann als Eltern erleben, wenn Sie dann Eltern sind, daß Sie nicht nur die Kritik, sondern auch die Nachsicht der Kinder benötigen.

Aber ich möchte, daß Sie auch lernen, für Ihr Recht zu kämpfen und Forderungen zu stellen. Wer in dieser Gesellschaft nichts fordert, bekommt auch nichts.

Und vergessen Sie nicht, sich in jeder Lebenssituation kulturell zu betätigen und sich mit Kultur auseinanderzusetzen. Zivilisatorischer Fortschritt zeigt sich in einem Mehr an Kultur. Das und nichts anderes muß auch der letzte Zweck von Politik sein. Engagieren Sie sich auch politisch, denn die scheinbar Unpolitischen machen auch Politik, zumeist aber keine selbstbestimmte.

Wenn ich um Nachsicht für Ihre Elterngeneration, für meine Generation, gebeten habe, dann soll das aber nicht heißen, daß es nun gar keine Ratschläge von uns gäbe, die man annehmen dürfe. Manche dieser Ratschläge resultieren doch einfach aus eigenen Erfahrungen, daß man Fehler, die man selbst gemacht hat, eben nicht wiederholt sehen will in der nächsten Generation – wenn ich Sie zum Beispiel bitte, vorsichtig zu sein mit den Vergnügungen verschiedenster Art, die jetzt auf Sie zukommen, und den Verlockungen, die damit verbunden sind. Ich sage das, weil es diesbezüglich langjährige Erfahrungen gibt. Sie sollen Ihr Leben selbst bestimmen und deshalb nicht abhängig werden, auch nicht von irgendwelchen Rauschmitteln. Sie versäumen fast nichts, aber Sie gewinnen viel Eigenständigkeit, wenn Sie darauf verzichten.

Liebe ist mehr als Sexualität, und wenn Ihre Eltern Ihnen sagen, daß man damit nicht zu früh, nicht zu oft, nicht zu doll anfangen soll, dann entspricht das meist eigener Erfahrung. Man hat mehr davon, wenn man es sich im Leben gut einteilt. Deshalb will ich Ihnen das gar nicht ausreden, ich möchte nur, daß Sie selbstbestimmt und souverän damit umgehen, lassen Sie sich nicht unter Gruppenzwang bringen nach dem Motto »Wer hat welches Erlebnis zuerst?«. Entscheidend ist, wer hat das schönste, und dazu gehört auch die richtige Zeit, dazu gehört, daß es dann auch um mehr geht.

Nun will ich auch schon aufhören mit meinen Ratschlägen, die haben Sie jetzt schon lange genug gehört. Sie kommen bald in das Alter, wo Sie dann selber Ratschläge geben und sich darüber wundern, daß die nächste Generation zunächst gar nicht darauf hören will. Aber Erfahrungen sind wichtig, negative und positive.

Vergessen Sie nicht, zum Glück gehört auch immer Unglück. Sie werden auch traurig sein in Ihrem Leben, Sie werden unglücklich verliebt sein, Sie werden eifersüchtig sein, das alles ist nicht zu verhindern. Aber man muß die Kraft finden, auch damit umzugehen. Wenn man das weiß, dann schafft man das auch. Und das weiß man, auf Unglück kommt auch wieder Glück und es gibt nicht das reine Glück. Man muß auch mit Trauer leben können und fertig werden können. Ich glaube, daß Sie das alles schaffen.

Sie haben schon viele Brüche erlebt in Ihrer Jugend, Sie haben Menschen sich wandeln erlebt, auch das gehört zum Leben und deshalb setze ich eigentlich auf Ihre Generation. Ich mache mir Hoffnung, daß Sie zumindest andere Fehler begehen als wir und das wäre ja schon ein Fortschritt. Darauf will ich mich einfach verlassen.

Eines möchte ich Ihnen zum Schluß noch mitgeben. Vergessen Sie nie, daß nichts geschieht, weder in dieser noch in anderen Gesellschaften, wenn die Menschen, das heißt auch Sie, nicht zulassen, daß es geschieht.

Zum Tour-de-France-Sieg 1997 des Teams Deutsche Telekom

Bonn, 28. Juli 1997

Liebe Radsportler vom Team Deutsche Telekom,

herzlichen Glückwunsch zu Ihrem gemeinsamen, begeisternden Erfolg bei der Tour de France 1997. Von solchen Aufschwüngen, wie Sie sie dem Radsport in der Bundesrepublik Deutschland bereiten, kann in anderen Bereichen unserer Gesellschaft leider nur geträumt werden.

Ich wünsche Ihnen, daß Sie auch weiterhin sturzfrei über alle Berge und durch alle Täler erfolgreich ins Ziel kommen.

Mit freundlichen Grüßen
Gregor Gysi

Zur 400. Ausgabe der »Frankfurter Allgemeine Sonntagszeitung«

Bonn, 20. Oktober 1997

Die »Frankfurter Allgemeine Sonntagszeitung« hat mich, soweit ich erinnere, zwei- oder dreimal um ein Interview gebeten, und ich habe dies gerne angenommen und fand die Ergebnisse sehr fair. Ich muß allerdings eingestehen, daß ich Ihre Zeitung mit Ausnahme der als Belegexemplare zugesandten Ausgaben nicht kenne. Der Grund liegt schlicht darin, daß das Pressebüro unserer Bundestagsgruppe nur eine begrenzte Zahl der in der Bundesrepublik erscheinenden Zeitungen abonnieren kann – auch weil die PDS im Gegensatz zu den anderen Fraktionen nur die Hälfte an Zuschüssen aus dem Bundestag erhält (das Bundesverfassungsgericht hat über unsere Klage dagegen noch nicht entschieden). Ihre Zeitung gehört leider nicht zu unserem Abonnement.

Auf Ihre Frage, worüber ich mich in den zurückliegenden 399 Ausgaben am meisten gefreut, und worüber ich mich am meisten geärgert habe, kann ich deswegen nur antworten: Gefreut habe ich mich am meisten darüber, daß auch eine Zeitung, die ich nicht lese, die PDS nicht ignoriert – geärgert habe ich mich dagegen am meisten darüber, daß es vermutlich etliche Artikel in Ihrer Zeitung mit brauchbaren oder gar wertvollen Informationen gegeben hat, die mir für immer und ewig unbekannt geblieben sind und bleiben werden. Vielleicht wird sich das im Verlauf der nächsten 400 Ausgaben ändern – das wünsche ich Ihnen und mir gleichermaßen.

Geleitwort zum Suhler Kultur-Kalender 1998

Der PDS-Stadtvorstand Suhl gibt seit 1994 einen Jahreskalender mit wechselnden Themen heraus. Für den Kalender 1998, der sich dem Thema »Kultur« widmet, schrieb Gregor Gysi das Geleitwort:

Wir sind kulturhistorisch und künstlerisch interessiert, lieben kulturelle Freizeitangebote, das Buch, das Theater, die Musik, bemühen uns, uns kultiviert, kunstsinnig und kulturvoll zu benehmen, achten die Kunst und die Künstlerinnen und Künstler, beklagen Kulturbanausentum und Kulturlosigkeit, lassen den Mantel mit einer Kunstfaser im Kunstlicht kunststopfen, versorgen uns mit Kunsthonig und Kunstdünger für den Garten und haben ab und zu Künstlerpech.

Es scheint, zumindest in unserem Sprachgebrauch, als wären Kultur und Kunst wirklich jeder zweite Herzschlag unseres Lebens. Die Wirklichkeit ist trüber. Kulturhäuser und Bibliotheken wurden gesundgeschrumpft, Theater und Orchester durch- und wegrationalisiert, Buch-, Theater- und Kinokartenpreise explodieren, Gewalt und Kitsch im Fernsehen füllen zunehmend das Freizeitprogramm vieler Menschen. Ein Kreislauf ohne Ende? Wir können den dominierenden Alltag und die herrschende Lebensweise nicht über Nacht vom Kopf auf die Füße stellen. Die neue Bundesrepublik hat eine andere Vorstellung von der Kulturgesellschaft als die alte DDR. Wir müssen dies akzeptieren und zugleich versuchen, sie zu verändern. Das aber kostet Zeit, Geduld und auch Geld, bedarf vieler kluger Köpfe. Wir können uns aber jeden Tag zu unserer eigenen Biographie bekennen und zu unserer Herkunft aus einer anderen Geschichtskultur stehen. Was uns nichts kostet, ist immer wieder aufs Neue zu lernen, zuzuhören, tolerant mit anderen Auffassungen und Haltungen umzugehen, sozialistisch zu denken und uns demokratisch zu verhalten, Vertreter einer neuen politischen Kultur zu werden.

Was Überwindung kostet, ist den Fernsehapparat nicht einzuschalten und dafür ein Buch zu lesen, im Kreise der Familie und Freunde zu diskutieren, zu wandern oder Fahrrad zu fahren, mit ihnen kulturvoll umzugehen. Über die Welt des 21. Jahrhunderts wird im Kopf entschieden und dazu ist das Jahr 1998 ein wichtiger Prüfstein.

9.

GEBLITZT

Lafontaine - Gysi - Fischer !
Dann ist Kohl am Ende - da bin ich sicher !
ME VA 964

Kleine Jungs

Michael Glos (CSU): Wo ist denn hier für kleine Jungs?
Gregor Gysi (PDS): Wenn ich es Ihnen sage, glauben Sie es mir ja doch nicht.

(auf dem Neujahrsempfang des Bundespräsidenten am 11.1.94 im Schloß Bellevue in Berlin)

Stoibers Tropf

Wenn der Ministerpräsident des Freistaats Bayern die Dankbarkeit der Ossis einklagt, dann leistet er einen wichtigen Beitrag zur Vertiefung der ja nicht nur mental vorhandenen Spaltung. Den Ossis werden Schuldgefühle eingeredet, die nur dazu führen, ihr ohnehin angekratztes Selbstwertgefühl zu untergraben. Wie sollen dann die Ossis den aufrechten Gang praktizieren, wenn ihnen permanent eingeredet wird, daß sie angeblich am Tropf der Wessis hängen?

(Abendzeitung, München, 30.1.95)

Kleiner Wunsch

Forum: Gibt es eine bestimmte Reise, die Sie gern unternehmen möchten, wenn Ihr enger Terminkalender es zulassen würde?
Gregor Gysi: Na klar, eine Weltreise.

(Forum, I/95)

Begleitung

Ob ich meinen Platz in der DDR eher in einer unpolitischen Nische hätte suchen oder als Dissident hätte wahrnehmen sollen, anstatt als Anwalt das mir mögliche zu versuchen – das ist eine Frage, die kein Gericht entscheiden kann, die mich aber durch mein weiteres Leben begleiten wird. *(Pressemitteilung, 22.5.95)*

Juristische Phantasie

Aus der Presse mußte ich entnehmen, daß die Staatsanwaltschaft in Berlin einigen Bürgern der ehemaligen DDR Totschlag durch Unterlassen mit der Begründung vorwirft, daß diese in einem bestimmten Gremium einen bestimmten Antrag nicht gestellt haben. Meine juristische Phantasie ist überfordert, wenn ich mir vorstellen soll, daß man Totschlag dadurch begehen kann, daß man in einer Sitzung einen Antrag nicht stellt.

(aus einer Erklärung vor dem Berliner Landgericht, 23.5.95)

Mitwirkung

In dem Maße, wie auch der Bereich der »deutsch-deutschen« Spionagetätigkeit vollständig von der juristischen Auseinandersetzung befreit wird, vergrößert sich die Chance für eine wirklich tiefgreifende politische und moralische Aufarbeitung der jüngeren deutschen Geschichte und der Beziehungskonflikte zwischen der DDR und der früheren BRD. An einer solchen Aufarbeitung haben wir großes Interesse und daran wollen wir weiter mitwirken.

(Pressemitteilung, 23.5.95)

Denk mal!

Vielleicht ist es kein Zufall, daß die Zustimmung zur Verhüllung des Reichstags als Denkmal erst erfolgte, als die wechselnde politische Deutung und Begründung des Vorhabens sich schon mehr oder weniger verflüchtigt hatten. Jetzt wird es zur großen öffentlichen Aufforderung: denk mal!

(an Redaktion COPERNICUS, 7.6.95)

Weder tot noch überholt

Die Gedanken von Engels und seines Genossen Marx sind weder tot noch überholt. Im Gegenteil, sie sind anregend, wenn man den Untergang des sowjetischen Sozialismusmodells – wie ich es tue – als einen Akt der Befreiung der sozialistischen Idee begreift.

(Pressemitteilung, 4.8.95)

Kein Mangel

In der Geschichte Deutschlands gab es gewiß niemals zu viele pazifistisch orientierte Parteien. An den anderen hat es zu keiner Zeit gemangelt.

(die tageszeitung, 19.8.95)

Untauglich

Militärische Mittel sind untauglich zur Lösung ethnischer Konflikte. Ein friedliches Zusammenleben läßt sich nicht herbeibomben.

(Pressemitteilung, 31.8.95)

Säbelgerassel

Jahrelang mußten wir in der DDR Militärparaden, große und kleine Zapfenstreiche und ähnliches über uns ergehen lassen. Mein Bedarf daran ist gedeckt, und meine Hoffnung, daß dies aufhört, enttäuscht. Das Säbelgerassel nimmt leider wieder zu.

(an »Leipziger Volkszeitung«
anläßlich »40 Jahre Bundeswehr«, 25.10.95)

Erfahrungen

Die Einheit von 1990 hätte ja auch anders aussehen können! Was die neuen Bundesbürger bei dieser Vereinigung so gestört hat, ist, daß man sich für ihre Erfahrungen nicht interessiert hat und niemand im Westen darüber nachdenken wollte, ob man die Gesellschaft der Bundesrepublik Deutschland um ostdeutsche Erfahrungen anreichern könnte. Im Herbst 1989 haben doch viele Menschen in der DDR gehofft, daß es die entsetzlichen Fahnenappelle im Ferienlager nicht mehr geben würde. Was sie nicht wußten, war, daß sie das Ferienlager gleich mit verlieren würden.

(Leipziger SPIEGEL-Forum, zit. n. »Der Spiegel«, 9.10.95)

Komplizierte Situation

SPD, Bündnis 90/Grüne und PDS kommen in eine komplizierte Situation. Wenn es irgendwann eine gesellschaftliche Mehrheit für die Parteien links von der CDU gibt, dann werden es die Wähler allen drei Parteien schwer verübeln, wenn wir nichts anfangen mit so einer Mehrheit.

(die tageszeitung, 22.11.95)

Genug

Niemand soll in Deutschland mehr als 25.000 Mark im Monat verdienen. *(zit. n. »Express«, 28.12.95)*

Reingefallen

Die Grünen machen uns aber auch alles nach!

(Reaktion auf eine Ente des »fliegermagazin« zum 1. April 1996, derzufolge Joschka Fischer nun auch seinen Pilotenschein machen würde – enthüllt vom »stern«, 27.3.96)

Umgebogen

Die Bundesregierung hat das vollmundig angekündigte »Bündnis für Arbeit« in ein »Bündnis für Armut« umgebogen.

(Pressemitteilung, 24.4.96)

Verbotswahn

Um Jugendkriminalität zu verhindern, ist der Vorschlag der Rechtspolitiker der CDU/CSU nicht konsequent genug. Dann müßten Jugendliche ganz verboten werden. Um Bankeinbrüche zu verhindern, könnten desweiteren alle Banken geschlossen werden.

(Pressemitteilung, 31.5.96 – als Reaktion auf eine Überlegung des CDU-Rechtspolitikers Norbert Geis, ein nächtliches Ausgehverbot für Kinder und Jugendliche zu erlassen)

Beutekunst

Im weitesten Sinne des Wortes handelt es sich bei einer Vielzahl musealer Gegenstände vor allem in den Industriestaaten um »Beutekunst«. Bekanntlich lag Troja nie in Deutschland.

(Pressemitteilung, 18.7.96)

Kleinmut

Wie lange will sich die SPD noch von der CDU vorführen lassen und sich deren Vorschriften beugen, daß eine Zusammenarbeit nur nach rechts, nicht aber nach links erlaubt ist? Die SPD sollte begreifen lernen, daß eine alternative Politik zu den Konservativen nicht aus Kleinmut geboren wird. Wer an den sozialen Ungerechtigkeiten etwas ändern will, muß auch etwas wagen.

(Pressemitteilung, 24.7.96)

Mit allen Wassern gewaschen

Cosmo: Können Sie eine Waschmaschine bedienen?
Gysi: Ich kann sogar eine DDR-Waschmaschine bedienen.

(Cosmopolitan, August 1996)

Reduzierung

Ich habe festgestellt, daß mir volles Haar nicht steht, da habe ich mir gesagt, jetzt reduzierst du das.

(Cosmopolitan, August 1996)

Wie Kohl eingeht

Bismarcks große Leistung 1871 bestand darin, daß er den Großmächten den (letztlich falschen) Eindruck vermittelte, mit seiner Politik weit weniger Unruhe und Gefahren heraufzubeschwören als nationale und soziale Bewegungen es vermögen. Vielleicht wird man ähnliches in 100 Jahren auch von Helmut Kohl sagen. Noch ist allerdings ziemlich offen, ob er als Kanzler der Wiedervereinigung eingeht oder als Kanzler, der an der Bewältigung ihrer Folgen scheiterte.

(Berner Zeitung, 29.10.96)

In Einzelfällen

Nach im Archiv der PDS aufgefundenen Dokumenten sind die Aussagen des Papstes, daß »Maria den kleinen Jesus nie bestrafen« und bei seiner Erziehung zu keiner Form der »Korrektur« greifen mußte, nicht ganz zutreffend. So ist belegt, daß der kleine Jesus – wenn auch nur in Einzelfällen – in Regenpfützen rumtrampelte, sich mit Eierpampe beschmierte und sein Tellerchen nicht leerte, obwohl er wußte, daß dann am nächsten Tag die Sonne nicht scheinen würde.

(Pressemitteilung, 6.12.96)

Autorität

Das Verhältnis einiger Ideologen und Funktionäre zu mir bekommt immer groteskere Züge. Wenn es um ihre eigenen Anliegen geht, hoffen sie auf mich und meine mir verbliebene Autorität, die sie mir ansonsten vorwerfen.

(Neues Deutschland, 26.11.96)

Nicht schwer

Wenn ich mir so angucke, wie in Bonn regiert wird – so schwer kann das nicht sein.

(die tageszeitung, 15.1.97)

Nicht anstößig

Die FDP spielt in der bayerischen Landespolitik eine gleich große Rolle wie die PDS – keine. Dennoch findet es so gut wie niemand anstößig, wenn die FDP in Bonn an der Regierung beteiligt ist. Das muß bei der PDS nicht anders sein.

(Abendzeitung, München, 20.1.97)

Zechenpreller

Wer Zechen schließt, wird die Zeche des sozialen Unfriedens bezahlen müssen.

(Pressemitteilung, 11.3.97)

Klein war sie nicht

Von der DDR wurde eigentlich nur eines in das neue Deutschland übernommen, das sind die langen Bauzeiten. Wir haben 1991 als einzige Partei den Antrag gestellt, sofort umzuziehen. Die Regierung der DDR mag nicht viel getaugt haben, aber klein war sie nicht. Es gab ausreichend Räume.

(SPIEGEL-Diskussion über Hauptstadt-Visionen im Schauspielhaus Berlin, zit. n. »Der Spiegel«, 28.4.97)

Überwachung

Müssen Sie mich jetzt schon selbst beobachten?

(Frage an Geheimdienstkoordinator Schmidtbauer, als Gregor Gysi ihn am 1.6.97 in der Lounge des Flughafens Berlin-Tegel traf – die Antwort steht unter Geheimschutz)

Notwendigkeit von Visionen

Wir brauchen Visionen, gerade die jungen Menschen, damit es eine Zielrichtung gibt. Eine scheinbar visionslose Zeit hat etwas sehr Ödes an sich, etwas sehr Ausgetrocknetes. Meine Utopie ist natürlich der Wunsch nach einer klassenlosen Gesellschaft, die frei von Armut, Elend und Ausbeutung ist und in der soziale Gerechtigkeit herrscht. Davon sind wir meilenweit entfernt. Ich glaube, die Linke braucht eine Vision. Aber sie braucht kein fertiges Modell einer Gesellschaft.

(Bremer Nachrichten, 21.6.97)

Jugendkriminalität

Ein ärgerlicher Punkt ist für mich – und das ist eine Frage des Bewußtseins –, daß es nur den Begriff der Jugendkriminalität und nicht den Begriff der Erwachsenenkriminalität gibt. Dadurch entsteht der falsche Eindruck, daß Jugend und Kriminalität eine Einheit seien. So wird gedacht, und man erwischt sich schon selber dabei, so zu denken. Ich glaube, daß wir gemeinsam dagegen vorgehen sollten, denn die Zahlen geben etwas anderes her. Es müssen in etwa hunderttausend Jugendliche kriminell werden, um einen solchen Schaden anzurichten, wie ihn ein Erwachsener namens Schneider mit einer Tat angerichtet hat.

(Jugend und Parlament, 23.9.97)

Drucksachen

Je länger Sie in Bonn sind, desto merkwürdiger werden Sie. Und je mehr Drucksachen Sie lesen, desto mehr werden Sie selbst zu einer und sehen bald selbst wie eine Drucksache aus.

(Brandenburg-Tour der PDS-Bundestagsgruppe, Oktober 1997)

Klagende Zeiten

Ad Vaessen (Algemeen Dagblad): In Deutschland herrscht eine merkwürdige gesellschaftliche Atmosphäre. Die Deutschen klagen nur.
Gregor Gysi: Mir sind die Zeiten lieber, in denen die Deutschen klagen, als die, in denen sie jubeln.

(auf einer Konferenz des niederländischen Instituts »Clingendael«, Den Haag, 5.11.97)

10.

GECHATTED

Aus der Mailbox ...

Von: kai@santana.gun.de
Betreff: Hallo Gregor!
Gesendet am: 04.Nov.1996 20:56:29 +0100
Abgeholt am: 05.11.96 14:45

Hi!
Beantworten Sie eigentlich höchtspersönlich Ihre E-Mails? Dann sagen Sie mir doch mal, wen ich wählen soll, ich werde nämlich nächstes Jahr 18 :-)))
ciao, kai

An: kai@santana.gun.de
Betreff: RE: Hallo Gregor!
Hallo Kai,
vielen Dank für Ihre Mail. Es ist so, daß die Mails von meiner Sekretärin ausgedruckt werden, ich sie mir ansehe und dann antworte. Tja, wen sollen Sie wählen? Ich denke, Sie kommen selbst drauf.
Mit freundlichen Grüßen
Gregor Gysi

... in die Mailbox

... Als nächstes – also eine Homepage an Frank R., oder so was da, irgend ne Emehl oder weiß ich, wie das Zeug heißt, aber es ist gedacht für Manuela, mit folgendem Text ...

(von Gysis Diktatband, 31.10.1997)

Entertastentainment

Dialog zwischen Captain Gysi und der Blockflöte aus dem Computerspiel »Captain Gysi und das Raumschiff Bonn«. Weitere handelnde »Personen«:

Fähnrich Nolte
Leutnant Gauck
Stewart Eppelmann
Sanitätsrat Thierse
Springbrunnen La Fontaine
Joschka, der Datenfrosch
Roboter Blümel
Die Rühe-Zone
Der Gummiparagraph
Der Mantel der Geschichte

Captain Gysi: Welchem Alptraum sind Sie entsprungen?

Blockflöte: Wer? Ich?

Captain Gysi: Sehen Sie hier noch jemanden?

Blockflöte: Ich bin eine Blockflöte und einmalig.

Captain Gysi: Sind Sie sicher?

Blockflöte: Absolut, und ich bin stolz darauf, Commander Kohls Liebling zu sein.

Captain Gysi: Oh Gott!

Blockflöte: Der Commander hat mich beauftragt, Sie im Auge zu behalten.

Captain Gysi: Im linken oder im rechten?

Blockflöte: Ihnen wird das Lachen schon noch vergehen.

Captain Gysi: Was wollen Sie eigentlich von mir?

Blockflöte: Sie überwachen, von allen geheimen Informationen fernhalten und daran hindern, den Bordcomputer zu benutzen.

Captain Gysi: Und das darf ich wissen?

Blockflöte: Selbstverständlich ist diese Information für Sie streng geheim. Sie müssen sie also sofort vergessen!

Online-Talkshow, die erste

Am 4. Juni 1997 war Gregor Gysi zu seiner ersten Online-Talkshow bei »AOL Live« eingeladen. Über das Computer-Netz konnten ihm Fragen gestellt werden. Gysi las diese in der Hamburger AOL-Zentrale am Bildschirm, seine Antworten wurden eingetippt und in das Computer-Netz zurückgesendet. Auszüge aus dem Computer-Protokoll:

AModerator: Wo wir gerade ueber Marken sprechen, welche Ostprodukte finden sich in Ihrem Haushalt?

GregorGysi: Also, das sind vor allen Dingen Spreewaelder Gurken, Halberstaedter Wuerstchen, Bautzener Senf und jetzt hoere ich auf, weil sonst die Stunde rum ist.

AModerator: Befuerchten Sie, dass die Unterstellung, die PDS sei eine »Ein-Mann-Partei«, doch wahr ist?

GregorGysi: Das ist offenkundig falsch, weil wir etwa 112.000 Mitglieder haben, darunter auch viele Frauen.

AModerator: Schliessen Sie die Augen und stellen Sie sich vor, heute sei der 3. Oktober 2015 – also 25. Jahrestag der Wiedervereingung. Wo und wie verbringen Sie diesen Tag?

GregorGysi: Ich vermute, dass ich mich vor Auszeichnungen und Ehrenbezeugungen an diesem Tag nicht retten kann.

AModerator: Wo und wie?

GregorGysi: In gebueckter Haltung. Ich glaube nicht, dass es ein so bedeutendes Ereignis wird.

AModerator: Warum nicht?

GregorGysi: Entweder ist zu diesem Zeitpunkt die innere Einheit vollzogen, dann ist es kein besonderer Tag mehr. Oder wir haben die Probleme bis dahin nicht gemeistert, dann gibt es keinen Grund zu feiern und die naechste Geration muss sehen, wie sie es schafft.

**Volkkra:* Herr Gysi, hat der Sozialismus in Zeiten der Globalisierung ueberhaupt noch eine Chance?

GregorGysi: Ich glaube, er bekommt erst in den Zeiten der Globalisierung eine richtige Chance, weil erst jetzt die soziale und oekologische Frage in ihrer Einheit weltweit als Herausforderung steht, und der Kapitalismus dieser Herausforderung offenkundig nicht gewachsen ist.

**Der Ernst:* Koennen Sie die INTERNATIONALE auswendig, in wieviel Sprachen?

GregorGysi: Ich bin froh, dass ich sie in einer Sprache kann. Ich ueberfordere mich nur ungern.

**ACMGMedien:* Sind Sie nicht vielleicht doch ein wenig traurig darueber, dass es die DDR nicht mehr gibt, und wenn ja, was vermissen Sie am meisten aus dieser Zeit?

GregorGysi: Ich habe ueber 40 Jahre meines Lebens in der DDR verbracht, und das schuettelt man nicht einfach ab. Der Egoismus in der DDR war geringer, Solidaritaet war praktischer, und weil das Geld wenig wert war, hat es unser Leben nicht dominiert. Das fehlt mir. Ausserdem war die DDR ueberschaubarer und ich hab's gern ueberschaubar.

**HannahBube:* Herr Gysi, in welchem Land ausserhalb Deutschlands wuerden Sie am liebsten leben? Und warum?

GregorGysi: Ich glaube, ich koennte in fast jedem anderen Land leben, wenn es nicht die Sprachschwierigkeiten gaebe. Ich bin gerne in Paris, Jerusalem, finde auch New York aufregend und hoere mit der Aufzaehlung der Staedte hier auf.

**Scheepers:* Ist die PDS bereit, nach der naechsten Bundestagswahl Verantwortung zu uebernehmen, oder will sie in der Opposition bleiben?

GregorGysi: Fuer mich ist auch Opposition Verantwortung. Wenn es auf unsere Stimmen ankaeme, waeren wir auch bereit, eine Regierung aus SPD und Gruenen zu unterstuetzen, wenn sie alternativ zum neoliberalen Konzept der jetzigen Regierung handelt.

**PDonath987:* Warum sind Sie nach der Wende nicht der SPD beigetreten?

GregorGysi: Ich finde, dass haben weder die SPD noch ich verdient.

**LFDenecke:* Herr Gysi, wie stehen Sie zur Religion an sich und zu religioesen Minderheiten?

GregorGysi: Ich glaube, dass in der Entwicklung der Menschheit von Religionen ebensoviel Positives wie Negatives ausgegangen ist. Wenn sich jemand fuer soziale Gerechtigkeit einsetzt, respektiere ich dieses unabhaengig davon, ob er ein religioeses oder anderes weltanschauliches Motiv dafuer hat. Minderheiten, auch religioese, beduerfen immer des besonderen gesetzlichen Schutzes, soweit sie nicht unzulaessig in Rechte Dritter eingreifen.

**Spirokid:* Welche Privilegien hatten Sie in der DDR?

GregorGysi: Auch wenn es unglaubwuerdig erscheint: Ich hatte bis 1988/89 keine Privilegien. Als mein Vater Funktionen bekam, die mir Privilegien haetten bringen koennen, war die Ehe meiner Eltern schon geschieden und ich ueber 18 Jahre alt, so dass sie ausblieben. Ab 1988 konnte ich in den Westen reisen, was nicht selbstverstaendlich war.

**RLatterman:* Wuenschen Sie sich manchmal die Mauer wieder?

GregorGysi: Ich bin doch nicht bescheuert.

**RLatterman:* Was machen Sie in Ihrer Freizeit – falls vorhanden?

GregorGysi: Lesen, Musik hoeren, vor allem aber mit meiner Frau, meiner kleinen Tochter und meinen grossen Soehnen zusammensein. Ausserdem quatsche ich gerne mit Freunden und Bekannten.

AModerator: Wo tun Sie das am liebsten?

GregorGysi: In der Kneipe. Weil: zu Hause bestimmen sie, wann sie gehen, in der Kneipe bestimme ich, wann ich gehe.

AModerator: Haben Sie eine Lieblingskneipe?

GregorGysi: Ja. Die heisst »Zur Letzten Instanz«, war frueher schon Gerichtskneipe (zu DDR-Zeiten).

Online-Talkshow, die zweite

Am 21.11.97 machte die Bundestagsgruppe der PDS ihren ersten Online-Chat auf ihren eigenen Internet-Seiten. Zu Gast auch hier: Gregor Gysi. Auszüge aus dem Computer-Protokoll:

KRÄTZÄ: Hallo Gregor Gysi, wissen Sie noch, daß Sie auf unserer Unterstützerliste zum Wahlrecht ohne Altersgrenze stehen? Haben Sie dazu neue Ansichten? Was sagen Sie zu unserer Idee, jetzt über die Ablehnung der Eintragung ins Wählerverzeichnis für die Bundestagswahl erneut einen Fuß in die Tür des Bundesverfassungsgerichts zu bekommen?

Gregor Gysi: Für mich hat jeder Mensch grundsätzlich das Wahlrecht. Der Gesetzgeber muß gute Gründe haben, Menschen das Wahlrecht zu entziehen. Solche liegen mit Sicherheit für 16- und 17-jährige nicht vor. Deshalb haben wir die Herabsetzung des Wahlalters im Bundestag gefordert. Außerdem bin ich nach wie vor dafür, daß das Bundesverfassungsgericht eine Entscheidung zum Wahlrecht von Kindern trifft. Über den Weg, mit dem wir das erreichen könnten, werden wir sicherlich weiter diskutieren.

KRÄTZÄ: Wenn Sie unterscheiden zwischen den 16-17jährigen und den jüngeren haben Sie bestimmt Kriterien. Welche sind das?

Jöpe: Kinder sind auch Menschen, ist m.E. eine sehr polemische Einleitung eines Diskussionsbeitrages pro Kinderwahlrecht. Ich lehne nicht nur Kinderwahlrecht ab, sondern bin auch gegen die Senkung des Wahlalters auf 16 Jahre. Warum muß die PDS jede aus dem Westen kommende Idee sofort übernehmen, wenn sie von Union und/oder FDP abgelehnt wird? Kinderwahlrecht ist nämlich KEIN Garant dafür, daß eine kinderfreundliche Politik gemacht wird.

KRÄTZÄ an Jöpe: 1. Sind wir aus dem Osten – jedenfalls mindestens zur Hälfte. 2. Interessiert uns natürlich, warum jemand gegen das

Wahlrecht für alle ist. Nach unserer Überzeugung löst das Wahlrecht für Kinder nicht alle Probleme – aber etliche schon. Und schaden tut es gar nichts. Also?

Jöpe an KRÄTZA: >1. Sind wir aus dem Osten – jedenfalls mindestens zur Hälfte.< – O.K. Aber der Trend (die Idee ist nämlich nicht neu) kam aus dem Westen – >2. Interessiert uns natürlich, warum jemand gegen das Wahlrecht für alle ist.< – Weil man das Wahlrecht denjenigen nicht geben darf, der damit nichts anfangen kann, z.B. Kindern. Nun kann man sich streiten, ab wann jemand damit umgehen kann, aber ich denke mal, keiner von Euch wird behaupten, daß (um ein krasses Beispiel zu nennen) Kinder von 5 oder 6 Jahren was mit dem Wahlrecht anfangen können. – >Nach unserer Überzeugung löst das Wahlrecht für Kinder nicht alle Probleme – aber etliche schon. Und schaden tut es gar nichts. Also?< – Nach meiner Meinung löst es keine Probleme, schadet aber. Also?

Gregor Gysi: Mir geht es um die Frage, wem der Gesetzgeber aus welchen Gründen das Wahlrecht entziehen darf. Nicht ich muß beweisen, daß ein Wahlrecht von Nicht-18-jährigen etwas bringt, sondern diejenigen, die es ausschließen, müßten dafür einleuchtende verfassungsrechtliche Gründe benennen können. Außerdem wirkt sich jede WählerInnenklientel auf Politik aus. Das gilt auch für AusländerInnen, die legal in Deutschland leben und arbeiten, vom Wahlrecht aber leider ausgeschlossen sind. Es liegen wissenschaftliche Gutachten vor, nach denen die heute 16- und 17-jährigen die politische Reife besitzen, die 18-jährige besaßen, als das Wahlalter auf 18 Jahre abgesenkt wurde.

Holger W.: Wenn die PDS die Gesamtschulen besonders hervorhebt, muß aber auch der weitere Bildungsweg betrachtet werden. Praxis ist, daß derzeit in der Berufsausbildung der Realschulabschluß positiv zu Buche schlägt. Welche Leitlinie vertritt die PDS in diese Richtung?

Gregor Gysi: Wir setzen uns dafür ein, daß alle SchulabgängerInnen einen Rechtsanspruch auf Ausbildung erhalten. Die Finanzierung ist kein Problem, zum Beispiel durch die sog. Umlage für Unternehmen, die ausbilden könnten, es aber nicht tun. Außerdem setzen wir uns für eine Vereinbarung der Länder ein, damit gleichwertige Schulabschlüsse garantiert werden, die dann auch gleichwertig behandelt werden müssen.

SB: Hallo, Herr Gysi, inwieweit wird die PDS versuchen, bei der Wahl 98 ihre Aktivitäten auf den Westen auszudehnen, um dort Stimmenzuwächse zu erringen?

Gregor Gysi: Natürlich werden wir 1998 auch versuchen, unser Stimmenpotential im Westen zu erhöhen. Unser Ziel ist eine Verdoppelung. Das wären dann 2% der Stimmen im Westen. Zusammen mit den Stimmen im Osten könnte so die 5%-Hürde genommen werden.

SB: Hallo Herr Gysi, glauben Sie, daß sich ein Bundeskanzler der SPD (egal ob Schröder o. Lafontaine) mit den Stimmen der PDS wählen lassen würde, falls er diese Stimmen zum Regieren benötigt? Wie würde sich die PDS im neuen BT einbringen, falls sie wieder in ihn einzieht? Inwiefern würde die PDS sich gegenüber einer rot/grünen Regierung profilieren?

Gregor Gysi: Die PDS steht zu den herrschenden Verhältnissen in Opposition. Auch eine SPD/Grüne-Regierung würde dringend soziale, linke Opposition benötigen. Es wäre verheerend, wenn sie nur von rechts unter Druck stünde. Außerdem würden wir sie gemeinerweise mit ihren eigenen Anträgen aus der jetzigen Legislatur konfrontieren. Falls sie auf unsere Stimmen angewiesen wären, würde an uns der Regierungswechsel nicht scheitern. Danach stünde die Regierung bei jedem Gesetzesvorhaben vor der Frage, ob sie den Kompromiß mit uns nach links oder mit der CDU/CSU nach rechts sucht. Das könnte spannend werden :-)

Peter S.: Die Problematik der Globalisierung dürfte Ihnen bekannt sein. Was sind die Rezepte der PDS gegen den Internationalismus des Kapitals der längst die Seiten gewechselt hat, und nun die Arbeiter gegeneinander ausspielt?

Gregor Gysi: Globalisierung ist kein neues Problem, auch nicht die Internationalisierung des Kapitals. Eine Kapitaltransfersteuer könnte die Spekulation begrenzen. Außerdem gilt für die Beschäftigten, daß sie der Globalisierung des Kapitals die Globalisierung der Gewerkschaften und ihrer Aktionen entgegensetzen müßten. Leider gibt es so etwas bisher nur in kleinen Anfängen.

Wolfgang S.: Hallo Herr Dr. Gysi! Der europäische Beschäftigungs-Gipfel, ein Schritt in die richtige Richtung?

Gregor Gysi: Leider nur ein winziger, da es keine Beschäftigungsprogramme, keine verbindlichen Regelungen und kein Geld zur Bekämpfung der europäischen Arbeitslosigkeit geben wird. Diese Vorhaben sind am Widerstand Deutschlands gescheitert.

Jöpe: Wenn Befürworter einer Herabsetzung des Wahlalters zwischen 16-17-jährigen und jüngeren unterscheiden, dann liegt das z.B. daran, daß niemand ernsthaft glauben kann, daß z.B. 10 Jahre alte Kinder was von Politik verstehen könnten! Irgendwo muß halt die Grenze sein, sonst dürfen irgendwann auch Babys wählen (an entsprechende Vorschläge erinnere ich mich). Deshalb ist die Grenze mit 18 Jahren gut gewählt.

Alexander P. an KRÄTZA: Man kann es auch übertreiben mit dem Kinderwahlrecht.Die Altersgrenze sollte schon aus sozialen und erzieherischen Gesichtspunkten festgelegt sein. Glaube nicht, daß viele Kinder im jüngeren Alter sehr politikfähig sind.

Helmut V.: Besteht nicht die Gefahr, daß bei einer Herabsetzung des Wahlalters auch viele rechtsgerichtete Jugendliche zu Wählern würden, die das Wahlergebnis in ungünstiger Weise beeinflussen könnten?

Gregor Gysi: Das Argument überzeugt mich nicht, weil es auch viele Ältere mit rechtsextremistischer Einstellung gibt, denen ich das Wahlrecht auch nicht entziehen kann. Vielleicht würde durch Herabsetzung des Wahlalters auf 16 Jahre die Politik sich verstärkt um Jugendliche bemühen und den Nährboden für Rechtsextremismus ernsthafter bekämpfen.

Alexander P. an Helmut V.: Sind Sie der Meinung, daß diese rechtsgerichteten Jugendlichen ihre politischen Ansichten ändern, wenn sie 18 geworden sind, oder sind Sie der Meinung, daß Rechtextremismus ein Zeichen von Unreife bedeutet? Auf der anderen Seite gäbe es dann auch evtl. mehr Linkswähler, weil sich heutzutage doch einige Jugendliche mehr Gedanken über ihre Menschen und die Umwelt machen, als z.B. ältere Mitmenschen.

KRÄTZÄ: Es ist prinzipiell undemokratisch, bestimmte Wähler von der Wahl auszuschließen, um ein gewünschtes Wahlergebnis zu erzielen. Also?

Helmut V. an Alexander P.: Rechtsextremismus hat sicher viele Ursachen, zu denen unter Jugendlichen sicher auch Unreife gehört. Solange aber Parteien wie die PDS noch um ihre Existenz und politische Präsenz ringen müssen und dafür ein Großteil ihrer Energie verbrauchen, sollte man doch prüfen, ob eine Senkung des Wahlalters für Links oder für Rechts vorteilhafter ist. Ich glaube auch nicht, daß eine Senkung des Wahlalters zu einer bedeutenden Änderung der Politik führen würde, da die eigentlichen Macher ohnehin 40 und älter sind und sich bekanntlich nach der Wahl kaum noch um die Meinung der Bevölkerung – ob alt oder jung – scheren, wie die Vergangenheit immer wieder gezeigt hat.

Stuart G.: Sie haben gesagt, dass die PDS als Ziel hat, ihre Stimmen im Westen zu verdoppeln. Wie werden Sie das machen? Werden Sie versuchen, mit linken Gruppen im Westen zusammen zu arbeiten?

Gregor Gysi: Wir sind selbst eine linke Gruppe. Natürlich arbeiten wir auch mit anderen zusammen. Aber wo PDS draufsteht, muß auch PDS drin sein. Deshalb können Mitglieder anderer Parteien nicht auf unseren Listen kandidieren, denn sie haben ja Gründe, sich nicht bei uns zu organisieren. Für Parteilose bleiben unsere Listen offen.

Vera B.: Lieber Gysi, Welches ist eigentlich Ihr Rezept, mit dem es Ihnen immer wieder gelingt, daß die PDS in den Nachrichtensendungen der öffentlich-rechtlichen Medien keine Berücksichtigung findet?

Gregor Gysi: Das schaffe ich ganz einfach: Ich betreibe sozialistische Politik, greife herrschende Verhältnisse an und fordere Gerechtigkeit. Das ist eine hohe Garantie, von den meisten Medien boykottiert zu werden ;-)

SB: Hallo Herr Gysi, wie glauben Sie persönlich, wie die BT-Wahl 98 ausgehen wird? Könnte es noch vorgezogene Neuwahlen geben?

Gregor Gysi: Zu unseren Gunsten. Kohl wird in Rente geschickt. Neuwahlen könnte es geben, wird es aber nicht.

Alexander P.: Kohl in Rente und PDS im Bundestag wäre fast das Beste, was uns pasieren kann. Aber wie, Herr Gysi, kommen Sie zu dieser Prognose? Ich sehe da eher was schwärzer, im wahrsten Sinne des Wortes.

Gregor Gysi: Ich versaue mir doch nicht schon bei einer Prognose die Hoffnung. Mit schwarzen Realitäten muß ich mich ja ohnehin täglich auseinandersetzen.

SB: Herr Gysi, kommen Sie in der nächsten Zeit doch mal ins Ruhrgebiet, damit wir uns persönlich von Ihnen überzeugen können.

Gregor Gysi: Am 14.11.1997 war ich in Bochum. Wo waren Sie? Aber natürlich komme ich wieder. Ich bin ja nervig :-)

SB: Schade Herr Gysi, ich wäre gerne zu Ihrer Veranstaltung gekommen, aber wie kann ich in Zukunft von diesen Terminen erfahren? In der Presse liest man leider nur wenig bis gar nichts darüber.

Gregor Gysi: Das ist ja die Sauerei. Aber ruf doch mal bei der PDS in NRW an, die sagen dir alle Termine.

Prof. Hans K.: Meiner Ansicht nach argumentieren die Meinungsmacher der SPD und, sie nachahmend, jetzt auch die Grünen, in der Frage, warum man die PDS nicht wählen solle, absichtlich, d.h. im Hinblick auf »den« Wähler, so grobschlächtig: Wenn viele die PDS wählen, bleiben weniger Anti-Kohl-Wähler für SPD und Grüne übrig. Das erscheint einleuchtend. Sagen Sie bitte dazu noch etwas, was auch dem politisch schlichter Denkenden einleuchtet.

Gregor Gysi: WählerInnen sind zwischen SPD, Grünen und PDS nicht einfach austauschbar. Die letzten Wahlen in Brandenburg haben bewiesen, daß SPD und PDS gemeinsam zulegen können, das war im Osten bisher immer so. Außerdem sind Stimmen für die PDS die konsequentesten gegen Kohl. Gerade bei der SPD weiß man nicht, ob die Stimmen nicht doch in einer großen Koalition mit der CDU enden. Das passiert bei der PDS mit Sicherheit nicht.

Joerg K.: Werter Herr Gysi! Ist nicht eine umfassene staatliche Subventionspolitik (neue Verteilungspolitik) vonnöten, um beispielsweise wieder den öffentlichen Personennahverkehr bezahlbar zu machen (auf Kosten von Steuerrückerstattungen für Autofahrer), oder um Mieten finanzierbar zu machen etc.? Wo bleiben klare Wahlaussagen der PDS, mit denen auch ein Bauarbeiter was anfangen kann? Ich rede da nicht von »Klosettdeckeln«, sondern von z.B. Festpreisen zur Sicherung von Arbeitsplätzen (wenn ein Buch eben nach dessen Inhalt und nicht nach dessen Preis gekauft wird, so sollte es bei Bauleistungen ebenso geschehen). DAS IST EIN THEMA, das sooo viele bewegt. So kommt auch wieder Qualität auf den Bau und das leidige Ausländerproblem wird ein praktisches Stück mehr gelöst. Auch Kapitalflucht sollte unter Strafrecht gestellt werden. Ist doch sowas wie Vaterlandsverrat.

Gregor Gysi: Jeder Staat muß und wird dort subventionieren, wo er fördern will. So wie die CDU fördert, würden auch wir es tun, nur in anderen Bereichen. Subventionen sind doch letztlich auch die Steuergeschenke an Reiche, Vermögende, Banken und Konzerne. Auf dem Bau geht es nicht nur um Preise und Qualität, sondern vor allem um die Durchsetzung des Prinzips: gleicher Lohn für gleiche Arbeit. Genau das verhindert die Bundesregierung. Dadurch organisiert sie Lohndumping. Dagegen gibt es konkrete Forderungen der PDS. Deshalb sagen wir auch Nein zu dem geplanten Euro, weil er europaweit zu noch mehr Lohndumping führen würde. Alle anderen Parteien im Bundestag sagen Ja zum Euro, obwohl die Bedingungen dafür verheerende Folgen haben werden.

KRÄTZÄ: Lieber Gregor Gysi, in Ihrer letzten Erwiderung operieren Sie mit der Kategorie »politische Reife« hinsichtlich der Wahlbürger. Wieso benutzen Sie diese Kategorie? Uns ist nicht bekannt, daß Grundrechte an Bedingungen (z.B. Reife) gebunden sind. Außerdem: Wer legt fest, was »politische Reife« ist? Ich glaube, daß es Menschen gibt, die Ihnen diese Reife absprechen würden ;-) Wie wird gegenwärtig oder wie sollte zukünftig die »politische Reife« ermittelt werden? Wird dieses Prinzip dann auch auf ältere Menschen oder Analphabeten angewendet? Fragen über Fragen, die von Ihren Antworten provoziert werden. Also?

Gregor Gysi: Ich habe doch Eure Verfassungsbeschwerde unterstützt. Aber wenn ich im Bundestag erreichen will, daß das Wahlalter wenigstens auf 16 Jahre herabgesetzt wird, muß ich mit den Kategorien operieren, die als Begründung dagegen benutzt werden.

KRÄTZÄ an Jöpe: Hier ist einer, der ist noch lange nicht 18 und möchte wählen. Wie willst Du begründen, daß er nicht wählen darf? Bei Grundrechtseinschränkungen müssen in jedem Einzelfall zwingende Gründe angegeben werden ...

Jean-Luc: O.K. – Jetzt hat es auch der Dümmste begriffen: »KRÄTZÄ will auch Babys an die Wahlurnen rufen!« Aber: 1. Da stehen Gott und das BVerfG vor! 2. Wer Rechte hat, der hat auch Pflichten. Wollt Ihr die auch? (8-jährige Diebe in den Knast, zur Armee usw.)

KRÄTZÄ: Hier hat einer geschrieben: ›O.K. Jetzt hat es auch der Dümmste begriffen: KRÄTZÄ will auch Babys an die Wahlurnen rufen!‹ – Das ist ein riesiges Mißverständnis. Wir wollen nur, daß keiner gehindert wird, der mitbestimmen will! Aber: ›1. Da stehen Gott‹ – woher weißt Du das? bzw. stimmt das wirklich? Und: Vielleicht irrt er sich ja. – ›und das BVerfG vor!‹ – es könnte sein, daß sich das bald ändert ... – ›2. Wer Rechte hat, der hat auch Pflichten.‹ – Das ist richtig falsch – wenn es sich um Grundrechte handelt. Was mußt Du z.B. im Gegenzug für Dein Grundrecht auf Meinungsfreiheit tun? Oder körperliche Unversehrtheit? Also?

Jöpe an KRÄTZA: Dies ist nun meine letzte Wortmeldung: In jeder Gesellschaft muß es bestimmte Quoten und Stichtage geben, damit das System funktionsfähig bleibt. So ist es u.a. auch mit der Altersgrenze bei Wahlen, denn »Einzelfallprüfungen« können nicht funktionieren. Ihr seid doch sowieso für generelle Altersfreigabe (so lesen sich zumindest Eure Artikel), da ist doch eigentlich keine Diskussion mehr nötig. Wer Babys und Kleinkinder an die Wahlurnen rufen will, der muß sich nicht wundern, wenn er nicht ernstgenommen wird.

Hans-Georg S.: Was haben Sie eigentlich gegen die Aussage, daß Soldaten Mörder sind? Die Aufregung über das Plakat der Hamburger

PDS kann ich nicht verstehen, da ich selbst vom Chef des Bundeswehr-Verbandes Oberst Gertz angezeigt worden bin und das Verfahren eingestellt worden ist. Würden Sie auch gegen diese Äußerung sein, wenn die Flut die Rheinregion betroffen hätte und eine ähnliche Bundeswehr-Aktion stattgefunden hätte? Ich kann Ihre Aufregung über die Hamburger aus pazifistischer Sicht nicht nachvollziehen.

Gregor Gysi: Die Hamburger PDS-Mitglieder sind alles mögliche, nur nicht pazifistisch. Den Slogan lehne ich schon deshalb ab, weil ich Soldaten für die PDS gewinnen möchte, und zwar u.a. durch eine antimilitaristische Politik. D. h., ich wende mich gegen Kriegspolitiker und gegen Rüstungskonzerne, die mit Krieg Profit machen. Aber Soldaten will ich davon überzeugen, nicht sie diffamieren. Ich hätte mich nicht anders verhalten, wenn es keinen oder einen Hochwassereinsatz der Bundeswehr im Westen gegeben hätte. Die Hamburger haben durch ihren Hinweis auf die Soldaten im Oderbruch besonders deutlich gemacht, daß sich ihr Plakat gegen die einfachen Soldaten richtete, denn Politiker und Rüstungskonzern-Chefs haben an der Oder nicht geschaufelt. Linke sind stolz auf die Arbeiter- und Soldatenräte der Novemberrrevolution. Sollen wir diese in Arbeiter- und Mörderräte umtaufen? Diese Soldaten kamen gerade aus einem Krieg und hatten tatsächlich getötet. Und wie ist es mit den Soldaten, die die faschistische Armee niedergerungen haben? Manche Vereinfachung führt eben zu Fehlaussagen.

Holger W.: Lieber Gregor – Du bist Klasse! Gestatte mir Deine Aussagen morgen ins Karl-Liebknecht-Haus mitzunehmen. Dort tagt ja die AG Frieden und Sicherheitspolitik. Als Soldat melde ich mich zu diesem Thema schon lange zu Wort. Hat mich ehrlich aufgerichtet – Danke.

Gregor Gysi: Ist selbstverständlich nicht nur gestattet, sondern erwünscht.

Mischa N.: Ist es vermessen als PDS-ler eine Versteuerung der Renten über 2500 DM zu fordern?

Gregor Gysi: Vermessen ist das nicht, aber ich würde die Forderung nicht teilen. Es gibt ein Verbot der Doppelbesteuerung. Die Beiträge, die zum Anspruch auf Rente führen, stammen in der Regel aus einem Einkommen, das bereits versteuert wurde.

Helmut W.: Schöne Grüße von (fast) der holländischen Grenze. Gibts hier PDSler? Gregor, warste schon mal hier?

Gregor Gysi: Ich war sogar schon mal in Holland. Ruf doch mal unseren Landesvorstand in NRW bzw. Niedersachsen an, die kennen auch grenznahe Basisgruppen.

Markus K. (JU Duisburg): Sehr geehrter Herr Gysi, mich würde interessieren wie Sie jungen Leuten Ihre Politik näher bringen wollen, wenn es schon damals mit der SED nicht geklappt hat ???!

Gregor Gysi: Umgekehrt wird ein Schuh draus. Hätte es mit der SED geklappt, gäbe es keine PDS, und wir könnten unsere Politik jungen Leuten nicht näher bringen.

11. PARTEILICH

Zur Diskussion in unserer Partei

1.

Seit Dezember 1989 befindet sich die PDS in einem komplizierten Erneuerungsprozeß. Dieser Prozeß war geprägt durch das Scheitern des real existierenden Sozialismus, die Umstände der Wende, die deutsche Vereinigung. Er war behaftet mit unserer Herkunft, unsere Geschichte, den Traditionen der SED und der DDR. Er wurde beflügelt durch das Bekenntnis zu sozialistischen Idealen und getragen durch unsere Verantwortung insbesondere für die Bürgerinnen und Bürger der ehemaligen DDR.

Ein solcher Prozeß kann nicht geradlinig verlaufen, er nimmt auch Seitenwege, fällt gelegentlich zurück und dennoch bietet er die Chance, die PDS zu einer modernen sozialistischen Partei, zu einer Partei eines bisher unbekannten »Typs« zu entwickeln.

Die gegenwärtige Debatte in der PDS hängt mit der unterschiedlichen Bewertung unserer Herkunft, unserer gegenwärtigen Aufgaben und unserer Ziele zusammen.

2.

Die meisten von uns waren in irgendeiner Form an der Gestaltung des real existierenden Sozialismus beteiligt und sind damit gescheitert. Sich dies einzugestehen tut weh, es führt aber kein Weg daran vorbei. Zu wenig haben wir für eine Veränderung in der DDR getan, zu lange haben wir Undemokratisches und Antiemanzipatorisches verteidigt, obwohl es nicht zu verteidigen war. Wer dies heute noch nicht begriffen hat, an dem oder der ist unser Erneuerungsprozeß spurlos vorübergegangen.

André Brie, Roland Claus, Helmut Holter u.a. machen in der PDS restaurative Tendenzen aus. Dies ist wahr, aber eine genauere Analyse ist erforderlich.

Die Realität der DDR wird inzwischen von vielen Ostdeutschen anders beurteilt als 1989/90, zum Teil verklärt. In der PDS findet mithin nur ein allgemeiner ostdeutscher Prozeß seine deutliche Artikulation. Dahinter stecken mindestens zwei Phänomene.

Vergangenes verklärt sich meist, Angenehmes verbleibt deutlicher in der Erinnerung als Unangenehmes. Vor allem aber, die Demütigung der Ostdeutschen durch die Bonner Politik, die Zerstörung ihrer wirtschaftlichen, sozialen und kulturellen Leistungen, die Mißachtung ihrer Biographien, die Arbeitslosigkeit, die soziale Unsicherheit insbesondere bei Wohnungen, die Konfrontation mit unbekanntem Reichtum und unbekannter Armut, der Abbau der sozialen Chancengleichheit beim Zugang zu Bildung und Kultur, die Verdrängung der Frauen aus dem beruflichen und weiteren sozialen Leben, die Gefährdung der Eigentums- und Nutzungsrechte der ehemaligen Bürgerinnen und Bürger der DDR hinsichtlich ihrer Grundstücke – dies alles führt nicht nur zu einer berechtigten kritischen Sicht auf die BRD, sondern eben auch zu einer veränderten auf die DDR.

Beides ist berechtigt und notwendig. Nur darf es eben nicht zu einer Verklärung der DDR führen, schon gar nicht in der PDS.

Wenn ich mich zu Recht über meine Behandlung im Bundestag beschwere, dann darf ich nicht vergessen, daß ich fast nichts von dem, was ich heute sage, in der Volkskammer vor 1990 hätte sagen dürfen, in die ich auch gar nicht gekommen wäre.

Wenn Ellen Brombacher (Aktivistin der Kommunistischen Plattform, d. Hrsg.) sich zu Recht über das mangelhafte Asylrecht in der Bundesrepublik Deutschland beschwert, dann darf sie nicht ignorieren, wie dieses Recht in der DDR gestaltet war und wie die Partei- und Staatsführung der DDR die Tamilen zum Gegenstand deutsch-deutschen Schachers machte.

Wenn wir alle zu Recht die zunehmenden sozialen Schranken in Kultur und Bildung in dieser Gesellschaft beklagen, dann dürfen wir die ideologischen in der DDR nicht verschweigen, daß allein aus politischen Gründen Schülerinnen und Schüler von der Erweiterten Oberschule relegiert wurden, zum Beispiel wegen einer Wandzeitung gegen Militärparaden.

Unsere berechtigte, antikapitalistische Haltung, das heißt unsere grundlegende Kritik an der Gesellschaft der BRD, ist nur in dem Maße glaubwürdig und überzeugend, wie sie einhergeht mit der Kritik an der realen Deformation und damit am administrativen, zentralistischen, undemokratischen und antiemanzipatorischen Charakter des sozialistischen Versuchs in Osteuropa, trotz der sozialen und kulturellen Leistungen unseres Volkes und anderer Völker in dieser Periode. Wer das nicht akzeptiert und nicht leistet, der oder die verletzt unser Statut, widerspricht unserem Programm und mißachtet den antistalinistischen Gründungskonsens der PDS.

Und in diesem Zusammenhang finde ich es schwer erträglich, wenn Sprecherinnen und Sprecher der Kommunistischen Plattform und des Marxistischen Forums erklären, »Stalinismus« oder »Poststalinismus« seien Kampfbegriffe der Gegnerinnen und Gegner, die schon deshalb nicht benutzt werden sollten. Stalinismus und Poststalinismus haben Millionen Menschen erlebt.

Ebenso schlimm finde ich, wenn Ellen Brombacher mit Verweis auf Gorbatschow vom Verkauf und Verrat der DDR als einer wesentlichen Ursache ihres Untergangs spricht. Abgesehen davon, daß ich die Rolle Gorbatschows anders sehe, eine demokratisch-sozialistische DDR hätten sich ihre Bürgerinnen und Bürger nicht nehmen lassen. Wie viele »Verräter« am Kapitalismus gab es schon, ohne diesen ernsthaft zu erschüttern? Die Verrats- und Verschwörungstheorie dient allein dem Zweck, die inneren Ursachen zu relativieren, eigenes Versagen zu verdrängen.

Die differenzierte Auseinandersetzung mit restaurativen Tendenzen in unserer Partei halte ich für erforderlich, aus Gründen der Selbstachtung, der Glaubwürdigkeit und für die Zukunft unserer Partei.

3.

Unsere gegenwärtigen Aufgaben sind vielfältig und dennoch unter Beachtung unserer realen Bedeutung und Kraft begrenzt. Wir können die Gesellschaft analysieren und politische Alternativen anbieten, in denen es im Kern um Abrüstung und Frieden, um Kultur, Demokratie, soziale Gerechtigkeit und ökologischen Umbau, das heißt um Emanzipation geht. Reale Ergebnisse sind nur mühselig und in kleinen Schritten zu erreichen. Zu groß ist die Macht jener, die eine umgekehrte Entwicklung wollen und durchsetzen. Diese Entwicklung wenigstens zu stoppen, wäre bereits eine beachtliche Leistung. Wer immer noch alles oder nichts fordert, versteht nichts von Politik und verzichtet bewußt oder unbewußt auf mögliche positive bzw. die Verhinderung negativer gesellschaftlicher Veränderungen heute. Vielleicht spekulieren jene auf die »Hebung des revolutionären Bewußtseins der Massen«, wenn es denen immer schlechter geht. Nur erstens führt eine solche Entwicklung in der Regel zur »Hebung« rechtsextremistischen Bewußtseins und zweitens sollte sich nicht Sozialistin oder Sozialist nennen, wer im Interesse ihrer/seiner Ziele in Kauf nimmt, daß es den Menschen schlechter geht.

Da wir die Hegemonie der Konservativen in Geist und Tat nicht allein brechen, die eingeleitete reaktionäre Entwicklung nicht allein stoppen und positive gesellschaftliche Veränderungen nicht allein erreichen können, werden wir zur außerparlamentarischen und parlamentarischen Zusammenarbeit bereit sein müssen, mit Gewerkschaften, Vereinen, Bürgerinitiativen, Kirchen, anderen Parteien. Diese Zusammenarbeit kann in verschiedenen Formen verlaufen, je nach Bedingungen und Kräfteverhältnissen parlamentarisch auch in Form der Tolerierung von Minderheitsregierungen und gegebenenfalls sogar in Form von Koalitionen. Und gerade bei dieser Frage spitzt sich gegenwärtig der Streit in der PDS zu, obwohl aktuell die Frage gar nicht ansteht.

Wäre unsere Antwort in dieser Diskussion ein prinzipielles Nein, würden wir uns partiell aufgeben, würden wir uns aus der politischen Auseinandersetzung verabschieden. Wenn die SPD irgendwo vor der Wahl einer Regierung mit der CDU oder einer Zusammenarbeit mit der PDS stand oder in den nächsten Jahren stehen wird, dann brachen und brechen in ihr Konflikte auf. Soll sie mit der CDU – vielleicht abgeschwächt – die Umverteilung von unten nach oben mitorganisieren oder mit der PDS die Umverteilung von oben nach unten, soll sie mit der CDU weniger oder mit der PDS mehr Demokratie wagen, soll sie mit der CDU die Kommunen weiter schwächen oder sie mit der PDS stärken, soll sie mit der CDU für weniger oder mit der PDS für mehr Chancengleichheit beim Zugang zu Kultur und Bildung sorgen, soll sie mit der CDU für weniger oder mit der PDS für mehr Akzeptanz gegenüber Biographien ehemaliger Bürgerinnen und

Bürger der DDR eintreten, usw.? Alles spricht dafür, daß die SPD auch in den nächsten Jahren sich letztlich für die CDU entscheiden und dabei weiter an Profil verlieren wird. Aber warum sollten wir es ihr so leicht machen, darauf verweisen zu können, daß die PDS ohnehin nicht zur Verfügung steht? Und wenn die SPD wider Erwarten sich anders entscheidet, wie sollten wir unseren Mitgliedern, Wählerinnen und Wählern den Verzicht auf von uns angestrebte gesellschaftliche Veränderungen erklären? Und das gilt entsprechend für Bündnis 90/Die Grünen.

Parlamentarische Opposition ist und bleibt wichtig und für die PDS in den nächsten Jahren Hauptbetätigungsfeld in den Parlamenten. Diese Rolle entspricht auch unserem gesellschaftlichen Oppositionsverständnis. Aber die reine Neinoption schon im Vorfeld ist Verzicht auf Politik und politische Auseinandersetzung.

André Brie, Horst Brähmig (Oberbürgermeister von Hoyerswerda, d. Hrsg.) u.a. greifen in diesem Zusammenhang die Kommunistische Plattform, das Marxistische Forum, die Arbeitsgemeinschaft Junge GenossInnen und »Westlinke« scharf an. Aber nicht alle, die unter diese Bezeichnung fallen, vertreten entsprechende Positionen, andere kommen dafür hinzu. Vor allem aber, sie haben sehr unterschiedliche Motive, die hier bedeutsam sind.

Kommunistinnen und Kommunisten, Marxistinnen und Marxisten haben sich häufig in der kapitalistischen Welt an Regierungen beteiligt. Mal gingen sie gestärkt, mal geschwächt daraus hervor, je nach den konkreten Bedingungen, aber stets ist es ihnen gelungen, Antikommunismus in ihren Gesellschaften abzubauen. Wenn sich Sprecherinnen und Sprecher der Kommunistischen Plattform und des Marxistischen Forums gegen eine Regierungsbeteiligung der PDS wenden, dann nicht, weil es ihrer Tradition entspricht, nicht aus prinzipiellen politischen oder ideologischen Gründen, sondern, weil sie befürchten, daß ihre Verdrängung der »Preis« einer Regierungsbeteiligung sein könnte.

Ich halte diese Befürchtung für ebenso selbstbezogen wie unbegründet. Die Auseinandersetzung mit der Kommunistischen Plattform und anderen muß im Interesse der PDS, nicht wegen einer Regierungsbeteiligung geführt werden. Und wirklich kritikwürdig für mich am Interview von André Brie im »Stern« ist deshalb, daß die genannten Befürchtungen bestärkt werden, weil sich aus der Anlage des Interviews ein solcher Schluß ziehen läßt. Insofern stimme ich auch der Kritik von Klaus Höpcke in der Tageszeitung »Neues Deutschland« an André Brie zu. In Koalitionsverhandlungen kann und muß man in der Sache Kompromisse schließen, man kann sich auch über Regierungsmitglieder verständigen. Aber eine Partei, die sich von einer anderen Partei im Dialog ihr Programm, ihr Statut oder ihre Zusammensetzung vorschreiben läßt, gibt sich auf, geht im blanken Opportunismus unter. Diese Fragen zu entscheiden, ist souveräne Angelegenheit der eigenen Partei. Meines Erachtens müßte mit einer Regierungsbeteiligung der PDS – in welcher Form auch immer – umgekehrt ein Schub zur Respektierung der PDS und von DDR-Biographien angestrebt werden. Deshalb heißt es zu Recht im Beschluß des Bundesvorstandes der PDS zu den Wahlen 1998/99, daß Voraussetzung einer Zusammenarbeit mit der SPD ist, daß die PDS akzeptiert wird, wie sie ist, einschließlich ihres antikapitalistischen Charakters. Im übrigen kämen wir ja auch nicht auf die Idee, der SPD vorschreiben zu wollen, sich von ihrem Seeheimer Kreis zu trennen.

Und deshalb: Die Frage der Regierungsbeteiligung ist eine Frage konkreter Politik unter konkreten politischen Bedingungen und Kräfteverhältnissen, die Frage der Auseinandersetzung mit der Kommunistischen Plattform u.a. ist dagegen eine Frage unserer Glaubwürdigkeit, der Grenzen unseres Pluralismus. Wer beides vermengt, macht beides unmöglich, erschwert es zumindest.

Die Sprecherinnen und Sprecher der Arbeitsgemeinschaft Junge GenossInnen, einige »Westlinke« und andere Mitglieder der PDS warnen aus völlig anderen Gründen als die Kommunistische Plattform und das Marxistische Forum vor einer Regierungsbeteiligung der PDS. Sie befürchten eine Etablierung der Partei in herrschende Strukturen, damit eine Aufgabe systemkritischer Positionen, den Verzicht auf tiefergreifende Veränderung, also Anpassung und den Verlust des sozialistischen Charakters der PDS. Diese Gefahr besteht, wie man an der Entwicklung anderer Parteien und auch bei uns auf Kommunal-, Landes- und selbst Bundesebene nachweisen kann. Aber diese Gefahr rechtfertigt keine Verengung von Politik und ihrer Möglichkeiten, man muß ihr begegnen, nicht ihr ausweichen.

Wieder andere Genossinnen und Genossen warnen insbesondere davor, sich in einer Situation an einer Regierung zu beteiligen, in der die finanziellen Spielräume äußerst gering sind, in der durch Bundesgesetze und frühere Landesgesetze eine Bindung besteht, die kaum aufzulösen ist. Ihnen geht es darum, zu verhindern, daß die PDS auf diese Art und Weise »vorgeführt« wird, weil sie wirklich eigenständige Politik gar nicht durchsetzen könnte. Auch diese Befürchtungen sind keinesfalls unbegründet. Nur ist es das Schicksal der Linken, daß sie in schwierigen Situationen gewählt werden, dann, wenn die Spielräume besonders eng sind, wenn kaum noch finanzielle Mittel zu verteilen sind. Die Rechte ist für Reichtum zuständig, die Linke für Armut, zumindest im Bewußtsein vieler Menschen. Und deshalb entgegne ich, daß die Schwierigkeit einer Situation nicht dazu führen darf, sich ihr zu entziehen.

Bei alledem haben wir zu berücksichtigen, daß die Herrschenden im Umgang mit der PDS nach wie vor verunsichert sind. Sie können nicht genau einschätzen, ob die Situation im Osten Deutschlands für sie ohne PDS leichter oder schwerer zu beherrschen wäre. Und solange diese Situation anhält, müssen wir dafür kämpfen, die PDS so stark zu machen, daß sie nach dem Klärungsprozeß der Herrschenden aus dem politischen Spektrum der Bundesrepublik nicht mehr wegzuadministrieren ist.

Klar ist nur, CDU/CSU, F.D.P., SPD und Grüne sind sich in dem Ziel einig, uns letztlich aus der Politik zu verdrängen. Wir sind schwierig, ostdeutsch, links und fremd; und das alles zusammen ist zuviel für sie.

4.

Im Zusammenhang mit der Frage der Regierungsbeteiligung spielt auch unsere Haltung zum Grundgesetz und zur parlamentarischen Demokratie eine bedeutende Rolle. Im Interview mit dem »Stern« sagte André Brie, daß wir uns erst noch ein positives Verhältnis zum

Grundgesetz und zur parlamentarischen Demokratie erarbeiten müßten. Später hat er der Tageszeitung »Neues Deutschland« seine diesbezügliche Position erläutert. Der Erläuterung kann man im wesentlichen zustimmen, die kurze Sentenz im »Stern« ist zu leicht mißzuverstehen, und vor allem durch andere Parteien und die Medien dahingehend zu interpretieren, die PDS habe zu beidem ein negatives Verhältnis, auch noch im Unterschied zu anderen Parteien. Als erfahrener Politiker weiß André Brie um die Deutungen solcher Interviews.

Im Hegelschen Sinne – und da hat André Brie Recht –, hat eher noch gar keine Partei in Deutschland ein konstruktives positives Verhältnis zum Grundgesetz und zur parlamentarischen Demokratie. Die PDS hätte am ehesten die Chance, ein solches zu entwickeln. In psychologischer Hinsicht hat sie dagegen vielleicht die größten Schwierigkeiten, weil die meisten ihrer Mitglieder mit beidem nicht aufgewachsen sind.

Mir macht gegenwärtig aber in erster Linie Sorge, daß zu viele Mitglieder, Wählerinnen und Wähler der PDS illusionäre Hoffnungen mit dem Grundgesetz und der parlamentarischen Demokratie verbinden. Und dennoch, wer parlamentarische Demokratie neben einem Höchstmaß an unmittelbarer Demokratie will, muß auch die verschiedenen Formen des Wirkens im Parlament akzeptieren. Und ein positives Verhältnis zum Grundgesetz verlangt gerade von uns zweierlei. Neben der Durchsetzung eigener Rechte müssen wir stets die Rechte der anderen respektieren und darüber hinaus Gesamtverantwortung für die Gesellschaft in der Bundesrepublik Deutschland entwickeln. Trotz notwendiger ostdeutscher Verankerung und Interessenvertretung – eine solche Verantwortung kann nicht entwickeln, wer sich im Osten einigelt. Eine sozialistische Partei darf sich nicht nur regional verstehen, zumindest dann nicht, wenn sie in anderen Regionen keine Partnerin hat. Deshalb würde die Umsetzung der Vorstellungen von Christine Ostrowski und Roland Weckesser (sächsische PDS-Politiker, d. Hrsg.), nämlich die Herausbildung der PDS als ostdeutsche Volkspartei, den Charakter unserer Partei verändern. Wir sollten dagegen anstreben, eine bundesweit akzeptierte, sozialistische Volkspartei zu werden.

Insofern hat also André Brie zweifellos Recht, wenn er von uns verlangt, in der Gesellschaft der Bundesrepublik Deutschland anzukommen. Damit ist ja nicht gemeint, daß wir uns unterzuordnen, den herrschenden Strukturen anzupassen haben. Damit ist gemeint, daß wir das Fremdheitsgefühl gegenüber den Menschen in den alten Bundesländern überwinden, daß wir sie bei der Ausarbeitung unserer Politik mitdenken und mitfühlen müssen. Wenn wir diesen Anspruch aufgeben, geben wir auch unseren Anspruch auf gesellschaftliche Veränderung auf. Und hier sollten wir durchaus selbstkritisch mit uns umgehen. Unser gestiegenes Selbstbewußtsein darf nicht mit Selbstisolierung gekoppelt werden.

5.

Das Ziel der PDS ist demokratischer Sozialismus. Ungenügend ausgebildet in der PDS ist das Verständnis dieses Ziels. Dabei geht es um viele Fragen, auch um die Macht – und Eigentumsfrage. Zentralisierung, Verstaatlichung, Konzentration von Macht in wenigen Händen über die vermeintliche Avantgarderolle einer Klasse, ihrer Partei und letztlich der Führung dieser Partei, das waren die Prinzipien des gescheiterten real existierenden Sozialismus.

Demokratischer Sozialismus bedeutet dagegen, ein Höchstmaß an Dezentralisierung, an Verteilung von ökonomischer und politischer Macht, das heißt ein optimales Verhältnis zwischen unmittelbarer und repräsentativer Demokratie, bedeutet selbstverwaltete Kommunen, gesellschaftliche Kontrolle der Banken, kleinere Wirtschaftseinheiten aller Eigentumsformen mit einem Höchstmaß an Mitbestimmung durch Belegschaften und Kommunen, die aus ökonomischen Gründen dort ihre Grenze finden muß, wo die Eigentümerin bzw. der Eigentümer das Interesse an der Verwertung ihres/seines Eigentums verlieren würde. Demokratischer Sozialismus bedeutet soziale Gerechtigkeit, Gleichstellung der Geschlechter, Gleichstellung von Inländerinnen und Inländern einerseits und Ausländerinnen und Ausländern andererseits, Minderheitenschutz, Einvernehmen zwischen Mensch und Natur und vieles andere. Im demokratischen Sozialismus muß also ein Höchstmaß an Emanzipation des Menschen möglich und Realität sein. Für die – letztlich zu Recht – gescheiterten administrativen, zentralistischen, undemokratischen, das heißt antiemanzipatorischen Sozialismusvorstellungen darf es in der PDS keinen Platz geben. Und wer solche Vorstellungen nach wie vor verteidigt und damit auch für die Zukunft nicht ausschließt, der oder die allerdings, das sage ich mit aller Deutlichkeit, hat meines Erachtens bei demokratischen Sozialistinnen und demokratischen Sozialisten nichts zu suchen, sie oder er ist nämlich keine Gleichgesinnte bzw. kein Gleichgesinnter. Und gerade hier habe ich mit einigen Sprecherinnen und Sprechern der Kommunistischen Plattform ernsthafte Probleme. André Brie hat zwar Recht, wenn er darauf hinweist, daß bestimmte Auseinandersetzungen nicht länger verschoben werden können. Es ist in der Politik aber auch legitim, bestimmte Auseinandersetzungen zurückzustellen, nicht nur aus taktischen Gründen, sondern auch, weil die inhaltlichen Klärungen noch nicht genügend herangereift sind. Sahra Wagenknecht hat vor einiger Zeit in einem Interview mit dem »Spiegel« darauf hingewiesen, daß der nächste sozialistische Versuch unter anderen Bedingungen als der erste stattfinden wird, daß davon auszugehen ist, daß die Wirtschaft stärker, die Arbeitsproduktivität höher sein wird und daß sich dieser Sozialismus deshalb »mehr Demokratie leisten« können wird. Hier wird in einem Satz der gesamte Unterschied zu meiner Sozialismusauffassung deutlich. Für Sahra Wagenknecht gibt es den Sozialismus an sich (wahrscheinlich bezogen auf die Macht- und Eigentumsfrage), der sich je nach politischer und ökonomischer Stärke mehr oder weniger Demokratie leisten kann. Für mich ist Sozialismus Demokratie. Und erst bei einem Höchstmaß von Demokratie kann meines Erachtens von einer sozialistischen Gesellschaft gesprochen werden. Jeder Schritt zu mehr Demokratie trägt für mich sozialistischen Charakter und jeder Schritt zum Abbau von Demokratie antisozialistischen. Und wer, so frage ich Sahra Wagenknecht, entscheidet dann eigentlich darüber, wieviel Demokratie sich eine sozialistische Gesellschaft leisten kann oder nicht? Das würde nämlich erneut eine herrschende Struktur voraussetzen, die je nach politischer und ökonomischer Situation über den Grad an zulässiger Demokratie entscheidet. Genau mit solchen administrativen Sozialismusvorstellungen haben wir im Dezember 1989 gebrochen. Dabei muß es nicht nur bleiben, sondern wir müssen unsere Vorstellungen vom demokratischen Sozialismus weiter vertiefen. Und diese Auseinandersetzungen müssen geführt werden, so prinzipiell wie möglich.

Wenn Horst Brähmig die Trennung von der Kommunistischen Plattform fordert, so kann ich ihm nicht zustimmen. Meine Forderung ist nicht keine, sondern eine andere Kommunistische Plattform. Ich war bei ihrer Gründung zugegen und weiß, daß die ersten Sprecherinnen und Sprecher mit einem ganz anderen Anliegen an die Bildung der Kommunistischen Plattform herangegangen sind. Damals ging es darum, die Geschichte jener Kommunistinnen und Kommunisten aufzuarbeiten, die von der SED verschwiegen wurden. Dafür standen Namen wie Brandler und Talheim, Trotzki, Bucharin u.a. Und es sollte nicht vergessen werden, Kommunistinnen und Kommunisten haben nicht nur einen großen Blutzoll im Kampf gegen die Nazis bezahlt, sondern auch im Kampf gegen Stalin. Die meisten Kommunistinnen und Kommunisten wurden durch Stalin ermordet. Und wer sollte ihnen ein Andenken bewahren, wenn nicht wir. Helmut Kohl wird es bestimmt nicht tun. Und deshalb müßte der Antistalinismus in besonders großen Lettern auf der Fahne einer Kommunistischen Plattform in einer Partei des Demokratichen Sozialismus stehen. Und deshalb meine Kritik zu Beginn dieses Beitrags, daß sich gerade die Kommunistische Plattform so vehement gegen die Verwendung der Begriffe »Stalinismus« und »Poststalinismus« wendet. Antikommunistisch darf die PDS nicht werden, das ist für mich unabdingbar. Aber antistalinistisch müssen alle ihre Teile sein.

André Brie kritisiert, daß die Kommunistische Plattform immer stärker eigene Strukturen entwickelt. Nur haben er, ich und andere dies stillschweigend in Kauf genommen. Ich will nur ein Beispiel dafür nennen. Zu den Parteitagen der Deutschen Kommunistischen Partei wird regelmäßig auch eine Delegation des Bundesvorstandes der PDS eingeladen und entsandt. So ist es zwischen Parteien auch üblich. Aber auf solchen Parteitagen ist neben einer Delegation des Bundesvorstandes der PDS stets auch eine eigenständige Delegation der Kommunistischen Plattform vertreten. Sie wird gesondert begrüßt, sie hat eigenes Rederecht etc. In der Regel stellt sie viel Übereinstimmung mit der DKP und wenig Übereinstimmung mit der PDS-Führung fest. Natürlich haben solche Entwicklungen damit zu tun, daß der Bundesvorstand im Bruch mit den Traditionen der SED so wenig wie möglich administrativ in das Parteileben eingreifen und dieses so pluralistisch wie möglich organisieren will. Und dennoch müssen auch wir Grenzen ziehen. Keine Struktur innerhalb der PDS hat das Recht, Partei innerhalb der Partei zu sein. Und wie anders war es zu verstehen, daß die Vertreterinnen und Vertreter der Kommunistischen Plattform 1994 vehement nicht etwa um eigene Kandidatinnen und Kandidaten für die Bundestagswahl gestritten haben, sondern lediglich für Kandidatinnen und Kandidaten der DKP?

Eine der schönsten Ideale haben Engels und Marx im Kommunistischen Manifest dahingehend formuliert, daß die zukünftige Gesellschaft dadurch getragen werden soll, daß die Freiheit des Einzelnen Voraussetzung der Freiheit aller ist. Sie haben damit die individuelle Freiheit, die Emanzipation des Einzelnen zum Maßstab der Beurteilung einer Gesellschaft erhoben. Warum kann eine Kommunistische Plattform in der PDS nicht eine solche Aussage zum Kern ihrer Programmatik erklären und so den Kampf darum führen, daß der Begriff »Kommunismus« wieder positiv besetzt wird, so, wie die PDS insgesamt darum kämpft, den Begriff »Sozialismus« positiv zu besetzen? Statt dessen haben Sprecherinnen und Sprecher der Kommunistischen Plattform mir und anderen vorgeworfen, daß wir diesen Satz überzogen häufig zitieren, daß er eine eher nebensächliche Bedeutung habe und außerdem aus dem Zusammenhang gerissen sei. In dieser Hinsicht können und müssen wir meines Erachtens die Auseinandersetzung mit einigen Vertreterinnen und Vertretern der Kommunistischen Plattform führen. Es muß aufhören, daß von ihnen Geschichte nur noch relativiert wird. Bemerkenswert ist, daß aus der Kommunistischen Plattform heraus seit langem kaum noch konkrete, konstruktive Politik für die PDS entwickelt wird, sondern ideologisches Wächtertum das Hauptbetätigungsfeld für sie ist. Sie treten als große Verteidigerinnen und Verteidiger von Programm und Statut der

Partei auf. Das ist legitim, nur gehört zur historischen Wahrheit, daß ihre Delegierten gegen diese Dokumente gestimmt haben, wie gegen die meisten wichtigen Beschlüsse der PDS. Wer in der PDS ist, muß in erster Linie erneuern, nicht alte Vorstellungen bewahren wollen.

Wie gesagt, der Anfang der Kommunistischen Plattform war ein anderer, auch die Zukunft könnte eine andere sein.

6.

Viel Aufregung hat verursacht, daß André Brie in seinem Interview mit dem »Stern« gefordert hat, die PDS für Poststalinisten »unerträglich« zu machen. Damit sind zumindest zwei Probleme verbunden. Natürlich verstehe ich, daß sich Mitglieder der Partei gegen diese Form von Etikettierung wenden. Aber warum fühlt sich eigentlich wer angesprochen? Aus einer Vielzahl von Reaktionen auf die Beschlüsse und Politik der PDS kann ich nachweisen, daß die PDS bereits ziemlich unerträglich ist für Poststalinisten. André Brie offensichtlich nicht ausreichend. Sicherlich gibt es einige Wenige in der PDS, die man tatsächlich als Poststalinisten bezeichnen kann. Mit ihnen muß die Auseinandersetzung geführt werden, sie haben in unserer Partei nichts zu suchen. Aber das eigentliche Problem liegt woanders. Schritt für Schritt breitet sich in unserem Bewußtsein die Vorstellung des demokratischen Sozialismus aus. Aber die meisten von uns sind auch noch mit alten Denkgewohnheiten behaftet. Und insofern geht der Riß durch uns selbst. Und da macht es sich dann André Brie zu einfach, weil weder er, noch ich, noch andere in der Lage sind, zum Teil in der PDS zu bleiben und zu einem anderen Teil nicht. Mit anderen Worten, es ist deshalb komplizierter, weil wir organisieren müssen, daß die Reste des administrativ-zentralistischen Denkens in uns überwunden werden. Soweit wir selber noch in solchen Vorstellungen befangen sind, müssen wir sie uns für uns selbst »unerträglich« machen. Das ist schwierig – aber wie die vergangenen sechs Jahre beweisen –, durchaus möglich.

Und hier können wir entgegen dem Interview von André Brie auch nicht verkürzt einfach zwischen alt und jung unterscheiden. Ich kenne Alte, die einen hohen Beitrag für die Reformen in der PDS geleistet haben und Junge, von denen ich das nicht gerade behaupten kann. Das ist also keine Frage des Alters, es ist auch keine Frage der früheren Tätigkeit und Funktion in der SED oder der DDR, sondern es ist eine Frage heutiger Ein- und Ansichten, heutigen Verhaltens.

Unsere Arbeitsgemeinschaft Junge GenossInnen ist radikal, rebellisch, unduldsam; und das zu Recht. Aber die Freiheit des Andersdenkenden verinnerlicht zu respektieren, das fällt ihr gelegentlich schwer, ist aber unabdingbar, auch für junge demokratische Sozialistinnen und Sozialisten.

7.

Eine neue Diskussion in der PDS hat begonnen. André Brie und andere haben dazu ihren Beitrag geleistet. Es ist unser Recht und unsere Pflicht, uns kritisch damit auseinanderzusetzen. Wir sollten aber gemeinsam darauf achten, daß dieser Streit nicht hysterisch verläuft, daß er nicht kulturell zerstört, sondern konstruktiv verändert. Er würde sich dann als nützlich erweisen, wenn im Ergebnis mehr Klarheit über uns, bei uns selbst und bei anderen entstünde, wenn unser Profil geschärft werden würde, wenn wir deutlicher sagen könnten, wer zu uns gehört und wer nicht.

Nach meinen sechsjährigen Erfahrungen in Bonn bin ich davon überzeugt, daß diese Gesellschaft so nötig wie vielleicht noch nie in ihrer Geschichte eine Partei des organisierten demokratischen Sozialismus braucht. Wir dürfen unsere Bedeutung nicht überschätzen, aber wir können bei der Veränderung der Gesellschaft in der Bundesrepublik eine Rolle spielen. Unsere Existenz und unser Wirken hat auch Einfluß auf die Politik von SPD, Bündnis 90/Die Grünen und anderen. Wir wären in der Lage, das besondere Problembewußtsein der Ostdeutschen, die zahllosen Infragestellungen im Bewußtsein der Ostdeutschen, ihre Erfahrungen mit zwei Systemen in die gesamte Gesellschaft der Bundesrepublik Deutschland einzubringen. Und deshalb finde ich, daß wir insgesamt eine Verantwortung tragen, die uns nicht das Recht gibt, diese Chancen leichtfertig zu verspielen. Dazu gehört auch, schwieriges intellektuelles Potential zu nutzen, statt es zu vergraulen. *(Neues Deutschland, 20.8.96)*

GREGOR GYSI: FRECHE SPRÜCHE

Herausgegeben von Jörg Köhler und Hanno Harnisch
3. Auflage, 256 Seiten, mit Abbildungen,
Broschur, ISBN 3-89602-041-2,
24,80 DM

»Der Band, der Humor, Selbstironie und auch witzelnde Eitelkeit des Ostpolitikers dokumentiert, stößt zunehmend auch bei westdeutschen Lesern auf Interesse.« *Der Spiegel*

»Denkanstöße kommen immer aus der klugen Provokation. Deshalb kann ich gerade auch Leuten, die der PDS fernstehen, dieses Buch empfehlen.« *Saarländischer Rundfunk*

»Gysis glänzende Paraden auf verbale Attacken schicken den Leser auf eine Entdeckungsreise in das Land der sprachlichen Meisterschaft. Die ›Frechen Sprüche‹ sind eine interessante Lektüre und das Porträt eines Medienstars, der dieses Attribut wirklich verdient.«
Freie Presse

»Daß Gysi in Eloquenz, Intelligenz und Schlagfertigkeit das Format einses Volkstribuns ausfüllt, wird in diesem Querschnitt mehr als deutlich.« *Neue Westfälische*

»Das Buch macht Spaß. Und den soll Politik ja auch ab und an bringen.«
Neues Deutschland

»Auch das mußte einem als PDS-Kritiker auf den Schreibtisch flattern: Eine Art Mao-Bibel für die Fan-Gemeinde des kleinen Berliners mit der großen Klappe.« *Bayernkurier*

MIT SOZIALISTISCHEM GRUSS!

PARTEIINTERNE HAUSMITTEILUNGEN, BRIEFE, AKTEN UND INTRIGEN AUS DER ULBRICHT-ZEIT

Herausgegeben von Henrik Eberle
320 Seiten, Broschur 13,5 x 21 cm,
ISBN 3-89602-146-X
24,80 DM

Eine Innenansicht der DDR. Bislang noch unveröffentlichte Dokumente geben Auskunft: parteiinterne Hausmitteilungen, Briefe, Akten und Intrigen aus der Ulbricht-Zeit. Damals – als jeder Brief, jede noch so banale Aktennotiz mit einem sozialistischen Gruß endete ... Eine Innenansicht der DDR vom Ende der 40er bis in die 70er Jahre – in ihren intimsten Dokumenten.

Anfrage eines besorgten Genossen, Dezember 1961: »In Auswertung des XXII. Parteitages der KPdSU frage ich mich: Was soll ich nun mit den Büchern des Genossen Stalin machen, schließlich steckt ja auch einiges Geld drin, als ich sie mir kaufte.«
Antwort von Walter Ulbricht zur Weiterleitung an den Genossen: »Er soll die Bücher behalten und lesen, da ja nicht das ganze Werk Stalins falsch ist, sondern nur Kritik am Personenkult mit seinen Folgen geübt wird.«

Bitte eines HGLers, die jedoch abgelehnt wird:
»Wir haben eine große Bitte an Sie, hochverehrter Genosse Walter Ulbricht: Geben Sie uns Ihre Zustimmung, unsere Hausgemeinschaft nach Ihrem Namen zu nennen. Wir würden unser möglichstes tun, um diesem verpflichtenden Namen alle Ehre zu erweisen.
Mit sozialistischem Gruß Manfred D.«